現場からみた労働法2

―雇用社会の現状をどう読み解くか―

小嶌典明 著

まえがき

本書は、タイトルからもわかるように、『現場からみた労働法』の続編に当たる。

第一部を『文部科学教育通信』に連載した原稿を収録した講話編とし、折々に書いた数編のモノグラフを第二部に集録するというスタイルも、六年前に上梓した『国立大学法人と労働法』以来、変わっていない。

本書の第一部「講話編――40 Stories」は、『文部科学教育通信』の四四九号（平成三十年十二月十日号）から四八八号（令和二年七月二十七日号）までに掲載された「現場からみた労働法」（第四一回～第八〇回）をベースとしている。

「ワークルールを読み解く」ことに多くの頁が割かれているものの、冒頭には「統計を読み解く」を配置し、最後は新型コロナウイルス感染症の流行を受け、そこに焦点を合わせるべく、「法令を読み解く」ことで締めくくっている。本書のサブタイトルを「雇用社会の現状をどう読み解くか」としたのも、こうした事情に由来している。

続く第二部「思索編――6 Articles」には、勤務先の紀要に掲載した論稿のほか、ネット配信のアドバンスニュース（https://www.advance-news.co.jp/）スペシャルコンテンツ欄に掲載された記事五編を転載している。

第一部および第二部ともに、執筆当時の内容はあえてアップ・デートせず、加筆修正は必要最小限のものにとどめ、その代わり末尾に刊行年月等を付記することとした。前著のまえがきにも記したように「現場は、そのときどきに与えられた、目の前にあるデータや資料をもとに、判断を下さなければならない。そうしたプロセスが『追体験』できるように」したかったからである。

それでも、刊行時期と執筆時期との間には一定のタイムラグがある。例えば、『文部科学教育通信』の場合、原稿は通常一か月前には書き上げている。仮にその一か月間に大きな変化があったとしても、違和感を覚えさせるようなことがあってはならない。それが実際にできたかどうかは、読者諸兄姉の判断に委ねたい。

なお、本書の出版に当たっては、前著に続き、ジアース教育新社の加藤勝博代表取締役社長および同社編集部の中村憲正氏に、大変お世話になった。最後になったが、深甚なる謝意を表したい。

令和二年九月　関西外国語大学中宮キャンパスにて

小　嶌　典　明

目次

第一部 講話編

—40 Stories

第一話　統計を読み解く（1）

堅調に推移する労働市場

平成三十年十月三十日（火）にリリースされた、同年九月の総務省「労働力調査（基本集計）」の調査結果は、そのポイントを以下のように記している。

・就業者数は六七一五万人。前年同月に比べ一一九万人の増加。六九か月連続の増加。

・雇用者数は五九六六万人。前年同月に比べ一〇〇万人の増加。六九か月連続の増加。

・完全失業者数は一六二万人。前年同月に比べ二八万人の減少。一〇〇か月連続の減少

・完全失業率（季節調整値）は二・三％。前月に比べ〇・一ポイントの低下。

（注：以上、原数値による）。

また、一週間後の十一月六日（火）に公表された「労働力調査（詳細集計）」の調査結果では、次のような平成三十年七〜九月期平均の結果概要が示されている。

・役員を除く雇用者五六一八万人のうち、正規の職員・従業員は、前年同期に比べ六五万人増加し、三五〇〇万人。非正規の職員・従業員は六八万人増加し、二一一八万人。

・　失業者一八六万人のうち、失業期間が「一年以上」の者は五〇万人（注：前年同期比二〇万人減少）。

いずれの調査結果からも、労働市場が堅調に推移していることがわかる。

リーマン・ショックから一〇年。その影響から、完全失業率が五・五％を記録した平成二十一年七月と、三十年九月のデータを季節調整値をもとに比較すると、この間の変化は次のように表される。

・　就業者数は三七八万人（男性七三万人、女性三〇五万人）増加。

・　雇用者数は四五四万人（男性九九万人、女性三五四万人）増加。

・　完全失業者数は二〇四万人減少。完全失業率は三・二ポイント低下。

ここまで就業者数が増えると、労働力人口（就業者数＋完全失業者数）が増加に転じたとしても不思議ではない。従来は、平成九年六月に就業者数（六五八四万人）、労働力人口（六八一一万人）ともに、ピークを記録したとされていたが、平成三十年に入って、この記録が塗り替えられることになる。

具体的には、平成三十年二月に、過去最高となる就業者数（六六九四万人）および労働力人口（六八六七万人）を記録。直近の同年九月においても、これに近い水準（就業者数は六六六五万人、労働力人口は六八二五万人）を維持するものとなっている（以上、季節調整値による）。

ただし、こうした現状は、もっぱら女性の就業者数（なかでも雇用者数）や労働力人口の伸びによってもたらされたものであって、男性については、平成九年当時の数値をいずれの指標においても、現在なお下回っていることに留意する必要がある。

つまり、平成九年六月と三十年九月の数値（季節調整値）を比較対照すると、男女間には、次のような顕著な差違がみられる。

	男　性	女　性
○　労働力人口	二三三万人減	二四五万人増
○　就業者数	一九三万人減	二七四万人増
○　雇用者数	一五万人減	五四九万人増

一方、この間、男性の非労働力人口は四一五万人増加したのに対して、女性の場合には一一万人の増加にとどまっている。こうしたデータに接すると、労働市場に対していだくイメージも自ずと変わってこよう。

平成三十年八月の「労働力調査（基本集計）」では、女性についても、生産年齢人口（一五～六四歳）に占める就業者の割合が初めて七〇・〇％を記録し、社会の注目を集めたが、九月には、それをさらに〇・三ポイント上回る七〇・三％のレコードを残すに至っている（男性は八四・一％（三十年九月時点）。以上、原数値をもとに算出）。

確かに、女性の場合、統計にいう「役員を除く雇用者」に占める「非正規の職員・従業員」の割合（非正規率）が、男性に比べ格段に高い。例えば、平成三十年九月の「労働力調査（基本集計）」では、男性の非正規率が二二・六％であるのに対して、女性の非正規率は倍以上の五五・九％となっている。

しかし、平成二十五年から二十九年までの四年間における推移でみると、「正規の職員・従業員」の増加数という点では、女性（八四万人）が男性（三七万人）を大きく上回っている。ただ、「非正規の職員・従業員」の増加数がこれと匹敵する規模のもの（男性三六万人、女性九〇万人）であったため、非正規率には、この間ほとんど変化はみられなかった（男性〇・七ポイント増、女性〇・三ポイント減）。そういう話なのである。

なお、平成三十年一月以降、「雇用契約期間別役員を除く雇用者」のデータが「労働力調査（基本集計）」の調査結果として、新たに公表されることになった。「雇用契約期間の定めがあるかわからない」や「期間がわからない」といった回答がかなり多い（その合計は、毎月、六百数十万件にも及ぶ）ことには注意が必要なものの、雇用契約期間の現状を知るには有力な手がかりとなり得る。

とはいえ、それが「一回当たりの雇用契約期間」を示したものであることは、調査票をみないとわからず、集計結果にもにわかには信じ難いデータが含まれている。

例えば、平成三十年九月現在、契約期間が「五年超」の雇用契約を締結している者だけでも、有期雇用（「期間がわからない」を除く）全体の一〇・七％（「三年超」一六・四％、

「一年超」三六・八％）を占める。

「五年超」はもともと調査票にあった例示であり、誤って通算契約期間をもとにマークした。そんな回答も多かったのではないか。

止められない少子高齢化

統計は、過去の事実がどうであるかを語るものでしかない。直近のデータがいかに良好なものであっても、その延長で将来を考えるのは、誤りというほかない。

総務省「人口推計（平成二十九年十月一日現在）」によれば、平成二十三年以降、わが国の総人口は七年連続で減少し、対象を日本人に限ると、人口の減少幅も七年連続で拡大を続けた計算になる。

その背景には、いうまでもなく少子高齢化の急速な進展がある。平成二十八年から二十九年の一年間だけをとっても、年少人口（一五歳未満）は一九万人減少する一方で、老年人口（六五歳以上）は五六万人も増加している。他方、生産年齢人口（一五歳以上六五歳未満）の減少数は、老年人口の増加数をさらに上回る六〇万人を数える。

先にみたように六年近くの間、就業者数や雇用者数の増加が続いているとはいっても、それはあくまで、これまではそうであったという話にすぎない。このままでは、就業者数等も近い将来、再び減少に転じることは避け難い状況にある。

安倍晋三内閣が現在、法改正（出入国管理及び難民認定法等の改正）までして、外国人労働者の大幅な受入れ拡大に踏み切ろうとしているのも、当座の人手不足の解消だけでなく、こうした将来予測を当然その前提としているものと思われる。

また、高齢化は、わが国の社会保障給付費を急増させる要因ともなった。

「日本が社会保障のため出しているおカネの総額は、世界五大軍事大国（注：米国、中国、ロシア、サウジアラビア、フランス）の軍事予算の総合計に、ほとんど匹敵している」。谷口智彦著『安倍晋三の真実』（悟空出版、平成三十年）一九四頁はこのようにいうが、米ドルに換算すると、ともに一兆一〇〇億ドル前後となるらしい。

内閣府「平成三十年版　高齢社会白書」によると、このような社会保障給付費のなかで高齢者関係の給付費（注：年金保険給付費や高齢者医療給付費、老人福祉サービス給付費等）は、全体の七割近く（平成二十七年度、六七・六％）を占めるという。

一方で少子化が進むなか、給付費の抑制も急務といえる。選択肢は限られている。要は覚悟の問題といえよう。

（平成三十年十二月十日）

第二話　統計を読み解く（2）

就業者構成の変化

雇用者数の増加が、就業者数の増加を大きく上回る。**第一話**で総務省「労働力調査」の月次統計をもとにみたように、わが国の女性は、過去二〇年余りの間に、そのような変化を経験することになる。

雇用者以外の就業者、とりわけ家族従業者の数が大幅に減少するなか、それをはるかに上回る勢いで雇用者数が増加する。右の変化は、そうした就業者構成の変化をその背景としていた。

こうした女性の就業者構成の変化（平成九年から二十九年までの変化）を、以下では、従業上の地位別就業者数が明らかになる「労働力調査」の長期時系列データ（年平均）をもとに確認してみよう。

- 自営業主は、二二三万人が一三三万人に九〇万人減少。
- 家族従業者は、三〇八万人が一二一万人に一八七万人減少。

・　雇用者は、二一二七万人が二五九〇万人に四六三万人増加。
・　その結果、就業者（従業上の地位が不詳の者を含む）全体では、二六六五万人が二八五九万人に一九四万人増加。

ここにいう「家族従業者」とは、「自営業主の家族で、その自営業主の営む事業に無給で従事している者」を指す。英語でいう unpaid family worker がこれに当たる。

家族従業者が就業者全体に占める割合（家族従業者比率）は、昭和三十一年までは五割を超え（統計上確認できるこれまでの最高値は、昭和二十八年の五五・七％）、勤労婦人福祉法の改正によって、男女雇用機会均等法が制定をみた昭和六十年当時（制定当初の正式名称は「雇用の分野における男女の均等な機会及び待遇の確保等女子労働者の福祉の増進に関する法律」）においても、その割合はなお二割（二〇・〇％）を維持していた。

この家族従業者比率が、平成十四年以降、一〇％を切り、二十六年以降、五％を下回るようになる（二十九年には、過去最低の四・二％を記録）。

他方、就業者に占める雇用者の割合（雇用者比率）は、家族従業者比率とは真逆の道程をたどる。

例えば、女性の雇用者比率が五割を超えたのは、ようやく昭和四十一年のこと（五〇・四％）であり、昭和六十年当時も、三分の二強（六七・二％）にとどまっていた。

だが、平成十八年以降、女性の雇用者比率は、男性のそれをも上回る（女性八五・九％、男性八五・六％）ようになり、二十八年以降、九割を超えるに至っている（二十九年には、男性よりも二・七ポイント高い、過去最高の九〇・六％を記録）。

雇用者のなかでも、常用雇用者（統計用語でいう「常雇」。一年を超えるまたは雇用期間を定めない契約で雇われている「一般常雇」のほか、役員を含む）の伸びが目立つ。

つまり、昭和六十年当時、就業者に占める常用雇用者の割合（常用雇用者比率）には、男女間で、二〇ポイント以上の開きがあった（男性七四・八％、女性五四・一％）。しかるに、その差は、今や三ポイントもない。

平成二十九年現在、男性八三・五％、女性八一・八％と、常用雇用者比率は、いずれも過去最高を記録するものとなっている。

「常用雇用者の比率は、今が最高」。拙著『職場の法律は小説より奇なり』（講談社セオリーブックス、平成二十一年）九九頁において、このように記したのは、およそ一〇年前のことであったが、こうした状況は現在に至るまで変わっていない。

「近年、雇用が不安定化したとマスコミは盛んに書き立てるが、……就業者としての地位までが不安定化したわけでは決してない」（前掲書一〇三頁）。このような事実にも、目を向ける必要があろう。

確かに、「一般常雇」のすべてが無期雇用ではない。平成二十九年現在、無期雇用者の割合（無期雇用者比率）は、男性が八四・一％、女性は六八・四％となっている。

しかし、男女ともに六〇歳になる（五五～五九歳／六〇～六四歳）と、無期雇用者比率が大幅に下がるという現実がある。つまり、男性の場合、四〇ポイント以上（八九・三％が四七・七％に）、女性の場合には一五ポイント程度（六三・〇％が四八・三％に）、これが低下するものとなっている。

そこで、一五～五九歳を対象に、無期雇用者比率を計算し直すと、男性が八九・九％、女性は七〇・八％となる。

いずれにせよ、こうした事実は、平均値をみただけではわからない（拙著『労働法とその周辺――神は細部に宿り給ふ』（アドバンスニュース出版、平成二十八年）三五〇頁以下（終章Ⅰ　総務省「労働力調査」からわかること「はじめに――平均値からはみえてこないもの」）を参照）。雇用政策を検討立案するに当たっては、このような点にも十分に留意することが必要となろう。

少子高齢化の影響

生産年齢人口（一五～六四歳）が減少すると、労働力人口や就業者も減る。ややもすれば、そのように考えがちであるが、労働力率（一五歳以上人口に占める労働力人口の割合）や就業率（一五歳以上人口に占める就業者の割合）が、生産年齢人口の減少を補って余りある程度に大きく向上すれば、労働力人口や就業者が逆に増える可能性もある。

第一話でみたように、過去二〇年余りの間に、男性は労働力人口や就業者の数を減らす一方で、女性はその数を大幅に増加させた。その理由も、このような労働力率や就業率の変化によって説明できる。

労働力人口と就業者の違いは、これに失業者を含むか含まないか、という点にしかないため、以下では、就業率に的を絞って、過去二〇年間（平成九年～二十九年）におけるその推移をみてみたい（数値は平成二十九年、括弧内は平成九年からの増減）。

【男　性】

一五～一九歳　一五・九％（一・三％減）　四五～四九歳　九三・五％（二・三％減）
二〇～二四歳　六七・四％（二・九％減）　五〇～五四歳　九二・六％（二・八％減）
二五～二九歳　八九・八％（二・九％減）　五五～五九歳　九一・〇％（一・四％減）
三〇～三四歳　九二・三％（三・一％減）　六〇～六四歳　七九・一％（一〇・八％増）
三五～三九歳　九三・五％（二・四％減）　六五～六九歳　五四・八％（三・一％増）
四〇～四四歳　九三・八％（二・一％減）　七〇歳以上　二〇・九％（五・三％減）

【女　性】

一五～一九歳　一六・四％（一・一％増）　四五～四九歳　七七・五％（六・七％増）
二〇～二四歳　六八・八％（〇・一％減）　五〇～五四歳　七六・四％（九・九％増）
二五～二九歳　七八・九％（一五・〇％増）　五五～五九歳　七〇・五％（一三・〇％増）

三〇～三四歳　七二・九％（一九・二％増）　六〇～六四歳　五三・六％（二四・八％増）
三五～三九歳　七一・四％（二〇・九％増）　六五～六九歳　三四・四％（　七・二％増）
四〇～四四歳　七五・一％（　五・七％増）　七〇歳以上　　一〇・〇％（　増減なし）

少子化が進むなか、就業者の絶対数という点では、女性もこの間に一五～二九歳の年齢層等で二〇七万人の就業者を減らしている。しかし、その一方では、六〇歳以上の年齢層で二〇八万人の就業者が増え、全体では一九四万人の増加を記録することになった。

他方、男性の場合、人口の減少に就業率の低下が加わって、六〇歳以上の年齢層で女性を上回る二四三万人の増加をみたにもかかわらず、五九歳までの年齢層のほとんどで就業者が減少。全体では、二二〇万人もの就業者の減少をレコードとして残すものとなった。

なお、六〇～六四歳層の男性の就業率は、この間に二桁の伸びを記録したものの、団塊の世代のトップを走る昭和二十二年生まれが六五歳に到達した平成二十四年以降、この年齢層の就業者も減少を続けている。もはや逆転はない、ということであろうか。

（平成三十年十二月二十四日）

第三話　統計を読み解く（３）

数値目標の設定

平成十九年十二月十八日、政労使の代表が参加した「仕事と生活の調和推進官民トップ会議」において、「仕事と生活の調和（ワーク・ライフ・バランス）憲章」とともに、「仕事と生活の調和推進のための行動指針」がこれら三者の調印を経て、決定される。

「ワークライフバランス憲章」という言葉は、同年四月六日、経済財政諮問会議のもとに設置され、筆者もメンバーとして参加した「労働市場改革専門調査会」の第一次報告が副題で、その策定に言及したのが最初であったように記憶する。

調査会における議論は、忘却の彼方にあるものの、一〇年後（二〇一七年まで）の数値目標を、報告のなかで掲げたことはよく覚えている。当時の資料によると、それは大要次のようなものであった。

○　就業率の向上

・一五～三四歳の既卒男性の就業率を八九％から九三％に四％引上げ

・一五〜三四歳の既卒未婚女性の就業率を八五％から八八％に三％引上げ
・二五〜四四歳の既婚女性の就業率を五七％から七一％に一四％引上げ
・六〇〜六四歳の高齢者の就業率を五三％から六六％に一三％引上げ
・六五〜六九歳の高齢者の就業率を三五％から四七％に一二％引上げ

○　労働時間の短縮
・完全週休二日制の一〇〇％実施　・年次有給休暇の一〇〇％取得
・残業時間の半減　・フルタイム労働者の年間実労働時間を一割短縮

就業率の向上はともかく、労働時間の短縮については、一〇年後のことなど、正確にはわからないという気安さもあって、明らかに大風呂敷を広げすぎた感がある。

また、深夜にメールが飛び交うなかで報告が起案されたことを考えると、ワークライフバランスを語る資格が調査会のメンバーにはそもそもなかったのではないか、という疑問もなくはない（当時も、自嘲的にこう考えたことはしばしばあった）。

ともあれ、この調査会報告をベースとして「仕事と生活の調和推進のための行動指針」にも、次のような一〇年後（二〇一七年）の目標値が、数値目標の一つとして掲げられることになる。

【目標値】
①　就業率

・二五～三四歳（男性）　九三～九四％　・六〇～六四歳（男女計）　六〇～六一％
・二五～四四歳（女性）　六九～七二％　・六五～六九歳（男女計）　三八～三九％
②　年次有給休暇取得率　完全取得　※　二〇〇七年　四六・六％
③　週六〇時間以上の雇用者割合　半減　※　二〇〇六年　一〇・八％

そして、現実には、一〇年後の達成値は、次のようになった（①と③は総務省「労働力調査」（平成二十九年平均）、②は厚生労働省「平成三十年就労条件総合調査」による）。

【達成値】

①　就業率
・二五～三四歳（男性）　九一・一％　・六〇～六四歳（男女計）　六六・二％
・二五～四四歳（女性）　七四・三％　・六五～六九歳（男女計）　四四・三％
②　年次有給休暇取得率　五一・一％
③　週六〇時間以上の雇用者割合　七・七％

つまり、①のうち二五～三四歳（男性）の就業率、および②と③については、目標達成には至らなかった。なかでも、②の年次有給休暇取得率に関しては、現実との乖離が著しく、平成二十二年に目標値（二〇二〇年）が七〇％まで引き下げられたとはいえ、依然として大きな差異が残っている。

なお、「行動指針」が当初設定した数値目標は合計一四項目。以後の改定によって項目の差し替え等が行われた（平成二十八年の改定により一三項目となる）が、そのなかには、ワーク・ライフ・バランスと特に関係の深い下記の三項目が含まれている。

❶　第一子出産前後の女性の継続就業率
❷　男性の育児休業取得率
❸　六歳未満の子どもをもつ夫の育児・家事関連時間

そこで、以下、そのそれぞれについて、❶国立社会保障・人口問題研究所「出生動向基本調査」、❷厚生労働省「雇用均等基本調査」（旧「女性雇用管理基本調査」）、❸総務省「社会生活基本調査」をもとに、この間における推移を示すと、次のようになる。

❶　当初（二〇〇四年）　三八・〇％　直近（二〇一四年）　五三・一％
目標（二〇二〇年）　五五・〇％
❷　当初（二〇〇五年度）　〇・五〇％　直近（二〇一七年度）　五・一四％
目標（二〇二〇年）　一三・〇〇％
❸　当初（二〇〇六年）　一日当たり六〇分　直近（二〇一六年）　一時間二三分
目標（二〇二〇年）　二時間三〇分

これをまだまだとみるか、よくやっている（かなり頑張っている）とみるかは、評価の分かれるところであろう。

法政策の根拠？

統計データは、一定の法政策を根拠づけるための道具としても使用される。
例えば、平成三十年十月二十三日に、厚生労働省が同年における「就労条件総合調査」の結果を公表したことを受け、共同通信は、これにより「終業から次の始業まで一定の休息時間を設ける『勤務間インターバル制度』を導入している企業は一・八％にとどまること」が明らかになったとして、「今年七月に改定された国の過労死防止大綱では、従業員三〇人以上の企業の導入割合を、［二〇］二〇年までに一〇％以上とする初の数値目標を掲げた」ことに言及しつつ、次のように述べる記事を配信する。

「調査は、常用労働者三〇人以上の六三七〇社を対象に今年一月一日現在の状況を尋ね、三六九七社から有効回答を得た」。「制度を導入している企業は昨年より〇・四ポイント増加したが依然として低水準。『導入を予定または検討している』としたのは四ポイント増加し、九・一％だった」。「厚労省は、中小企業向けに導入する際の助成金を拡充する方針で、関連費用を来年度予算の概算要求に計上している」。

しかるに、「高プロ」の適用労働者の割合はもっと低い（一〇七五万円の年収要件を前提に考えても、厚生労働省「平成二十九年賃金構造基本統計調査」によれば、年収が一〇〇〇万円以上となる労働者は、男性で〇・六％、女性では〇・二％を占めるにすぎない）にもかかわらず、その適用割合の低さ＝影響力の小ささを問題にする声はほとんど聞かない。

どう考えてもバランスを失している、といわざるを得まい。

また、これと同様のことは、裁量労働制についてもいえる。

確かに、労働基準監督年報に記された専門業務型裁量労働制に関する「協定届」や企画業務型裁量労働制に関する「決議届」の件数は、次にみるように、制度導入以来、飛躍的な伸び（協定届は六倍以上、決議届は三〇倍前後に増加）を示している。

	平成十二年	平成二十八年	平成三十年【追記】
協定届	一五六二件	九六七八件	一〇三四六件
決議届	一〇三件	三〇九四件	二六六四件

しかし、厚生労働省「就労条件総合調査」によれば、平成二十八年現在、裁量労働制の適用を受ける労働者の割合は、専門業務型で一・四％（平成三十年、一・三％）、企画業務型では〇・三％（平成三十年も同じ）にとどまっている（国立大学の教員を例に、多くの者が裁量労働制の適用を受けていると考えると、間違いを犯す）。

このように、全体からみれば、無視してもよいようなレベルにしかないのに、裁量労働制については、常にその規制のあり方が問題とされてきた。そこに疑問を持たないほうがおかしいといえよう。

（平成三十一年一月十四日）

第四話　ワークルールを読み解く（１）

「改正を検討しない」の意味

平成三十年十一月二十六日、経済財政諮問会議、未来投資会議、まち・ひと・しごと創生会議および規制改革推進会議の合同会議が首相官邸で開催され、「経済政策の方向性に関する中間整理」が行われた。

そこで検討され、案文どおり取りまとめられた「中間整理案」には、「全世代型社会保障への改革」の一環として、「六五歳以上への継続雇用年齢の引上げ」について、次のように述べた箇所がある（傍線は筆者による）。

（働く意欲ある高齢者への対応）

・人生一〇〇年時代を迎え、働く意欲がある高齢者がその能力を十分に発揮できるよう、高齢者の活躍の場を整備することが必要である。

・高齢者の雇用・就業機会を確保していくには、希望する高齢者について七〇歳までの就業機会の確保を図りつつ、六五歳までと異なり、それぞれの高齢者の希望・特性に応じた活躍のため、とりうる選択肢を広げる必要がある。このため、多様な選択肢を許容し、選択ができるような仕組みを検討する。

（法制化の方向性）

・七〇歳までの就業機会の確保を円滑に進めるには、法制度の整備についても、ステップ・バイ・ステップとし、まずは、一定のルールの下で各社の自由度がある法制を検討する。

・その上で、各社に対して、個々の従業員の特性等に応じて、多様な選択肢のいずれかを求める方向で検討する。

・その際、六五歳までの現行法制度は、混乱が生じないよう、改正を検討しないこととする。

（年金制度との関係）

・七〇歳までの就業機会の確保にかかわらず、年金支給開始年齢の引上げは行うべきでない。他方、人生一〇〇年時代に向かう中で、年金受給開始の時期を自分で選択できる範囲は拡大を検討する。

（今後の進め方）

・来夏に決定予定の実行計画において具体的制度化の方針を決定した上で、労働政策審議会の審議を経て、早急に法律案を提出する方向で検討する。

（環境整備）

・地方自治体を中心とした就労促進の取組やシルバー人材センターの機能強化、求人先とのマッチング機能の強化、キャリア形成支援・リカレント教育の推進、高齢者の安全・健康の確保など、高齢者が活躍の場を見出せ、働きやすい環境を整備する。

そこにいう「六五歳までの現行法制度」とは、高年齢者雇用安定法（高年齢者等の雇用の安定等に関する法律）八条に定める「定年を定める場合の年齢」および九条に規定する高年齢者雇用確保措置を指す。

その「改正を検討しない」ということは、六〇歳定年を維持し、かつ高年齢者雇用確保措置として講じる定年延長や継続雇用制度の導入についても、上限となる年齢を六五歳に据え置く（七〇歳まで引き上げるようなことはしない）ことを意味している。

しかし、「中間整理案」をよく読めば、それは、あくまで「ステップ・バイ・ステップ」として、当面行われる法制度の整備とは何かを示したものにとどまり、将来これらの規定の「改正を検討する」ことを否定していないことに留意する必要がある。

七〇歳への「年金支給開始年齢の引上げは行うべきでない」というのも、これと同様であって、将来にわたる政府の考え方を明らかにしたものではない。

一方で、政府は、公務員については、六五歳への定年延長に向け、着々と準備を進めている（拙著『現場からみた労働法――働き方改革をどう考えるか』（ジアース教育新社、平

成三十一年）一五三―一五七頁、二三七―二四一頁を参照）。

早ければ、二〇一九年（平成三十一年）の通常国会に、国家公務員法等の改正案を提出し、二一年度から三年ごとに一歳ずつ定年を引き上げ、三三年度には六五歳とすることを政府は予定しているとも聞く。

こうした公務員の動きに倣う必要はまったくないとはいえ、右のような定年延長を仮に実施した場合、いかなる制度設計が可能なのか。そのシミュレーションは、前もって確実に行っておく必要がある。

他方、年金支給開始年齢の引上げ（当面は七〇歳への段階的引上げ）も、遅かれ早かれ避け難いものとなる。

総務省「人口推計」によれば、平成二十四年に三〇〇〇万人を超えた、わが国の高齢者人口（六五歳以上）は、この六年間に五〇〇万人以上増え、平成三十年十二月一日現在、概算値で三五六一万人（総人口に占める割合は二八・二％）を数えるに至っている。

こうしたなか、社会保障給付費の五割近くを占める年金も、今や六〇兆円に迫る（五六兆七千億円、給付費全体の四六・八％、平成三十年度予算ベース）勢いにある。

年金支給開始年齢の引上げは、近い将来、必ず日程に上る。常識で考えれば、そういうことになろう。

何法を改正するかは後回し？

職場のパワーハラスメント（パワハラ）について、法律による規制を行うべきか。また法規制を行うとすれば、その規制内容をどうすべきか。

平成三十年十二月十四日、労働政策審議会は、同日開催された雇用環境・均等分科会の報告を受け、その建議「女性の職業生活における活躍の推進及び職場のハラスメント防止対策等の在り方について」において、パワハラについても、法規制の対象とする方向へと大きく舵を切る。

さらに、建議は、このことを前提として、次のような指摘を行ったことから、それまで出口さえみえなかった議論（前掲・拙著『現場からみた労働法——働き方改革をどう考えるか』一七一—一七四頁を参照）も、ようやく決着をみることになった。

① 職場のパワーハラスメントを防止するため、事業主に対して、その雇用する労働者の相談に応じ、適切に対応するために必要な体制を整備する等、当該労働者が自社の労働者等からパワーハラスメントを受けることを防止するための雇用管理上の措置を講じることを法律で義務付けることが適当である。

② 男女雇用機会均等法に基づく職場のセクシュアルハラスメント防止対策と同様に、職場のパワーハラスメントに関する紛争解決のための調停制度等や、助言や指導等の履行確保のための措置について、併せて法律で規定することが適当である。

③　職場のパワーハラスメントは許されないものであり、国はその周知・啓発を行い、事業主は労働者が他の労働者に対する言動に注意するよう配慮し、また、事業主と労働者はその問題への理解を深めるとともに自らの言動に注意するよう努めるべきという趣旨を、各々の責務として法律上で明確にすることが適当である。

だが、何法を改正するかについては、上記建議においても、一切言及がなかった。そこで、労働施策総合推進法（労働施策の総合的な推進並びに労働者の雇用の安定及び職業生活の充実等に関する法律、旧雇用対策法）の改正が検討されていることも、もっぱら報道を通じて知るところとなる。

なるほど、右の③だけであれば、労働施策総合推進法にも、同趣旨の規定（基本的理念や国の施策、事業主の責務に関する規定）があり、その改正で対応できるかもしれない。とはいえ、①および②については、男女雇用機会均等法の延長で考えれば足りるといえるほど、ことは単純ではない。

わが国の労働施策を文字どおり総合的に規定した法律に、パワハラのみを対象として、雇用管理上の措置の義務規定や、紛争の解決（都道府県労働局長による助言・指導／調停）に関する規定を設けることは、明らかにバランスを失している。パワハラ規定が突出した就業規則を考えれば、そのおかしさもわかるというものであろう。

（平成三十一年一月二十八日）

第五話　ワークルールを読み解く（２）

医師による面接指導と法令

法令に、何がどのように定められているのか。ワークルールを読み解くためには、このことをまず正確に知る必要がある。

例えば、労働安全衛生法（昭和四十七年六月八日法律第五十七号）は、「面接指導等」を共通見出しとして、同法六十六条の八以下に次のような規定を置く（平成三十年七月六日法律第七十一号による改正後のもの。傍線部は、平成三十一年四月一日施行）。

（面接指導等）

第六十六条の八　事業者は、その労働時間の状況その他の事項が労働者の健康の保持を考慮して厚生労働省令で定める要件に該当する労働者（次条第一項に規定する者及び第六十六条の八の四第一項に規定する者を除く。以下この条において同じ。）に対し、厚生労働省令で定めるところにより、医師による面接指導（問診その他の方法により心身の状況を把握し、これに応じて面接により必要な指導を行うことをいう。以下同じ。）を行わなければならない。

２　略（労働者の面接指導を受ける義務等）

３　略（面接指導の結果の記録）

４　略（医師の意見聴取）

５　略（就業場所の変更等の措置）

第六十六条の八の二　略（研究開発の業務に従事する者（労働基準法四十一条各号に掲げる者および六十六条の八の四第一項に規定する者を除く）に対する面接指導）

２　略（前条二項から五項までの準用規定）

第六十六条の八の三　事業者は、第六十六条の八第一項又は前条第一項の規定による面接指導を実施するため、厚生労働省令で定める方法により、労働者（次条第一項に規定する者を除く。）の労働時間の状況を把握しなければならない。

第六十六条の八の四　略（高度プロフェッショナル制度の対象者に対する面接指導）

２　略（六十六条の八第二項から五項までの準用規定）

第六十六条の九　略（面接指導の対象者以外の労働者であって、健康配慮が必要なものに対する措置）

また、右にいう厚生労働省令として、労働安全衛生規則（昭和四十七年九月三十日労働省令第三十二号）は、「長時間にわたる労働に関する面接指導等」を見出しとする、第一編

第六章第一節の三において、次のような定めを置いている（平成三十年九月七日厚生労働省令第百十二号による改正後のもの。傍線部は、平成三十一年四月一日施行。以下、説明に必要な条文のみを抄録）。

（面接指導の対象となる労働者の要件等）

第五十二条の二　法第六十六条の八第一項の厚生労働省令で定める要件は、休憩時間を除き一週間当たり四十時間を超えて労働させた場合におけるその超えた時間が一月当たり八十時間を超え、かつ、疲労の蓄積が認められる者であることとする。（以下、ただし書は省略）

２　略（時間算定の期日）

３　略（労働者に対する通知）

（面接指導の実施方法等）

第五十二条の三　法第六十六条の八の面接指導は、前条第一項の要件に該当する労働者の申出により行うものとする。

２〜４　略（産業医による申出の勧奨等）

（法第六十六条の八の三の厚生労働省令で定める方法等）

第五十二条の七の三　法第六十六条の八の三の厚生労働省令で定める方法は、タイムカードによる記録、パーソナルコンピュータ等の電子計算機の使用時間の記録等の客観的な方法その他の適切な方法とする。
２　事業者は、前項に規定する方法により把握した労働時間の状況の記録を作成し、三年間保存するための必要な措置を講じなければならない。

さらに、「働き方改革を推進するための関係法律の整備に関する法律による改正後の労働安全衛生法及びじん肺法の施行等について」（平成三十年九月七日基発〇九〇七第二号）が「新安衛則（注：平成三十年九月七日厚生労働省令第百十二号によって改正された労働安全衛生規則）第五十二条の七の三第一項に規定するタイムカードによる記録等のほか、客観的な方法その他の適切な方法の具体的な内容については、労働時間の適正な把握のために使用者が講ずべき措置に関するガイドライン（平成二十九年一月二十日策定）を参考に、追って通知する」としたことを受け、発出をみた「働き方改革を推進するための関係法律の整備に関する法律による改正後の労働安全衛生法及びじん肺法関係の解釈等について」（平成三十年十二月二十八日基発一二二八第十六号）は、次のように述べる。

新安衛則五十二条の七の三第一項に定める『その他の適切な方法』としては、やむを得ず客観的な方法により把握し難い場合において、労働者の自己申告による把握が考えられ」（答11）、「『やむを得ず客観的な方法により把握し難い場合』としては、例えば、労働者が事業場外において行う業務に直行又は直帰する場合など、事業者の現認を含め、労働時間の状況を客観的に把握する手段がない場合があ」る（答12）。そして、「労働時間の状況を自己申告により把握する場合には、その日の労働時間の状況を翌労働日までに自己申告させる方法が適当である」（答13）。

とはいうものの、いずれの答も、断定的な表現は慎重に避けている。通達である以上、その名宛人は、あくまで都道府県労働局長であって、事業者ではない。つまり、事業者を直接拘束する性格のものではない。

これに加えて、以下に述べるように、労働時間の状況把握は、事業者＝使用者にとって必ずしもマストとはいえない。こう考えて、おそらく間違いはないであろう。

労働時間の状況把握は必須か？

労働安全衛生法六十六条の八第一項に規定する医師による面接指導は、先にみた法令の内容を要約すると、次の要件をすべて満たす場合に、事業者の義務となる。

⑴　休憩時間を除き一週間当たり四十時間を超えて労働させた場合におけるその超えた時間が一月当たり八十時間を超えること。

⑵　疲労の蓄積が認められること。

⑶　⑴・⑵の要件に該当する労働者の申出により行うものであること。

そして、同法六十六条の八の三は、こうした「面接指導を実施するため」に、労働時間の状況把握を事業者に対して義務づける旨を定めており、労働時間の状況把握それ自体を目的とする規定とはなっていない（六十六条の八と同様、罰則の定めもない）。

大は小を兼ねるともいう。だとすれば、右の⑴の要件を満たさない場合、つまり⑵・⑶の要件のみを充足する場合に、事業者が面接指導を実施したときも、六十六条の八第一項に規定する事業者の義務は等しく履行された、と理解して誤りはない。

例えば、就業規則に既に存在するストレスチェックに関する規定を、次のように改めるのはどうか。大学教員を始め、そもそも労働時間の状況把握に無理がある者もいる。こうした現実を考えれば、検討してみる価値は十分にあろう。

（ストレスチェック等）

第〇〇条　大学は一年に一回、定期的に職員のストレスチェックを行う。職員はこれを受けるよう努めなければならない。

２　前項のストレスチェックにおいて高ストレスと評価された職員に対しては、その申出により、医師による面接指導を実施する。

３　前項に規定するほか、疲労の蓄積が認められる職員に対しても、その申出により、医師による面接指導を実施する。

（平成三十一年二月十一日）

第六話　ワークルールを読み解く（3）

法令にみる指針の重み

厚生労働大臣の策定する指針に文字どおり言及した規定は、労働基準法（労基法）にはごくわずかしか存在しない。

現行規定は、企画業務型裁量労働制の労使委員会の決議事項について「厚生労働大臣は、対象業務に従事する労働者の適正な労働条件の確保を図るために、労働政策審議会の意見を聴いて、第一項各号に掲げる事項その他同項の委員会が決議する事項について指針を定め、これを公表するものとする」と定めた、三十八条の四第三項に限られる。

平成三十一年四月一日には、これに加え、指針について以下のように定める、改正後の三十六条が施行される。

⑦　厚生労働大臣は、労働時間の延長及び休日の労働を適正なものとするため、第一項の協定で定める労働時間の延長及び休日の労働について留意すべき事項、当該労働時間の延長に係る割増賃金の率その他の必要な事項について、労働者の健康、福祉、時間外労

働の動向その他の事情を考慮して指針を定めることができる。

⑧　第一項の協定をする使用者及び労働組合又は労働者の過半数を代表する者は、当該協定で労働時間の延長及び休日の労働を定めるに当たり、当該協定の内容が前項の指針に適合したものとなるようにしなければならない。

⑨　行政官庁は、第七項の指針に関し、第一項の協定をする使用者及び労働組合又は労働者の過半数を代表する者に対し、必要な助言及び指導を行うことができる。

⑩　前項の助言及び指導を行うに当たつては、労働者の健康が確保されるよう特に配慮しなければならない。

ただ、基本的には現行規定中の「基準」を「指針」に改めたものであり、規定内容までが大きく変わるわけではない。

また、同時に施行される、高プロについて定めた労基法四十一条の二は、その三項で「第一項の委員会について準用する」とした規定に、前述した三十八条の四第三項を含めるとともに、次のように規定する。

④　第一項の決議をする委員は、当該決議の内容が前項において準用する第三十八条の四第三項の指針に適合したものとなるようにしなければならない。

⑤　行政官庁は、第三項において準用する第三十八条の四第三項の指針に関し、第一項の決議をする委員に対し、必要な助言及び指導を行うことができる。

以上にみた労基法三十六条九項や四十一条の二第五項のような規定があれば、行政官庁が指針について「必要な助言及び指導を行う」ことに、法律上何ら問題はない。労基法十四条二項の「基準」についても、同条三項の存在から、これと同じことがいえる。

しかし、このような定めを欠く、三十八条の四第三項に規定する企画業務型裁量労働制の指針については、仮にその必要性が認められるとしても、行政官庁が助言や指導を行うことには、やはり疑問符が付く。

まして、「行政組織内部における命令にすぎない」通達（拙著『現場からみた労働法――働き方改革をどう考えるか』（ジアース教育新社、平成三十一年）六六頁を参照）を根拠に、行政官庁が助言や指導を行うことには、大きな無理がある。

「労働時間の適正な把握のために使用者が講ずべき措置に関する基準」（平成十三年四月六日基発第三百三十九号、四・六通達）や、これに代えて発出をみた「労働時間の適正な把握のために使用者が講ずべき措置に関するガイドライン」（平成二十九年一月二十日基発〇一二〇第三号、一・二〇通達）のように、通達が「基準」や「指針」と称すること自体は差し支えないとしても、通達はあくまでも通達にとどまる。

労働安全衛生法（労安衛法）においても、ストレスチェック（心理的な負担の程度を把握するための検査等）について定めた六十六条の十には、医師による面接指導に関する規定に続いて、指針に関する規定を含む、次のような定めが設けられている。

６　事業者は、前項の規定による医師の意見を勘案し、その必要があると認めるときは、当該労働者の実情を考慮して、就業場所の変更、作業の転換、労働時間の短縮、深夜業の回数の減少等の措置を講ずるほか、当該医師の意見の衛生委員会若しくは安全衛生委員会又は労働時間等設定改善委員会への報告その他の適切な措置を講じなければならない。

７　厚生労働大臣は、前項の規定により事業者が講ずべき措置の適切かつ有効な実施を図るため必要な指針を公表するものとする。

８　厚生労働大臣は、前項の指針を公表した場合において必要があると認めるときは、事業者又はその団体に対し、当該指針に関し必要な指導等を行うことができる。

このうち、第六項については、医師による面接指導等について定めた労安衛法六十六条の八第五項にも一字一句異ならない規定が置かれているが、六十六条の八はこの第五項で終わっており、同条には六十六条の十第七項や第八項に相当する規定がない。

第五話で検討した医師による面接指導と法令の関係について考える場合には、このような法令の規定内容の相違にも、目を向けるべきであろう。

臨検と立入検査の違い

労基法は、労働基準監督官の権限について次のように規定する。

（労働基準監督官の権限）

第百一条　労働基準監督官は、事業場、寄宿舎その他の附属建設物に臨検し、帳簿及び書類の提出を求め、又は使用者若しくは労働者に対して尋問を行うことができる。

②　前項の場合において、労働基準監督官は、その身分を証明する証票を携帯しなければならない。

他方、これに該当する規定は、労安衛法では、次のような定めになる。

（労働基準監督官の権限）

第九十一条　労働基準監督官は、この法律を施行するため必要があると認めるときは、事業場に立ち入り、関係者に質問し、帳簿、書類その他の物件を検査し、若しくは作業環境測定を行い、又は検査に必要な限度において無償で製品、原材料若しくは器具を収去することができる。

２　略（医師である監督官による検診）

３　前二項の場合において、労働基準監督官は、その身分を示す証票を携帯し、関係者に提示しなければならない。

４　第一項の規定による立入検査の権限は、犯罪捜査のために認められたものと解釈してはならない。

労基法では、工場法に由来する「臨検」という言葉が使用され、労安衛法では、これが

「立入検査」と言い換えられる。だが、双方の最も大きな違いは、こうした用語法の差違とは別のところにある。

つまり、労安衛法における労働基準監督官の立入検査等の権限が「この法律を施行するため必要があると認めるとき」に限られるのに対して、労基法には、このような監督官の権限を制限する文言が存在しない、という点がそれである（なお、監督官は、司法警察官（員）としての職務も行う。右にみた労安衛法九十一条四項に相当する規定は、労基法にはないものの、同様の解釈が行われている）。

思うに、四・六通達がかつて猛威を振るった理由は、労基法に規定する労働基準監督官の権限に、法文上制限がなかったことにある（拙著『労働法の「常識」は現場の「非常識」──程良い規制を求めて』（中央経済社、平成二十六年）一二五頁を参照）。

他方、**第五話**でみたように、労働時間の状況把握について定めた規定は、労基法ではなく、労安衛法（六十六条の八の三）に置かれている。監督官が立入検査等を行う場合にも、労安衛法を「施行するため必要があると認めるとき」という縛りがかかる。その違いは、意外に大きいといえよう。

（平成三十一年二月二十五日）

第七話　ワークルールを読み解く（4）

全数調査とその限界

統計法（平成十九年法律第五十三号）は、その五条で次のように規定する。

（国勢統計）

第五条　総務大臣は、本邦に居住している者として政令（注：国勢調査令（昭和五十五年政令第九十八号）四条を指す）で定める者について、人及び世帯に関する全数調査を行い、これに基づく統計（以下この条において「国勢統計」という。）を作成しなければならない。

2　総務大臣は、前項に規定する全数調査（以下「国勢調査」という。）を十年ごとに行い、国勢統計を作成しなければならない。ただし、当該国勢調査を行った年から五年目に当たる年には簡易な方法による国勢調査を行い、国勢統計を作成するものとする。

3　略

統計法で全数調査に言及した規定は、右の五条一項および二項以外にはない。法令全体を見渡しても、統計法以外では、中央省庁等改革基本法（平成十年法律第百三号）がその十七条で、統計行政につき、次のような規定（三号ロ）を置くにとどまっている。

（総務省の編成方針）

第十七条　総務省は、次に掲げる機能及び政策の在り方を踏まえて編成するものとする。

一・二　略

三　統計行政について、次に掲げるところによること。

イ　略

ロ　府省が行う大規模統計で全数調査として行われるものについて、分野ごとの専門性を踏まえ、その実施について必要な一元化を行うこと。

ハ　略

四〜九　略

確かに、統計法の下記規定が示すように、国勢調査を含む基幹統計調査（同調査の意義については、拙著『現場からみた労働法――働き方改革をどう考えるか』（ジアース教育新社、平成三十一年）五一―五二頁を参照）に応じることは、法律上の義務ではある。

（報告義務）

第十三条　行政機関の長は、第九条第一項の承認に基づいて基幹統計調査を行う場合には、基幹統計の作成のために必要な事項について、個人又は法人その他の団体に対し報告を求めることができる。
2　前項の規定により報告を求められた者は、これを拒み、又は虚偽の報告をしてはならない。
3　略

（立入検査等）

第十五条　行政機関の長は、その行う基幹統計調査の正確な報告を求めるため必要があると認めるときは、当該基幹統計調査の報告を求められた者に対し、その報告に関し資料の提出を求め、又はその統計調査員その他の職員に、必要な場所に立ち入り、帳簿、書類その他の物件を検査させ、若しくは関係者に質問させることができる。
2・3　略

また、統計法には、これらの規定の履行確保を目的として、以下のような罰則規定まで設けられている。

第六十一条　次の各号のいずれかに該当する者は、五十万円以下の罰金に処する。
一　第十三条の規定に違反して、基幹統計調査の報告を拒み、又は虚偽の報告をした者
二　第十五条第一項の規定による資料の提出をせず、若しくは虚偽の資料を提出し、又は同項の規定による検査を拒み、妨げ、若しくは忌避し、若しくは同項の規定による質問に対して答弁をせず、若しくは虚偽の答弁をした者

三　略

しかし、膨大なカネとヒトと時間をかけて総務省が実施している国勢調査でさえ、調査の報告に応じない者はおり、その数が近年急増している、という現実が一方にはあった。「不詳」データの存在がそれである。

例えば、労働力状態についてみると、昭和六十年には一七万七〇〇〇人に過ぎなかった「不詳」者数が、一五年後の平成十二年には一七四万一〇〇〇人に増え、三〇年後の平成二十七年には七二〇万八〇〇〇人にまで増加している。

これを一五歳以上人口に占める割合で示すと、以前は〇・一九％にすぎなかった「不詳」者がこの三〇年間に、その約三五倍に当たる六・五七％にまで増加した計算になる。

こうした事情から、国勢調査では、一五歳以上人口から「不詳」者数を減じた数を分母として、現在、労働力率の算出を行っているが、このような調査をもって、なお全数調査というのであろうか。

国会でやり玉に挙がった厚生労働省の毎月勤労統計（毎勤統計）調査の場合、規模三〇人以上の事業所（第一種事業所）を対象に、その調査方法を示した「産業、事業所規模別抽出率表」において、抽出調査ではあるが、規模五〇〇人以上の事業所の抽出率を１／１としていたところ、東京都ではこの抽出率表どおりに全数調査が行われていなかったことが問題とされた。

とはいえ、大規模事業所が対象とはいうものの、抽出率１／１の全数調査を行うことにそもそも無理がある（毎月となれば、調査に回答する者の負担も大きい）ことは、統計の素人でもわかる。

だとすれば、そうした無理のある抽出率を実行可能なものに改めることこそ目指すべき方向ではないか。全数調査が可能であることを前提とした議論は、問題の解決をかえって困難にするだけであろう。

毎勤統計と三六協定

できないことを、できるといってしまう。よくある話ではあるが、法律の世界も、その例外ではない。

例えば、改正労働基準法は、三十六条二項四号において「対象期間における一日、一箇月及び一年のそれぞれの期間について労働時間を延長して労働させることができる時間又は労働させることができる休日の日数」を三六協定の協定事項として定めるとともに、続く三項で「前項第四号の労働時間を延長して労働させることができる時間は、当該事業場の業務量、時間外労働の動向その他の事情を考慮して通常予見される時間外労働の範囲内において、限度時間を超えない時間に限る」と規定する。

そこにいう「通常予見される時間外労働の範囲」が、事業所の規模や業種、性別や就業形態の違いによって相当程度異なることは、くだんの毎勤統計からもわかる。

調査年報（平成二十九年）によれば、規模五人以上の事業所における、常用労働者一人平均年間所定外労働時間は一三〇・八時間。以下にみるように、その時間は事業所規模が大きくなるほど長くなる傾向にある。

五〇〇人以上	一七八・八時間	三〇～九九人	一三九・二時間
一〇〇～四九九人	一五三・六時間	五～二九人	一〇四・四時間

だが、それはあくまで全体としての傾向を示したものであって、「生産用機械器具」製造業や「運輸業、郵便業」のように、三〇～九九人規模の事業所で、所定外労働時間が最も長くなる（前者は三三七・二時間、後者は三二六・四時間）ような業種もある。

また、「卸売業、小売業」のように、規模のいかんを問わず、九〇時間前後と所定外労働時間がほぼ一定している業種もある。ただ、この業種においても、男性（一三三・二時間）と女性（四八・〇時間）、一般労働者（一三九・二時間）とパート（二七・六時間）の間には、歴然とした差違がみられる。

他方、仮に以上にみた平均値が「通常予見される時間外労働の範囲」を示すものであったとしても、その範囲内で時間外労働の上限を定めることなど、絵空事に等しい（前掲・拙著一〇八頁を参照）。そんな三六協定の現実にも、目を向ける必要があろう。

（平成三十一年三月十一日）

第八話　ワークルールを読み解く（５）

法律案要綱⑴　パワハラ

諮問のあったその日に答申が行われ、答申内容も「妥当」または「おおむね妥当」と、大方の相場が決まっている。法律案要綱の諮問（要綱諮問）は、その多くがこのように判で押したようなプロセスをたどる。

平成三十一年二月十四日、「おおむね妥当と認める」との答申があった「女性の職業生活における活躍の推進に関する法律等の一部を改正する法律案要綱」をめぐる要綱諮問も、その例外ではなかった。

そして、法律案要綱のタイトルからは判然としないものの、パワーハラスメント（パワハラ）に対する法規制の実現・強化を、今回の法改正は目的の一つとしていた。

「労働施策の総合的な推進並びに労働者の雇用の安定及び職業生活の充実等に関する法律」（労働施策総合推進法）の一部改正に言及した部分（第二）がそれであり、具体的には次の八項目からなる。

①国の施策、②職場における優越的な関係を背景とした言動に起因する問題に関して事業主が講ずべき措置等、③職場における優越的な関係を背景とした言動に起因する問題に関する国、事業主及び労働者の努めるべき事項、④紛争の解決、⑤公表、⑥報告の請求、⑦罰則、⑧その他。

労働施策総合推進法は、現在、以下の九章をもって構成される（ちなみに、働き方改革関連法の成立に伴う改題前の旧雇用対策法は、第二章の基本方針を除く八章で構成。法改正により第二章以下の章を一章ずつ繰り下げ）。ただ、右の八項目をいかに改正法に落とし込むかは、いうほどに簡単ではない。

第一章　総則
第二章　基本方針
第三章　求職者及び求人者に対する指導等
第四章　職業訓練等の充実
第五章　職業転換給付金
第六章　事業主による再就職の援助を促進するための措置等
第七章　外国人の雇用管理の改善、再就職の促進等の措置
第八章　国と地方公共団体との連携等
第九章　雑則

確かに、現行法にも、国の施策（上記①）や報告の請求（上記⑥）、罰則（上記⑦）について定めた規定は、既に第一章および第九章に存在する（ただし、罰則規定は、改正法が予定する行政罰とは異なる刑事罰の規定）。

また、紛争の解決（上記④）や公表（上記⑤）を始め、雇用の分野における男女の均等な機会及び待遇の確保等に関する法律（男女雇用機会均等法）に、そのモデルとなる例を求めることの可能な規定も少なくない。

しかし、一口に紛争の解決とはいっても、対象となる紛争は、あくまで「職場における優越的な関係を背景とした言動に起因する問題に関して事業主が講ずべき措置等」（上記②）として定められる、下記事項についての労働者と事業主との間の紛争に限られる。

１　事業主は、職場において行われる優越的な関係を背景とした言動であって、業務上必要かつ相当な範囲を超えたものによりその雇用する労働者の就業環境が害されることのないよう、当該労働者からの相談に応じ、適切に対応するために必要な体制の整備その他の雇用管理上必要な措置を講じなければならないこと。

２　事業主は、労働者が１の相談を行ったこと又は事業主による当該相談への対応に協力した際に事実を述べたことを理由として、当該労働者に対して解雇その他不利益な取扱いをしてはならないこと。

他方、労働施策総合推進法の改正が法律案要綱に示された項目の順序どおりに行われるとすれば、第六章の後に以下の三章を置くといった方法が考えられるが、このように法律の題名とは必ずしも結びつかない特定の事項について、紛争の解決に関する章を独立して設けることには違和感がある（注：平成三十一年三月八日に国会に提出された法案では、結局、これらを包含して「職場における優越的な関係を背景とした言動に起因する問題に関して事業主の講ずべき措置等」をタイトルとする第八章が設けられることになった）。

第六章の二　職場における優越的な関係を背景とした言動に起因する問題に関して事業主が講ずべき措置等

第六章の三　職場における優越的な関係を背景とした言動に起因する問題に関する国、事業主及び労働者の努めるべき事項

第六章の四　紛争の解決

さらに、今回の法改正では「職場において行われる優越的な関係を背景とした言動であって、業務上必要かつ相当な範囲を超えたものによりその雇用する労働者の就業環境が害されること」をもって、パワハラを定義したかにみえる。とはいえ、これでは「業務上の指導との線引きが難しい」という問題が依然として残る。

例えば、事業主に求められる「雇用管理上必要な措置」として、就業規則に次のような規定（拙著『現場からみた労働法――働き方改革をどう考えるか』（ジアース教育新社、平成三十一年）一六六頁において引用したモデル就業規則の規定を右の定義に従って修正）

を設けると、どうなるか。

（職場のパワーハラスメントの禁止）

第○○条　職場における優越的な関係を背景とした、業務上必要かつ相当な範囲を超える言動により、他の労働者の就業環境を害するようなことをしてはならない。

これでは、部下に対する指導も、安心してできなくなる（上司は、業務上必要かつ相当な範囲の指導であったことを自ら証明しない限り、責任を免れない）。そんな不測の事態に追い込まれる可能性も十分にある。

拙速な対応は、かえって問題の解決を困難にする。パワハラ問題もその一つといって、誤りはあるまい。

法律案要綱⑵　障害者雇用

「厚生労働省案は、妥当と認める」。平成三十一年二月十九日に諮問のあった「障害者の雇用の促進等に関する法律の一部を改正する法律案要綱」については、このような答申が労働政策審議会によってなされた。

法律案要綱は、これを一読すればわかるように、国および地方公共団体を対象としたものが、現実には大半を占める。週二〇時間未満の労働者を想定した「特定短時間労働者の雇用の促進及び継続を図るための特例給付金制度」の創設等、民間の事業主を対象としたものはごく一部にとどまる。

その背景には、国・地方公共団体による障害者の「水増し雇用」問題がある。例えば、国の機関の場合、法定雇用率が二・三％であった平成二十九年における実雇用率は、実際には、当初発表の二・五％の半分にも満たない一・一七％にすぎなかった。

それゆえ、障害者であるかどうかの確認を、厚生労働省令で定める書類（障害者手帳等）により行うものとすること等、要綱が「国及び地方公共団体における障害者の雇用状況についての的確な把握等に関する措置」を法改正の中心に据えたことは当然であった。

しかし、公務員の世界に雇用の概念を持ち込むことには慎重でなければならない。例えば、要綱第一の七には「国及び地方公共団体の任命権者に対する解雇の届出義務の適用」とあるが、「国及び地方公共団体の任命権者は、障害者である職員を免職する場合（職員の責めに帰すべき理由により免職する場合その他厚生労働省令で定める場合を除く。）には、厚生労働省令で定めるところにより、その旨を公共職業安定所長に届け出なければならないこととすること」がその趣旨であれば、表題にある「解雇」も、少なくとも「解雇等」と改めることが望ましい。それでもなお、要綱を「妥当」と言い切れるのか。いささか疑問が残る、といわざるを得まい。

（平成三十一年三月二十五日）

第九話　ワークルールを読み解く（６）

労働契約法二十条と基本給

平成三十一年二月、労働契約法二十条の解釈・適用が争点となった高裁判決が相次いで言い渡された。**大阪医科薬科大学事件＝二月十五日大阪高裁判決**、および**メトロコマース事件＝二月二十日東京高裁判決**がそれである。

訴訟費用については、**大阪医科薬科大学事件**の場合、「第一、二審を通じてこれを一〇分し、その九を控訴人（注：第一審原告）の、その余を被控訴人（注：第一審被告）の各負担とする」とされ、**メトロコマース事件**では「第一、二審を通じて、第一審原告Ｐ１と第一審被告との間に生じた部分はこれを二五分し、その二四を第一審原告Ｐ１の負担とし、その余を第一審被告の負担とし、控訴人Ｐ２及び控訴人Ｐ３と第一審被告との間に生じた部分はこれを五〇分し、その四七を控訴人Ｐ２及び控訴人Ｐ３の負担とし、その余を第一審被告の負担とし、控訴人Ｐ４と第一審被告との間に生じた部分はこれを全て控訴人Ｐ４の負担とする」ものとされた。

平成三十年一月二十四日大阪地裁判決（大阪医科薬科大学事件）では、原告が全面敗訴し、**平成二十九年三月二十三日東京地裁判決（メトロコマース事件）**も、ただ一人請求の一部が認められた原告Ｐ１でさえ、訴訟費用の一〇〇〇分の九九九を自ら負担しなければならないような事件であったが、高裁判決においても、第一審原告（ら）は、事実上敗訴する。こういっても、大過のない事件であった。

基本給（本給）に関する格差が、労働契約法二十条にいう「不合理な」労働条件の相違とは認められなかった。高裁判決が右のような結果に終わった理由はここにある。

例えば、この点につき、**大阪高裁判決**は、次のように述べる。

「アルバイト職員は時給制、正職員は月給制という労働条件の相違についてみると、どちらも賃金の定め方として一般に受け入れられているものである」。その上、「アルバイト職員は短時間勤務者が約六割を占めていること……を踏まえると、アルバイト職員に、短時間勤務者に適した時給制を採用していることは不合理とはいえない」。

また、「被控訴人の正職員は、法人全体のあらゆる業務に携わっており、その業務内容は総務、学務、病院事務等多岐にわたる上、例えば、法人の事業計画の立案・作成、法人の経営計画の管理・遂行、法人の組織及び職制の改善計画の立案等法人全体に影響を及ぼすような重要な施策も含まれ、業務に伴う責任も大きく、また、あらゆる部署への異動の可能性があったこと、一方、アルバイト職員が行う事務は、教室事務員以外の者でみると、書類のコピーや製本、仕分け、パソコンの登録等の定型的な事務であり、［控訴人を含む］教室事務員においても（略）、多くの教室では、所属する教授等のスケジュール管理・日程調整、各種事務、備品管理等の定型的で簡便な業務や雑務が大半であり、配置転換は例外的であったことを認めることができる」。

そして、「被控訴人の正職員は、期間を定めず、部署を限定せずに採用し、かつ、多数の応募者の中から選定して採用するものであること、アルバイト職員は、期間を定め、特定の業務に限定し、正職員から業務指示を受けることを前提として募集及び採用をしていたことが認められる。このことからは、正職員は、将来にわたってどの部署にも適応し得る能力を有する者を選抜して採用しているのに対し、アルバイト職員は、定型的かつ簡便な作業を行う能力のある者を採用していたということができる」。

「このように、正職員とアルバイト職員とでは、実際の職務も、配転の可能性も、採用に際し求められる能力にも相当の相違があったというべきである。被控訴人が、アルバイト職員から契約職員、契約職員から正職員へと登用される道を開く登用試験を実施していたことも（略）、それぞれの職務及び採用に際し求められる能力が異なっていたことを示すものである」。

さらに、「正職員には原則として勤務年数により昇給の道が開かれているのに対し、アルバイト職員には原則として職務の変更がない限り時給の変動がないと定められていることを併せ考慮すると、正職員の賃金は勤続年数に伴う職務遂行能力の向上に応じた職能給的な賃金、アルバイト職員の賃金は特定の簡易な作業に対応した職務給的な賃金としての性格を有していたといえる」。

「以上のとおり、職務、責任、異動可能性、採用に際し求められる能力に大きな相違があること、賃金の性格も異なることを踏まえると、正職員とアルバイト職員で賃金水準に一定の相違が生ずることも不合理とはいえないというべきである」。加えて「その相違は、約二割にとどまっていることからすると、そのような相違があることが不合理であるとは認めるに足りない」。

他方、**東京高裁判決**も、「高卒・大卒新入社員を採用することがある正社員には長期雇用を前提とした年功的な賃金制度を設け、本来的に短期雇用を前提とする有期契約労働者にはこれと異なる賃金体系を設けるという制度設計をすることには、企業の人事施策上の判断として一定の合理性が認められる」としたほか、職務内容やその変更範囲に相違があることを重視（第一審原告らを含む「契約社員B から契約社員A（現在は職種限定社員）へ及び契約社員A から正社員への各登用制度を利用することによって［格差を］解消することができる機会も与えられている」ことにも言及）して、二五％以上あった本給格差については、「労働契約法二十条にいう不合理と認められるものに当たらないと解するのが相当である」とした。

いずれも、賃金制度の現状を直視し、これを前提に判断を行ったものであり、どの程度の格差であれば認められるのか、という疑問は残るものの、右にみた基本給に関する判示部分については、現場にも異論はあるまい。

ただ、これらの判決は、あくまで労働契約法二十条の解釈適用の例を示したにとどまることにも、留意する必要があろう。

パート・有期雇用労働法八条と基本給

「通常の労働者と短時間・有期雇用労働者との間に基本給、賞与、各種手当等の賃金に相違がある場合において、その要因として通常の労働者と短時間・有期雇用労働者の賃金の決定基準・ルールの相違があるときは、『通常の労働者と短時間・有期雇用労働者との間で将来の役割期待が異なるため、賃金の決定基準・ルールが異なる』等の主観的又は抽象的な説明では足りず、賃金の決定基準・ルールの相違は、通常の労働者と短時間・有期雇用労働者の職務の内容、当該職務の内容及び配置の変更の範囲その他の事情のうち、当該待遇の性質及び当該待遇を行う目的に照らして適切と認められるものの客観的及び具体的な実態に照らして、不合理と認められるものであってはならない」。

「短時間・有期雇用労働者及び派遣労働者に対する不合理な待遇の禁止等に関する指針」（平成三十年十二月二十八日厚生労働省告示第四百三十号）は、このようにいう。

これに対して、正規社員について職能給を採用している企業では、「有期や短時間労働者にも同じく職能給制度の考え方で均等・均衡の処遇を実現しなければなりません」と説く見解もある。

「同一労働同一賃金ガイドライン」とも呼ばれる、右の指針の策定を終始リードした、水町勇一郎東京大学教授の見解がそれである（水町『働き方改革関連法』のポイント――『同一労働同一賃金』を中心に」『中央労働時報』一二四二号（平成三十一年二月）四頁以下、一〇頁を参照）。

しかし、適用法規が労働契約法二十条からパート・有期雇用労働法（短時間労働者及び有期雇用労働者の雇用管理の改善等に関する法律）八条に変わる（中小企業を除き、令和二年四月一日施行）だけで、ここまでラジカルに解釈を変えなければならないのか。現場担当者にとっては、到底納得のいかない解釈の「変更」といえよう。

（平成三十一年四月八日）

第一〇話　ワークルールを読み解く（7）

労働契約法二十条と賞与

見出しを読むだけでは、判決の正確な内容まではわからない。**第九話**で取り上げた**大阪医科薬科大学事件＝平成三十一年二月十五日大阪高裁判決**も、その例外ではなかった。

「バイト職員に賞与認める　大阪高裁、原告逆転勝訴」。例えば、日本経済新聞（ネット配信記事）は、右の事件についてこのように見出しを打った（他紙も大同小異）が、高裁判決が全体としては控訴人（第一審原告）の敗訴に終わったことは、既にみた。

では、賞与について、大阪高裁は、実際にはどのような判断を行ったのか。判決は、「被控訴人においては、給与規則の中に定めはないものの、正職員に対しては、年二回の賞与が支払われており、一方、アルバイト職員に対しては、アルバイト職員就業内規で賞与は支給しないと定められている」こと、また「有期契約労働者のうち契約職員には、正職員に対する賞与の約八〇％に当たる額の賞与が支払われている」ことを認定事実として確認した上で、次のように述べる。

「被控訴人における賞与がどのような趣旨を有するものかをみるに」、正職員の場合、その支給額は「基本給にのみ連動するものであって、当該従業員の年齢や成績に連動するものではなく、被控訴人の業績にも一切連動していない」。「このような支給額の決定を踏まえると、被控訴人における賞与は、正職員として被控訴人に在籍していたということ、すなわち、賞与算定期間に就労していたことそれ自体に対する対価としての性質を有するものというほかない。そして、そこには、賞与算定期間における一律の功労の趣旨も含まれるとみるのが相当である」。

「被控訴人は、被控訴人には、正職員、嘱託職員、契約職員、アルバイト職員という契約形態があり、行う業務の内容、したがって、人材の代替性の程度が異なり、長期雇用への期待が契約形態に応じて段階的に相違することから、正職員や嘱託職員のほか、契約職員には一定の賞与を支給し、長期雇用の期待が乏しいアルバイト職員には全く賞与を支給していないと主張する。先にみた賞与の支給額の決定方法からは、支給額は正職員の年齢にも在職年数にも何ら連動していないのであるから、賞与の趣旨が長期雇用への期待、労働者の側からみれば、長期就労への誘因となるかは疑問な点がないではない。仮に、被控訴人の賞与にそのような趣旨があるとしても、長期雇用を必ずしも前提としない契約職員に正職員の約八〇％の賞与を支給していることからは、上記の趣旨は付随的なものというべきである」。

「また、被控訴人は、正職員は被控訴人の業績を左右するような貢献が想定されるのでその貢献によって変動する業績に応じて変動する賃金の後払いとして賞与を支給しているとも主張する。しかし、それでは、契約職員に正職員の約八〇％の賞与を支給していることについて合理的な説明をすることが困難である。賞与の支給額の決定方法からは、上記のような趣旨をうかがうことはできない。なお、被控訴人は、アルバイト職員には賞与でなく時給額で貢献への評価が尽くされるとも主張するが、具体的に時給額にどのように反映されているというのかは全く不明である」。

「よって、被控訴人の主張は採用することができない」。

このように、「被控訴人における賞与が、正職員として賞与算定期間に在籍し、就労していたことそれ自体に対する対価としての性質を有する以上、同様に被控訴人に在籍し、就労していたアルバイト職員、とりわけフルタイムのアルバイト職員に対し、額の多寡はあるにせよ、全く支給しないとすることには、合理的な理由を見出すことが困難であり、不合理というしかない」。

「被控訴人は、アルバイト職員以外の有期契約労働者には適用がある労働条件を、期間の定めがあることと労働条件が相違していることとの関連性の程度が低いものととらえ、アルバイト職員以外の有期契約労働者には適用があることをもって、アルバイト職員に適用がないことの不合理性を否定する方向の事情と主張する（略）。しかし、賞与に関していえば、同じ有期契約労働者の契約職員に一定の支給があることは、アルバイト職員には全く支給がないことの不合理性を際立たせるものというべきである」。

「もっとも、被控訴人の賞与には、功労、付随的にせよ長期就労への誘因という趣旨が含まれ、……不合理性の判断において使用者の経営判断を尊重すべき面があることも否定し難い」。さらに、「正職員とアルバイト職員とでは、実際の職務も採用に際し求められる能力にも相当の相違があったというべきであるから、アルバイト職員の賞与算定期間における功労も相対的に低いことは否めない。これらのことからすれば、フルタイムのアルバイト職員とはいえ、その職員に対する賞与の額を正職員に対すると同額としなければ不合理であるとまではいうことができない」。

「上記の観点及び被控訴人が契約職員に対し正職員の約八〇％の賞与を支払っていることからすれば、控訴人に対し、……正職員全体のうち［控訴人と同じく］平成二十五年四月一日付けで採用された者と比較対照し、その者の賞与の支給基準の六〇％を下回る支給しかしない場合は不合理な相違に至るものというべきである」。

以上を要するに、被控訴人における賞与が仮に職員＝従業員の年齢や成績、被控訴人の業績といった要素に連動して決定されており、かつ、これに加えて「長期雇用を必ずしも前提としない契約社員」にも賞与が支給されていたという本件に固有の事実さえなければ、判決の結論はおそらく違っていた、ともいうことができよう。

ただ、こうした事情は、判決文を通読してこそわかる。引用がいささか長くなった理由も、ここにあったのである。

パート・有期雇用労働法八条と賞与

正社員に賞与を支給しているところでは、パートやアルバイトにも、なにがしかの賞与を支給しなければならなくなる。

令和二年四月一日以降、労働契約法二十条に代わり、パート・有期雇用労働法（短時間労働者及び有期雇用労働者の雇用管理の改善等に関する法律）八条が適用されるようになると、このように世界が変わる。多くの者は、そう考えている。

「短時間・有期雇用労働者及び派遣労働者に対する不合理な待遇の禁止等に関する指針」（平成三十年十二月二十八日厚生労働省告示第四百三十号）も、賞与について問題となるケースを、次のように例示している。

イ　賞与について、会社の業績等への労働者の貢献に応じて支給しているA社において、通常の労働者であるXと同一の会社の業績等への貢献がある有期雇用労働者であるYに対し、Xと同一の賞与を支給していない。

ロ　賞与について、会社の業績等への労働者の貢献に応じて支給しているA社においては、通常の労働者には職務の内容や会社の業績等への貢献等にかかわらず全員に何らかの賞与を支給しているが、短時間・有期雇用労働者には支給していない。**大阪医科薬科大学事件**は、ロの応用編ともいえる事件であった（ただ、ロの前段と後段の間には矛盾もみられる）が、イの延長線上で考えると、賞与と名が付けばよい（寸志の支給で足りる）という話ではないらしい。

しかし、指針は一方で、目標未達成の場合に待遇上の不利益を課されている者に対しては賞与を支給し、そうした不利益を課されていない者に対しては賞与を支給しないケースを、問題とならない例として示している。

貢献度が下がれば、賞与の支給額ひいては年収額がダウンする。そのような待遇上の不利益を受ける正社員がいる一方で、貢献度が下がっても、時間給やその総和である年収額が変わらない（待遇上の不利益を受けない）非正社員がいる。そうした現実をどう考えるかという問題は、依然として解決していないといえよう。

（平成三十一年四月二十二日）

第一一話　ワークルールを読み解く（8）

労働契約法二十条と退職金

「契約社員にも退職金認める」。**第九話**でも取り上げた**メトロコマース事件＝平成三十一年二月二十日東京高裁判決**については、このような見出しが報道記事をリードした。

「売店業務に従事している正社員には、勤続年数等に応じて退職金規程に基づく退職金が支給されるのに対し、［第一審原告ら］契約社員Bには退職金制度がない」。本件は、このような事件であったが、一審（**平成二十九年三月二十三日東京地裁判決**）が以下のように述べ、退職金に係る原告らの主張を認めなかったことを知る者にとっては、驚きというほかなかった。

「一般に退職金が賃金の後払い的性格のみならず功労報償的性格を有することに照らすと、企業が長期雇用を前提とした正社員に対する福利厚生を手厚くし、有為な人材の確保・定着を図るなどの目的をもって正社員に対する退職金制度を設け、短期雇用を原則とする有期契約労働者に対しては退職金制度を設けないという制度設計をすることは、人事施策上一定の合理性を有するものと考えられる」。

他方、本件においては「被告の正社員と契約社員Ｂとの間には職務の内容並びに職務の内容及び配置の変更の範囲に大きな相違があること、被告では契約社員Ｂのキャリアアップの制度として契約社員Ｂから契約社員Ａ及び契約社員Ａから正社員への登用制度が設けられ、実際にも契約社員Ｂから契約社員Ａへの一定の登用実績（五年間で二八名）があることなどを併せ考慮すると、退職金における正社員と契約社員Ｂとの間の相違は、不合理とまでは認められない」。

確かに、右の前段部分に関しては、二審もその理を認めている（このような「制度設計をすること自体が、人事施策上一概に不合理であるということはできない」とする）。

しかるに、二審判決は、このような前提に立ちつつも、以下のように述べ、一審判決とは異なる判断を下すことになる。

「もっとも、第一審被告においては、契約社員Ｂは、一年ごとに契約が更新される有期契約労働者であるから、賃金の後払いが予定されているということはできないが、他方で、有期労働契約は原則として更新され、定年が六五歳と定められており（略）、実際にも控訴人Ｐ２及び控訴人Ｐ３は定年まで一〇年前後の長期間にわたって勤務していた（略）こと、契約社員Ｂと同じく売店業務に従事している契約社員Ａは、平成二十八年四月に職種限定社員に名称変更された際に無期契約労働者となるとともに、退職金制度が設けられたこと

（略）を考慮すれば、少なくとも長年の勤務に対する功労報償の性格を有する部分に係る退職金（退職金の上記のような複合的な性格を考慮しても、正社員と同一の基準に基づいて算定した額の少なくとも四分の一はこれに相当すると認められる。）すら一切支給しないことについては不合理といわざるを得ない」。

したがって、本件における退職金をめぐる「労働条件の相違は、労使間の交渉や経営判断の尊重を考慮に入れても、上記控訴人らのような長期間勤務を継続した契約社員Bにも全く退職金の支給を認めないという点において不合理であると評価することができるから、労働契約法二十条にいう不合理と認められるものに当たると解するのが相当である」。それが、二審判決の結論であった。

本件の場合、控訴人ら（第一審原告ら）四名のうち、退職金に係る請求を行った者は、在職中の従業員であったＰ１を除く三名。平成二十四年三月三十一日に定年退職した控訴人Ｐ４については、「労働契約法二十条が施行された平成二十五年四月一日より前に均等・均衡待遇ルールが公序として確立されていたということはできない」ことを理由に、その「請求には理由がない」とされている。

それはともかく、退職金は、そもそも定年退職と直接リンクした制度ではなく、長期間勤務を継続した従業員以外の者に対しても、退職金を支給するよう、制度設計がなされることもある。

例えば、「公務員の場合、勤続期間が一年（正確には六か月）以上あれば、自己都合退職であっても、退職金＝退職手当は支給される」。「公務員には雇用保険が適用されず、退職手当には失業給付に相当する額が含まれる。そこで、退職手当の支給に必要な在職期間についても、これを短くしているという理屈である」（小嶌典明・豊本治編著『公務員法と労働法の交錯』（ジアース教育新社、平成三十年）一一頁）。

国家公務員の場合、その対象は原則として常勤職員に限られるものの、国立大学法人においても、いわゆる座布団付きの常勤職員に支給される退職手当については、国家公務員退職手当法に基づいて計算した額がそのまま国から措置される仕組みが採用されたため、支給対象者の範囲を含め、国家公務員の例に倣うことが一般化した。

その結果、法人化に伴い、国立大学法人の職員も雇用保険の適用を受けるようになって以来、一五年が経過したにもかかわらず、常勤職員については六か月勤続するだけで退職手当が支給され、非常勤職員については五年勤続したとしても、退職手当が一切支給されない状況が、現在も続いている。

確かに、二審判決の判断枠組みに従ったとしても、勤続年数が五年程度であれば、「長年の勤務に対する功労報償」としての退職金の性格を満たさないと判断される余地はある。とはいえ、こうした退職金の前提そのものが崩れている現状にあっては、そんな甘い期待はいだかないほうがよい。

労働契約法二十条のもとでも、訴訟が提起されれば、敗訴する可能性はゼロではない。こう考えるのが妥当であろう。

パート・有期雇用労働法八条と退職金

「基本給、賞与その他の待遇」。中小企業を除き、令和二年四月一日に施行されるパート・有期雇用労働法（短時間労働者及び有期雇用労働者の雇用管理の改善等に関する法律）八条は、通常の労働者との間で「不合理と認められる相違を設けてはならない」とする待遇をこのように規定する。つまり、同条は、退職手当を、規制対象となる待遇の例示として定めるものとはなっていない。

そして、「短時間・有期雇用労働者及び派遣労働者に対する不合理な待遇の禁止等に関する指針」（平成三十年十二月二十八日厚生労働省告示第四百三十号）も、退職手当については「この指針に原則となる考え方が示されていない」とした上で、「不合理と認められる待遇の相違の解消等が求められる」と述べるにとどまっている。

しかし、パート・有期雇用労働法十条は、「通常の労働者との均衡を考慮しつつ、……決定するように努めるものとする」とされる賃金からこれまで除外されてきた退職手当を、これに含めるように改められ（「賃金（通勤手当、退職手当その他の厚生労働省令で定めるものを除く。）」との規定から「、退職手当」を削除）、退職手当が基本給等と同様に、いわゆる職務関連賃金（職務の内容と密接な関連を有する賃金）に当たるとの姿勢を、同法が明確にするに至った、という動きも一方にはある。

こうしたなか、「退職金については、勤続期間に応じた功労への報償として支給しようとする場合、通常の労働者と同一の勤続期間である短時間・有期雇用労働者には、同一の支給をしなければならない」とした上で、「例えば、フルタイム・無期雇用労働者には勤続四年目から退職金の支給が始まる退職金制度をとっている会社では短時間・有期雇用労働者にも勤続四年目から、勤続二〇年目から支給が始まる退職金制度をとっている会社では短時間・有期雇用労働者にも勤続二〇年目から、同じ計算式で支給することが求められる」（水町勇一郎著『「同一労働同一賃金」のすべて（新版）』（有斐閣、令和元年）一一一頁）とする見解もみられる。

さすがに「同一の支給」までは、先にみた**メトロコマース事件の東京高裁判決**も求めていないとはいえ、判決が不法行為に基づく損害として認めた「正社員と同一の基準で算定した額の四分の一相当額」にも根拠はない。このことにも留意する必要があろう。

（令和元年五月十三日）

第一二話　ワークルールを読み解く（9）

労働契約法二十条と諸手当

その手当を支給する趣旨は何か。無期契約労働者と有期契約労働者との間に、いわゆる諸手当の支給について相違がある場合、それが労働契約法二十条にいう「不合理と認められるもの」に当たるかどうかは、主にこうした手当支給の趣旨によって判断されてきた。

例えば、**ハマキョウレックス事件＝平成三十年六月一日最高裁第二小法廷判決**は、次のように述べる。

「通勤手当は、通勤に要する交通費を補塡する趣旨で支給されるものであるところ、労働契約に期間の定めがあるか否かによって通勤に要する費用が異なるものではない。また、職務の内容及び配置の変更の範囲が異なることは、通勤に要する費用の多寡とは直接関連するものではない。加えて、通勤手当に差違を設けることが不合理であるとの評価を妨げるその他の事情もうかがわれない。

したがって、正社員と契約社員である被上告人との間で上記の通勤手当の金額が異なるという労働条件の相違は、不合理であると評価することができるものであるから、労働契約法二十条にいう不合理と認められるものに当たると解するのが相当である」。

通勤手当については、無期の正社員と有期の契約社員との間で、支給額に相違を設けることすら認められない。最高裁は、このように考えているかにみえる。

他方、同判決も、住宅手当については以下のように述べ、その支給に係る相違は「労働契約法二十条にいう不合理と認められるものに当たらない」とするものではあった。

「上告人においては、正社員に対してのみ所定の住宅手当を支給することとされている。この住宅手当は、従業員の住宅に要する費用を補助する趣旨で支給されるものと解されるところ、契約社員については就業場所の変更が予定されていないのに対し、正社員については、転居を伴う配転が予定されているため、契約社員と比較して住宅に要する費用が多額となり得る。

したがって、正社員に対して上記の住宅手当を支給する一方で、契約社員に対してこれを支給しないという労働条件の相違は、不合理であると評価することができるものとはいえないから、労働契約法二十条にいう不合理と認められるものに当たらないと解するのが相当である」。

では、本件とは違い、「正社員については、転居を伴う配転が予定されている」といった事情が認められないようなケースはどうか。例えば、**メトロコマース事件＝平成三十一年**

二月二十日東京高裁判決は、次のようにいう。

「住宅手当は、従業員が実際に住宅費を負担しているか否かを問わずに支給されることからすれば、職務内容等を離れて従業員に対する福利厚生及び生活保障の趣旨で支給されるものであり、その手当の名称や扶養家族の有無によって異なる額が支給されることに照らせば、主として従業員の住宅費を中心とした生活費を補助する趣旨で支給されるものと解するのが相当であるところ、上記のような生活費補助の必要性は職務の内容等によって差異が生ずるものではないし、第一審被告においては、正社員であっても転居を必然的に伴う配置転換は想定されていない（略）というのであるから、勤務場所の変更によっても転居を伴うことが想定されていない契約社員Bと比較して正社員の住宅費が多額になり得るといった事情もない。

これに対し、第一審被告は、人事施策として、正社員採用の条件として住宅手当が支給されることを提示することによって採用募集への訴求を図り、有為な人材を確保し、採用後に現に支給することによって有為な人材の定着を図る趣旨であると主張する。しかしながら、第一審被告においてそのような効果を図る意図があるとしても、住宅手当の主たる趣旨は上記のとおりに解されるのであって、そうである以上、比較対象とされる正社員との関係で上記のような理由のみで契約社員Bに住宅手当を支給しないことが正当化されるものとはいえないから、上記主張は採用することができない」。

したがって、このような「労働条件の相違は、不合理であると評価することができるから、労働契約法二十条にいう不合理と認められるものに当たると解するのが相当である」。

確かに、住宅手当や家族手当については、**長澤運輸事件＝平成三十年六月一日最高裁第二小法廷判決**がそうであったように、定年前の正社員（無期）に対してはこれを支給し、定年後の再雇用社員（有期）には支給しないといった待遇の相違があったとしても、その相違が不合理なものとは解されない可能性も十分にある。公務員の世界では、住居手当や扶養手当が再任用職員には支給されない現状（小嶌典明・豊本治編著『公務員法と労働法の交錯』（ジアース教育新社、平成三十年）二〇八―二〇九頁、二一八頁を参照）に鑑みても、この程度の待遇の相違を、定年を機に設けることは許容されるべきであろう。

また、**ハマキョウレックス事件の最高裁判決**においても、先にみたように、「通勤手当に差違を設けることが不合理であるとの評価を妨げるその他の事情」が存在し得ることまでは、判決もこれを否定していない。

国立大学法人のなかには、非常勤職員に対する職務給の採用と処遇の改善を進めるなかで、通勤手当については、不利益変更問題が生じないように配慮（通勤手当相当額を時間給に含めて支給）しつつ、廃止に踏み切ったところもある。このような事情もまた、右にいう「その他の事情」に含まれると考えて、差し支えあるまい。

パート・有期雇用労働法八条と諸手当

諸手当には多種多様なものがあるが、大別して、①役職者を含む特定の業務に従事している者に対して支給される手当と、②そのような性格を持たない手当とに分かれる。

後者の手当（②）については、通常の労働者とパート・有期雇用労働者との間で、その支給に相違があってはならない。このような考え方を明確にしたものに、「短時間労働者及び有期雇用労働者の雇用管理の改善等に関する法律」（中小企業を除き、令和二年四月一日施行）十五条一項を根拠として策定された、「短時間・有期雇用労働者及び派遣労働者に対する不合理な待遇の禁止等に関する指針」（平成三十年十二月二十八日厚生労働省告示第四百三十号）がある。

同指針に曰く「短時間・有期雇用労働者にも、通常の労働者と同一の通勤手当及び出張旅費を支給しなければならない」。食事手当や単身赴任手当、地域手当についても、これと同様の考え方が採用されている。

同一労働同一賃金といった理念だけでは、およそ説明できない。そうした世界がここにはある。

とはいえ、指針どおりに事が運ぶとは必ずしも限らない。

例えば、人事管理や労使関係の専門家（佐藤博樹中央大学教授、仁田道夫東京大学名誉教授）は、このような法制度のもとでは、たとえ不利益変更といわれたとしても、正社員のみが対象であることが説明できない「通勤手当もなくすことになります」（佐藤）、あるいは「通勤手当なども廃止される方向にいくような気がします」（仁田）と、異口同音にいう（労働法の専門家である島田陽一早稲田大学教授を交えた、新春対談「働き方改革関連法成立と労契法二十条をめぐる最高裁二判決について」『中央労働時報』一二四一号（平成三十一年一月）一〇頁以下、二三頁を参照）。

「事業主が通常の労働者と短時間・有期雇用労働者及び派遣労働者との間の不合理と認められる待遇の相違の解消等を行うに当たっては、基本的に、労使で合意することなく通常の労働者の待遇を引き下げることは、望ましい対応とはいえない」。

指針は右のようにいうものの、通勤手当についても、遠からず廃止の方向にむかう。だとすれば、待遇の相違の解消が必要だからといって、後先も考えず、通勤手当の一律支給に踏み切る、といったようなことは極力避けたほうがよい。常識で考えれば、このようになろう。

（令和元年五月二十七日）

第一三話　ワークルールを読み解く（10）

労働契約法二十条と休暇等

休暇をはじめとして、賃金（賞与・退職金を含む）以外の待遇についても、労働契約法（労契法）二十条をめぐる訴訟においては、これが俎上に上ることがある。

病気休暇はその一つであり、国立大学法人と同様、かつて公務員時代を経験したことのある日本郵便を被告とする事件では、正社員と時給制の契約社員との間における病気休暇に関する待遇の相違をどう考えるかが、しばしば争点の一つとなった。

正社員に対しては、業務上の事由もしくは通勤による傷病以外の私傷病により、最小限度所属長が必要と認める期間において、勤務日または正規の勤務時間中に勤務しない場合であっても、その勤務しない期間について病気休暇を付与し、その場合は有給（九〇日間は給与を全額支給）とする一方、契約社員に対しては、病気休暇の付与を一年度において一〇日の範囲内に限定し、かつ無給とする。日本郵便においても、そうした公務員の制度をモデルとする待遇の相違が存在した。

このような事実をもとに、**日本郵便（東京）事件＝平成三十年十二月十三日東京高裁判決**は、「その日数の点においては、不合理であると評価することができるものとはいえない」としつつ、「正社員に対し私傷病の場合は有給（略）とし、時給制契約社員に対し……無給としている労働条件の相違は、不合理であると評価することができる」として、次のように第一審被告の主張を否定した。

「第一審被告は、病気休暇は、正社員の長期雇用を前提として、私傷病により勤務できなくなった場合に療養に専念させるために有給の休暇を付与し、定年までの長期にわたり会社へ貢献する動機づけをすることにより無期契約労働者としての長期的な勤続を確保することを目的としていると主張するが、病気休暇の趣旨は「労働者の健康保持のための制度と」解するのが相当であり、第一審被告の主張は採用できない。

第一審被告は、時給制契約社員について、無給の病気休暇が認められていることに加えて、やむを得ない相当な理由があると認められる場合には、所属長へ申し出て承認を得ることで、無断欠勤の取扱いはしていないし、一週当たり二〇時間以上勤務する時給制契約社員は、私傷病により四日間以上欠勤し、その間給与の支給を受けなかった場合には、四日目以降最長一年六か月までの間、傷病手当金として、一日当たり過去一二か月間の各月の標準報酬月額の平均額を三〇で除した額の三分の二に相当する金額の給付を受けることができると主張する。しかし、病気休暇は、時給制契約社員に対し私傷病の場合も無給とされていることが不合理であると評価することができるものであるから、無給の休暇制度があることや健康保険から第一審被告主張の傷病手当金の給付を受けられること(略)は、上記判断を左右するものではない」。

また、**日本郵便（大阪）事件＝平成三十一年一月二十四日大阪高裁判決**は、「郵政省における病気休暇制度は明治憲法下から存在していた（略）が、これが今日に至るまで原則的には変更されることなく引き継がれていることが認められる」とし、「一般の国家公務員の病気休暇は、職員が私傷病になった場合にも安んじて療養に専念させ、健康体に回復させることによって公務能率の維持向上に資することにあると考えられるところ、一審被告の病気休暇も同趣旨と認められる」とした上で、一般論としては次のように述べる。

「長期雇用を前提とする正社員と原則として短期雇用を前提とする本件契約社員との間で、病気休暇について異なる制度や運用を採用すること自体は、相応の合理性があるというべきであり、一審被告における本件契約社員と本件……正社員との間で病気休暇の期間やその間有給とするか否かについての相違が存在することは、直ちに不合理であると評価することはできない」。

しかし、判決は、一方で原告らがいずれも「改正後の労契法［二十条の］施行日である平成二十五年四月一日時点で、契約期間を通算した期間が既に五年を超えている」か、その後「超えた」者であることを理由に、一転して「病気休暇の期間及びその間の有給・無給の相違を設けることは、不合理というべきである」とする。ある意味で、その判示内容には、**東京高裁判決**以上に厳しいものがあった（ただし、後者の**日本郵便（東京）事件**においても、第一審原告らの通算契約期間は、そうした事実への言及こそないものの、五年を超えていた）。

確かに、病気休暇に係る損害賠償額として裁判所が認めた額は、いずれの事件においても、原告らが労契法二十条の施行日以降、私傷病のために年次有給休暇等を取得した日の賃金相当額に限られている。また、判決の既判力は、当然のことながら原告ら以外の者には及ばない。だが、このような敗訴判決が続けば、裁判所が不合理であると判断した制度の維持は難しくなる。労働組合との交渉も、著しく困難なものとなろう。

なるほど、公務員の場合、常勤職員を対象とした病気休暇（九〇日の有給休暇）には、一三〇年余りの長きに及ぶ歴史がある（小嶌典明・豊本治編著『公務員法と労働法の交錯』（ジアース教育新社、平成三十年）一三七頁以下を参照）。他方、非常勤職員を対象とした病気休暇（一年度において一〇日の範囲内における無給休暇）が制度化されたのは、平成十年。その対象が短時間勤務の非常勤職員にまで拡大されたのは、今から一〇年前、平成二十一年のことにすぎない（拙著『法人職員・公務員のための労働法72話』（ジアース教育新社、平成二十七年）一八〇頁を参照）。

だからといって、公務員型の病気休暇制度を採用＝踏襲した法人や企業の事件において、こうした事実が裁判官の判断に影響を与えることはない。傷病手当金の給付に関しても、同じことが正社員についていえる以上、病気休暇に関する契約社員との待遇の相違を説明する理由にはなり得ない。以上を要するに、多くの裁判官はこう考えているとみて、大過はあるまい。

パート・有期雇用労働法八条と休暇等

病気休暇の延長線上には、病気休職（傷病休職）がある。パート・有期雇用労働法、つまり「短時間労働者及び有期雇用労働者の雇用管理の改善等に関する法律」（中小企業を除き、令和二年四月一日施行）八条の解釈・運用に関連して、「短時間・有期雇用労働者及び派遣労働者に対する不合理な待遇の禁止等に関する指針」（平成三十年十二月二十八日厚生労働省告示第四百三十号）は、この病気休職について次のようにいう。

「短時間労働者（有期雇用労働者である場合を除く。）には、通常の労働者と同一の病気休職の取得を認めなければならない。また、有期雇用労働者にも、労働契約が終了するまでの期間を踏まえて、病気休職の取得を認めなければならない。

（問題とならない例）

A社においては、労働契約の期間が一年である有期雇用労働者であるXについて、病気休職の期間は労働契約の期間が終了する日までとしている」。

ここでもまた、公務員型の傷病休職制度をそのまま承継したような法人や企業は、窮地に追い込まれることになる。

常勤職員の傷病休職期間は最長三年と長く、さらに一年目の休職期間については、俸給等の八割が支給される。これに対して、非常勤職員については、長期にわたる任用（雇用）を予定していないことから、休職制度をそもそも設けていないところが多い（小嶌・豊本前掲書一一二頁以下を参照）。

とはいえ、こうした運用が許されるのは、あくまでパート・有期雇用労働法の適用が除外される公務員の世界に限られる。契約期間の終了を理由とする法人の主張には、年度をまたぐ更新が予定されていたとして、これが採用されることはない。無期転換後の非常勤職員に対しても、短時間労働者として、常勤職員と同一の病気休職の取得を認めなければならない。そんな世界が目前に迫っていることを忘れてはなるまい。

（令和元年六月十日）

第一四話　ワークルールを読み解く（11）

公務員と超過勤務の抑制

よく似ているが、どこか違う。平成三十一年四月一日に施行された人事院規則一五―一四（職員の勤務時間、休日及び休暇）の改正規定も、その例外ではなかった。次のように定める新設規定がそれである。

（超過勤務を命ずる時間及び月数の上限）

第十六条の二の二　各省各庁の長は、職員に超過勤務を命ずる場合には、次の各号に掲げる職員の区分に応じ、それぞれ当該各号に定める時間及び月数の範囲内で必要最小限の超過勤務を命ずるものとする。

一　次号に規定する部署以外の部署に勤務する職員　次に掲げる職員の区分に応じ、それぞれ次に定める時間及び月数（イにあっては、時間）

イ　ロに掲げる職員以外の職員　次の⑴及び⑵に定める時間

⑴　一箇月において超過勤務を命ずる時間について四十五時間

⑵　一年において超過勤務を命ずる時間について三百六十時間

ロ　一年において勤務する部署が次号に規定する部署からこの号に規定する部署となった職員　次の⑴及び⑵に定める時間及び月数

⑴　一年において超過勤務を命ずる時間について七百二十時間

⑵　イ及び次号（ロを除く。）に規定する時間及び月数並びに職員の健康及び福祉を考慮して、人事院が定める期間において人事院が定める時間及び月数

二　他律的業務（業務量、業務の実施時期その他の業務の遂行に関する事項を自ら決定することが困難な業務をいう。）の比重が高い部署として各省各庁の長が指定するものに勤務する職員　次のイからニまでに定める時間及び月数

イ　一箇月において超過勤務を命ずる時間について百時間未満

ロ　一年において超過勤務を命ずる時間について七百二十時間

ハ　一箇月ごとに区分した各期間に当該各期間の直前の一箇月、二箇月、三箇月、四箇月及び五箇月の期間を加えたそれぞれの期間において超過勤務を命ずる時間の一箇月当たりの平均時間について八十時間

ニ　一年のうち一箇月において四十五時間を超えて超過勤務を命ずる月数について六箇月

2〜4　略

確かに、そこに定められた超過勤務時間数等の上限は、改正人事院規則と施行時期を同じくする改正労働基準法三十六条四項から六項までの内容と符合する。局長通達から人事院規則へと、根拠規定がワンランク・アップしたことも、労働基準法の改正（大臣告示を法律に格上げ）と連動していた。

「各省各庁の長は、職員に対し、一年につき、三百六十時間を目安としてこれを超えて超過勤務をさせないよう努めること」。他律的な業務の比重の高い部署においても、「一年につき、七百二十時間を目安としてこれを超えて超過勤務をさせないよう努めること」。従前の局長通達「超過勤務を命ずるに当たっての留意点について」（平成二十一年指針）がこのように定めるものでしかなかったことを思えば、隔世の感がある。

しかし、新設された十六条の二の二は、その見出しからもわかるように、あくまで超過勤務を命ずる場合の上限を定めたものであり、それ以上のものではなかった。

他方、労働安全衛生法の改正に倣い、人事院規則一〇―四（職員の保健及び安全保持）に定める医師による面接指導に関する規定も、次のように改められた（一項は全部改正、二項は新設、三項は旧二項の繰り下げ規定）。

（勤務時間の状況等に応じて行う面接指導等）

第二十二条の二　各省各庁の長は、次に掲げる職員に対し、人事院の定めるところにより、面接指導を行わなければならない。

一　勤務時間の状況が職員の健康の保持を考慮して人事院の定める要件に該当する職員
二　勤務時間の状況その他の事項が職員の健康の保持を考慮して人事院の定める要件に該当し、かつ、面接指導を受けることを希望する旨の申出をした職員（前号に掲げる職員を除く。）

２　各省各庁の長は、前項の規定による面接指導を実施するため、職員の勤務時間の状況に関する人事院の定める事項を記録しなければならない。

３　略

人事院規則一〇―四の運用通知をみる限り、二十二条の二第一項各号に規定する「人事院の定める要件」は、第一号の職員に「一箇月平均八十時間超」の職員を含む点を除き、概ね改正後の労働安全衛生規則五十二条の七の二第一項および五十二条の二第一項の内容に沿ったものとなっている。だが、一方で、第二項の「人事院の定める事項」は「職員に超過勤務を命じた場合の当該職員の氏名並びに当該超過勤務を命じた年月日及び時間数」とされ、その記録は「超過勤務等命令簿によることができる」ともされた。

超過勤務を命じられた時間（超過勤務等命令簿に記載された時間）によって、すべてが決まる。公務員の世界は、使用者の「黙示の指示により労働者が業務に従事する時間は労働時間に当たる」（「労働時間の適正な把握のために使用者が講ずべき措置に関するガイドライン」（平成二十九年一月二十日基発〇一二〇第三号））民間とは違う。

「タイムカードによる記録、パーソナルコンピュータ等の電子計算機の使用時間の記録等の客観的な方法その他の適切な方法」による「労働時間の状況」把握を法令上要求される（労働安全衛生法六十六条の八の三および労働安全衛生規則五十二条の七の三第一項を参照）。そんな民間とは大きく異なる世界が、そこにはあった。

公務員と年次休暇の取得促進

平成三十年版公務員白書（人事院のサイトに掲載された「平成二十九年度年次報告書」に同じ）によれば、年次休暇の「平成二十八年の一人当たり平均使用日数は一三・八日」。「組織区分別にみると、本府省では一二・四日、本府省以外では一四・一日」であったという。

公務員の場合、年次休暇の付与日数が原則二〇日であることを考えると、その平均取得率は六九％（本府省でも六二％）となり、民間企業よりも高い（厚生労働省の「平成三十年就労条件総合調査」によれば、労働者一人平均の取得率は五一・一％、規模一〇〇〇人以上の大企業でも五八・四％にとどまる）。

しかし、局長通達「計画表の活用による年次休暇及び夏季休暇の使用の促進について」（平成三十一年より適用）は、こうもいう。

七　一の年の年次休暇の日数（前年からの繰越し日数は含まない。）が十日以上である職員の計画表の作成及び変更に当たっては、当該年に五日以上の年次休暇を使用することができるよう配慮することとし、毎年九月末日時点で当該年における年次休暇の使用日数の累計が五日に達していない職員に対しては、年次休暇の使用を促すとともに、職員の希望を考慮して計画表を変更し、当該年において五日以上の年次休暇を使用することができるよう配慮すること。ただし、職員が、育児、介護その他の事情により、計画表に記載して当該年に五日以上の年次休暇を使用することを希望しない場合は、この限りではないこと。

一年（暦年）に五日以上の年次休暇を使用することができるよう配慮はするが、これを希望しない者には強制しない。

一年に五日以上、年次有給休暇を付与するよう義務づけられる（労基法三十九条七項を参照）民間企業とは違う。労基法の適用除外があって、こうした例外的措置も初めて可能になった。このことも忘れてはなるまい。

（令和元年六月二十四日）

第一五話　ワークルールを読み解く（12）

パワハラは世界共通の現象

パワーもハラスメントも、正真正銘の英語である。しかし、双方を組み合わせたパワーハラスメントは、和製英語でしかない。

とはいえ、古今東西、パワハラはどこの国にも存在する。workplace harassment（職場のハラスメント。ただ、sexual harassment の意味で使用される場合もある）、あるいは bullying（いじめ）といえば、その多くが日本でいうパワハラを指す。

例えば、アメリカにはこんな調査がある。「職場のいじめ研究所（Workplace Bullying Institute）」による調査（WBI U.S. Bullying Survey）がそれであり、二〇一七年調査は、「職場のいじめ」を「一人または二人以上の従業員が他の従業員に虐待（mistreatment）や口汚い言動（abusive conduct）を繰り返すこと」と定義した上で、次のような現状が明らかになった（小数点以下第一位で四捨五入しているため、①のように事項別の計が総計と一致しないものもある）とした。

①　成人アメリカ人の三七％（六〇三〇万人）にいじめの経験がある（いじめを受けたことがある一〇％、いじめを現在受けている九％、いじめの現場をみたことがあるか、知っている一九％）。

②　上司による部下のいじめ（top down）が全体の六一％、同僚によるいじめ（peers）が三三％、部下による上司のいじめ（up）が六％を占める。

③　加害者（bullies）の七〇％が男性、三〇％が女性。男性が加害者となる場合、被害者（targets）の六五％は女性。女性が加害者となる場合も、被害者の六七％が女性。

また、職場からいじめをなくすことを目的として、州レベルの立法化運動が展開されている「健全な職場法案（Health Workplace Bill）」（右にみた「職場のいじめ」の定義も、同法案による）についても、調査結果は、これを支持する者が七七％の多数を占める（強く支持が四七％、ある程度支持が三〇％）という。

だが、関連法案の提出にこぎつけた州こそカリフォルニア州を始めとして数州みられるものの、法案の成立にまで至った州はいまだにないらしい。

「職場のいじめ」問題は、立法にはなじまない。アメリカの場合、多くの州がこのように考えていることの証ともいえよう。

他方、韓国のように、次のように規定する定めを、最近になって勤労基準法（わが国の労働基準法に相当する）に設けた国もある。

（職場内いじめの禁止）

第七十六条の二　使用者又は勤労者は、職場での地位又は関係等の優位性を利用して、業務上の適正な範囲を越えて、他の勤労者に身体的・精神的苦痛を与え、又は勤務環境を悪化させる行為（以下「職場内いじめ」という。）をしてはならない。

（職場内いじめ発生時の措置）

第七十六条の三　職場内いじめの発生事実を知ることになった者は、その事実を使用者に申告することができる。

② 使用者は、前項による申告を受け付け、又は職場内いじめの発生事実を認知した場合は、直ちにその事実確認のための調査を実施しなければならない。

③ 使用者は、前項による調査期間の間、職場内いじめと関連して被害を受けた勤労者又は被害を受けたと主張する勤労者（以下「被害勤労者等」という。）を保護するために必要な場合、当該被害勤労者等について勤務場所の変更、有給休暇命令等適切な措置を講じなければならない。この場合において、使用者は、被害勤労者等の意思に反する措置を講じてはならない。

④ 使用者は、第二項による調査の結果、職場内いじめの発生事実が確認されたときは、被害勤労者の要請があれば、勤務場所の変更、配置転換、有給休暇命令等適切な措置を講じなければならない。

⑤　使用者は、第二項による調査の結果、職場内いじめの発生事実が確認されたときは、直ちに行為者に対して懲戒、勤務場所の変更等必要な措置を講じなければならない。この場合において、使用者は、懲戒等の措置を講じる前に、その措置に関して被害勤労者の意見を聴かなければならない。

⑥　使用者は、職場内いじめの発生事実を申告した勤労者及び被害勤労者等について、解雇その他の不利な処遇をしてはならない。

新設された第六章の二「職場内いじめの禁止」に定める規定がそれであるが、二〇一九年一月十五日に公布され、同年七月十六日を施行日とする改正勤労基準法は、これに加え「職場内いじめの予防及び発生時措置等に関する事項」を新たに就業規則の必要記載事項として定める（九十三条十一号）とともに、右にみた七十六条の三第六項に違反した者については、これを「三年以下の懲役又は三千万ウォン以下の罰金に処する」（百九条一項）旨規定している（以上、条文の邦訳は、労働政策研究・研修機構の「韓国労働法」サイトに掲載された試訳による（ただし、一部に表現を改めた箇所がある）。ちなみに、韓国雇用労働部のサイトにアップされた勤労基準法の英訳（Labor Standards Act）は、二〇一五年七月一日以降に行われた法改正を反映したものとはなっていない）。

確かに、禁止規定や義務規定がそこにはズラッと並ぶ。しかし、その核となる「職場内いじめ」の定義は依然として曖昧であり、法律の条文としては荒っぽさが目立つ。

刑事罰が科せられる使用者の行為は「職場内いじめの発生事実を申告した勤労者」等を対象とした「解雇その他の不利な処遇」に限られるとはいえ、刑事罰を科せられない行為については、構成要件の明確さも必要とされないのか、といった疑問はやはり拭えない。なるほど、「労働施策の総合的な推進並びに労働者の雇用の安定及び職業生活の充実等に関する法律」の改正により、「職場における優越的な関係を背景とした言動に起因する問題に関して事業主の講ずべき措置等」について定めた章（第八章）を新たに設けたわが国の手法にも、問題はあった（**第八話**を参照）。しかし、イージーな法改正は、いずれにせよ参考にならない、というべきであろう。

パワハラ上司にみる一面の真理

日本資本主義の父とも称される、渋澤榮一（一八四〇―一九三一）の代表的著作『論語と算盤』に、次のようにに述べるくだりがある（以下、引用は、角川ソフィア文庫版（平成二十年。底本は、昭和二年［忠誠堂］刊）による）。

「いつでも後進に対するに敵国の態度をもってし後進の揚げ足を取ることばかりをあえてして悦《よろこ》び、何か少しの欠点が後進にあれば、すぐガミガミと怒鳴りつけて、これを叱り飛ばして完膚《かんぷ》なきまでに罵《ののし》り責め、失策でもすると、もう一切かまいつけぬというほどに、つらく後進に当たる」（四一頁）。

このような「先輩が上にあれば、その下にある後進は、寸時も油断がならず、一挙一動にも隙を作らぬようにと心掛け、あの人に揚げ足を取られる様なことがあってはならぬから、と自然身持ちにも注意して不身持ちなことをせず、怠るようなことも慎み一体に後進の身が締まるようになるものである。ことに後進の揚げ足を取るに得意な先輩は、後進の欠点失策を責め付け、これを罵り嘲《あざけ》るのみで満足せず、その親の名までも引き出して、これを悪しざまに言い罵り、『一体貴公の親からして宜しくない』などとの語をよく口にしたがるものである。したがって、かかる先輩の下《もと》にある後進は、もし一旦《いったん》失敗失策があれば、単に自分が再び世に立てなくなるのみならず、親の名までも辱《はずかし》め、一家の恥辱《ちじょく》になると思うから、どうしても奮発する気になるものである」（四一―四二頁）。

一方、「何事も後進に対して優しく親切に当たる人で、決して後進を責めるとか、苛《いじ》めるとかいうようなこと」はしない「先輩が果たして後進のために真の利益になるかどうかは、いささか疑問である」（四〇頁）と。

一面の真理を鋭く突いた、きわめて含蓄のある考察といえよう。

（令和元年七月八日）

第一六話　ワークルールを読み解く（13）

ハラスメント統計の不思議

あっせんは多いが、調停は少ない。集団と個別とを問わず、労働紛争については、このような傾向が顕著にみられる。

例えば、集団紛争の典型ともいえる、労調法（労働関係調整法）に根拠を置く争議調整事件（労働委員会による労働争議の調整事件）の場合、中労委の調べによれば、都道府県労委における平成二十九年の新規係属事件は二七九件。うち、あっせんは二七四件、調停は四件にとどまる（他の一件は仲裁）。

このようにあっせんが争議調整事件の大半（九八・二％）を占める理由は明白であり、調停とは違い、労働協約に定めがなくても、あっせんは関係当事者の一方による申請だけで開始されるからである（労調法十二条一項と十八条二号とを比較参照）。

他方、個別紛争の場合、個別労働関係紛争解決促進法（個別労働関係紛争の解決の促進に関する法律）六条一項に定める「紛争調整委員会」が主役となる。

厚生労働省の「平成二十九年度個別労働紛争解決制度の施行状況」によれば、この紛争調整委員会によるあっせん申請件数は全体で五〇二一件にも上る。このうち、項目別では「いじめ・嫌がらせ」（英語でいう bullying or harassment）に関連するケースが最も多く、項目別の件数を合計した五二四九件の二九・一％に当たる、一五二九件を占める。

にもかかわらず、同省の「平成二十九年度都道府県労働局雇用環境・均等部（室）での法施行状況」によれば、男女雇用機会均等法（雇用の分野における男女の均等な機会及び待遇の確保等に関する法律）施行規則四条に定める「機会均等調停会議」（紛争調整委員会の委員三名で構成）による調停申請受理件数は、合計四六件（「セクシュアルハラスメント」関連は三四件）を数えるにすぎない。

調停申請全体の七割強（七三・九％）を占める「セクシュアルハラスメント」（ちなみに「マタニティハラスメント」に関連した申請は、平成二十九年度にはなかった）であっても、「いじめ・嫌がらせ」に係るあっせん申請の五〇分の一程度にしかならない。

とはいえ、個別労働関係紛争解決促進法に規定する「あっせん」と男女雇用機会均等法に定める「調停」との間に、それほど大きな差異があるわけではない。

確かに、「あっせん委員は、紛争当事者から意見を聴取するほか、必要に応じ、参考人から意見を聴取し、又はこれらの者から意見書の提出を求め、事件の解決に必要なあっせん案を作成し、これを紛争当事者に提示することができる」と定める個別労働関係紛争解決促進法十三条一項の規定と、次のような男女雇用機会均等法の規定を読み比べると、双方のトーンには明らかに違いがある。

第二十条　〔紛争調整〕委員会は、調停のため必要があると認めるときは、関係当事者の出頭を求め、その意見を聴くことができる。

２　委員会は、第十一条第一項及び第十一条の二第一項に定める事項（注：「セクハラ」や「マタハラ」に関する事項）についての労働者と事業主との間の紛争に係る調停のために必要があると認め、かつ、関係当事者の双方の同意があるときは、関係当事者のほか、当該事件に係る職場において性的な言動又は同項に規定する言動を行ったとされる者の出頭を求め、その意見を聴くことができる。

第二十二条　委員会は、調停案を作成し、関係当事者に対しその受諾を勧告することができる。

さらに、男女雇用機会均等法施行規則八条一項は、その前段で「法第二十条第一項又は第二項の規定により委員会から出頭を求められた者は、機会均等調停会議に出頭しなければならない」とまで規定する。しかし、出頭義務があるとはいっても、出頭を強制されるわけではない。

「調停に係る紛争について調停による解決の見込みがないと認めるときは、調停を打ち切ることができる」（男女雇用機会均等法二十三条一項）のは、あっせんと同じ（個別労働関係紛争解決促進法十五条）であり、調停については「被申請人が、あっせんの手続に参加する意思がない旨を表明したとき」を打切り事由として規定する定め（個別労働関係紛争解決促進法施行規則十二条一項一号）こそないものの、「他の関係当事者が調停に非協力的で度重なる説得にもかかわらず出席しない場合」には、調停も打ち切られる。

調停だからといって、あっせんよりも申請が難しいといった事実はなく、申請書の記載事項にも違いはない。

調停案とあっせん案のいずれについても、合意をみた場合には「私法上の和解契約」としての効力が認められる（以上、法令の引用のないものについては、厚生労働省のパンフレット等による）。

逆にあっせんや調停が打切りとなった場合、「申請のときに、訴えの提起があったものとみなす」ことについても、両者の間で相違はない（個別労働関係紛争解決促進法十六条、男女雇用機会均等法二十四条を参照）。

そうであるのに、調停の申請件数は、あっせんを著しく下回る。不思議といえば、これほど不思議なことはあるまい。

パワーハラスメントと調停

令和元年六月五日、同年における法律第二十四号として「女性の職業生活における活躍の推進に関する法律等の一部を改正する法律」が公布をみる。

暦年で番号が振られる法律番号は、改元によってもリセットされる。そこで、法律番号を英語表記する際には、混乱を避けるため、Act No.1 of 2019（Reiwa）というように元号を括弧書きすることが望ましい。

ただ、平成三十一年に公布された法律は、第二十号を最後とするものとなったため、右の一部改正法律について、法律番号を仮にAct No.24 of 2019と表記したとしても、法律の特定という点では問題を生じない。

今回の法改正により、労働施策総合推進法（労働施策の総合的な推進並びに労働者の雇用の安定及び職業生活の充実等に関する法律）にも、いわゆるパワーハラスメントについて、調停による解決を含め、男女雇用機会均等法をモデルとした紛争解決のための規定が新設されることになった（中小企業を除き、令和二年六月一日に施行）。

改正後の労働施策総合推進法は、その前提として、三十条の二第一項で「職場において行われる優越的な関係を背景とした言動であって、業務上必要かつ相当な範囲を超えたものによりその雇用する労働者の就業環境が害されること」のないよう、雇用管理上必要な措置を講じることを事業主に義務づけるとともに、同条二項で、このようなパワハラ行為について相談を行ったこと等を理由として「解雇その他不利益な取扱いをしてはならない」と規定するものとなっている。

紛争解決に関する規定の内容は、先行する「育児休業、介護休業等育児又は家族介護を行う労働者の福祉に関する法律」第十一章や「障害者の雇用の促進等に関する法律」第三章の二の規定内容等をほぼコピー・ペーストしたものといってよいが、男女雇用機会均等法二十条二項の準用に係るわずかな違いに加え、今回の法改正では、独立した章が新たに設けられなかったという大きな違いもある。

ただ、次のような規定が置かれることは、男女雇用機会均等法以来、一貫している。

（紛争の解決の促進に関する特例）

第三十条の四　第三十条の二第一項及び第二項に定める事項についての労働者と事業主との間の紛争については、個別労働関係紛争の解決の促進に関する法律（略）第四条、第五条及び第十二条から第十九条までの規定は適用せず、次条から第三十条の八までに定めるところによる。

つまり、セクハラやマタハラと同様、パワハラをめぐる紛争についても、改正法施行後は、あっせんではなく、調停が行われることを、それは意味している。このことにより、あっせんや調停の申請件数がどう変わるのか。その推移に注目したい。

（令和元年七月二十二日）

第一七話　ワークルールを読み解く（14）

法律による体罰の禁止

令和二年四月一日以降、児童福祉法（昭和二十二年法律第百六十四号）には、体罰禁止規定として、傍線を引いた「ただし書」が新たに加わる。

第三十三条の二　児童相談所長は、一時保護が行われた児童で親権を行う者又は未成年後見人のないものに対し、親権を行う者又は未成年後見人があるに至るまでの間、親権を行う。（ただし書、略）

②　児童相談所長は、一時保護が行われた児童で親権を行う者又は未成年後見人のあるものについても、監護、教育及び懲戒に関し、その児童の福祉のため必要な措置を採ることができる。ただし、体罰を加えることはできない。

③・④　略

第四十七条　児童福祉施設の長は、入所中の児童等で親権を行う者又は未成年後見人のないものに対し、親権を行う者又は未成年後見人があるに至るまでの間、親権を行う。（た

だし書、略）

② 略

③ 児童福祉施設の長、その住居において養育を行う第六条の三第八項に規定する厚生労働省令で定める者又は里親は、入所中又は受託中の児童等で親権を行う者又は未成年後見人のあるものについても、監護、教育及び懲戒に関し、その児童等の福祉のため必要な措置をとることができる。ただし、体罰を加えることはできない。

④・⑤ 略

児童福祉法は、昭和二十二年の第一回国会において制定された法律であったが、これに先だって、同じ年の第九十二回帝国議会で成立をみた学校教育法には、既に当初から体罰禁止規定が盛り込まれていた。以下に掲げる十一条但書（傍線部分）の定めがそれである（条文中の旧漢字は、新漢字に改めている）。

第十一条　校長及び教員は、教育上必要があると認めるときは、監督庁の定めるところにより、学生、生徒及び児童に懲戒を加えることができる。但し、体罰を加えることはできない。

「監督庁」が「文部科学大臣」に変わり、「学生、生徒及び児童」の順序が逆転し、「但し」が「ただし」に改められる。現行規定との違いは、それだけでしかない。

法律では体罰を一応禁止するものの、常識の範囲で体罰が行使された場合には、これを特段問題視せず、ごく普通のこととして受け入れる。確かに、そんな時代が長く続いた。だが、わが国は、その後、体罰の全面否定へと舵を切ることになる。

例えば、令和元年六月二十六日に、同年の法律第四十六号として公布された「児童虐待防止対策の強化を図るための児童福祉法等の一部を改正する法律」も、冒頭でみたような児童福祉法の改正を実現する一方で、「児童虐待の防止等に関する法律」(児童虐待防止法、平成十二年法律第八十二号）十四条については、これを以下のように改めるものであった(傍線部の追加または修正)。

（親権の行使に関する配慮等）

第十四条　児童の親権を行う者は、児童のしつけに際して、体罰を加えることその他民法（明治二十九年法律第八十九号）第八百二十条の規定による監護及び教育に必要な範囲を超える行為により当該児童を懲戒してはならず、当該児童の親権の適切な行使に配慮しなければならない。

2　略

また、このことに関連して、改正法は附則七条五項で、次のように規定する。

5　政府は、この法律の施行後二年を目途として、民法（略）第八百二十二条の規定の在り方について検討を加え、必要があると認めるときは、その結果に基づいて必要な措置を講ずるものとする。

ここにいう民法八百二十条および八百二十二条は、以下のように定める規定であるが、児童虐待防止法十四条一項の改正規定では、「体罰を加えること」が「民法（略）第八百二十条の規定による監護及び教育に必要な範囲を超える行為」と「その他」で結ばれており、このことは、前者が後者の例示ではなく、並列関係にあることを意味している。

（監護及び教育の権利義務）

第八百二十条　親権を行う者は、子の利益のために子の監護及び教育をする権利を有し、義務を負う。

（懲戒）

第八百二十二条　親権を行う者は、第八百二十条の規定による監護及び教育に必要な範囲内でその子を懲戒することができる。

つまり、「体罰を加えること」は、少なくとも現時点では、民法八百二十条にいう子の監護・教育権、八百二十二条にいう懲戒権の行使として可能といった解釈もできないわけではない（改正後の児童虐待防止法十四条一項違反の問題は、ここでは論じない）。

確かに、右にみたこれまでの経緯に照らせば、民法八百二十二条にも、将来「ただし、体罰を加えることはできない」との一文が追加される可能性はきわめて高い。

しかし、西洋の諺にも「鞭を惜しめば子供をダメにする（*Spare the rod and spoil the child*）」とある。

これを言い換え、「体罰とは、相手の進歩を目的とした有形力の行使、力の行使である」（戸塚宏著『本能の力』（新潮新書、平成十九年）二〇頁）とする考え方もある。いたずらに体罰を禁止することは、子供の進歩を阻害し、かえって子供をダメにする。

こうした事情は、対象や態様の違いはあれ、職場におけるハラスメントの禁止にも同様にみられる。民法八百二十二条の在り方を検討するに当たっては、このような問題との関連についても、意を用いる必要があろう。

ＩＬＯによる新条約の採択

ＩＬＯ（国際労働機関）の総会は、加盟国の政労使の代表が参集して、通例、毎年六月に開催される。

二〇一九年六月に開催をみた第一〇八回総会においては、「仕事の世界における暴力およびハラスメントの排除（the elimination of violence and harassment in the world of work）に関する条約（第一九〇号）」のほか、これを補完する勧告・決議が、総会の最終日に当たる同月二十一日に採択された。

条約にいう「暴力およびハラスメント」とは、「身体的、精神的、性的または経済的な危害（harm）」を加えるような「許容し難い行動や慣行」をいい、これにはセクシュアルハラスメントを始めとする「性に基づく（gender-based）」暴力やハラスメントが含まれる

（一条一項。なお、同条二項は、国内法等による異なる定義を認める）。

日本の報道には、セクハラやパワハラなどのハラスメントを全面的に禁止した条約と、今回の条約を紹介したものが少なくなかったものの、パワーハラスメントは、和製英語であり（**第一五話**を参照）、パワハラに言及した規定など、当然のことながら、この条約には存在しない。

新聞報道には、日本法はハラスメントを正面から禁止するものとはなっていない等、その不十分さを指摘するものもあったが、現行法にそれほど大きな不備があるとは思えない（民事事件では、損害賠償請求を安直に認めすぎではないか、といった危惧さえある。このことに関連して、拙著『現場からみた労働法――働き方改革をどう考えるか』（ジアース教育新社、平成三十一年）第二部第三章で取り上げた**加野青果事件**が、結局、上告申立て不受理（**平成三十年十一月十三日最高裁第三小法廷決定**）に終わったことに注意）。

賛成四三九、反対七、棄権三〇。一九〇号条約も、他のＩＬＯ条約と同様、圧倒的大差をもって採択された。しかし、政労使の代表がともに賛成票を投じた国であっても、これが批准に結びつくとは限らない。例えば、政府代表二名、労使代表各一名が揃って賛成票を投じたアメリカが本条約を批准する可能性は、過去の実績からみても、ほとんどない。そうした現実も知る必要があろう。

（令和元年八月十二日）

第一八話　ワークルールを読み解く（15）

裁量労働制教員と時間管理

たとえ反証を挙げても、くつがえることはない。この点において、みなしは推定とは異なる。労働基準法（労基法）三十八条の二から三十八条の四までの規定に定める労働時間のみなし制度も、もとよりその例外ではない。

しかし、これらの規定は、労基法三十八条に付された「時間計算」を共通見出しとする規定であることが示しているように、労働時間を算定するに当たっての便法を定めたものでしかない。

それゆえ、「みなし労働時間制に関する規定が適用される場合であっても、休憩、深夜業、休日に関する規定の適用は排除されないものであること」（「改正労働基準法の施行について」（昭和六十三年一月一日基発第一号））は、昭和六十二年の労基法改正（上記基発の発出日を施行日とする）当時から、いわば当然の前提とされていた。

ただ、大臣告示の改正（平成十五年十月二十二日厚生労働省告示第三百五十四号）により、労基法三十八の三に定める専門業務型裁量労働制の適用が新たに認められることになった大学教員についてまで、深夜や休日の問題が、労基法違反として現実にイシューになるとは、想像だにしなかった。労働基準監督署（労基署）にも、常識はあるだろう。そう高をくくっていたからである。

こうしたなか、国立大学法人Ｓ大学において、文字どおり青天の霹靂ともいうべき事件が起きる。収集可能な情報には限界があるとはいえ、報道内容等を要約すると、およそ次のような事件であった。

○　平成三十年八月、裁量労働制で働く教授や准教授などの教員が深夜や休日に行った研究活動について割増賃金を支払っていなかったのは労基法に違反する（対象期間は平成二十八年九月から三十年八月までの二年間）として、Ｍ労基署から、大学が是正勧告を受ける。

○　大学は、これを受け、平成三十年十二月までに、約二〇〇人の教員（Ｍ市のキャンパスで働く教員の半数に当たる）に対し、総額約九〇〇〇万円の未払い賃金を支払う。

○　未払いが問題とされたのは、教員の休日手当や深夜手当。「深夜や休日に論文作成や実験などを行った際に、教員側が、自主的な研さんにあたるとして勤務時間として記録をしない実態が広がっていた」（ＮＨＫ）が、大学側も、「研究などによる休日・深夜の勤務は『職務以外の目的』として扱っていた」（産経）。

○　なお、大学側は、『既に導入したタイムカードと、自己申告とを突き合わせて勤務を管理する』と話している」(産経)。

以上のほか、ツイッターには「早朝と夕方以降、土日祝日の建物立ち入りが部局長の許可制になったときいた」との投稿もあったが、こんなことで研究が邪魔されるのであれば、労働時間規制など要らない。大学教員の大半は、このような感想をいだいたのではないかと考えられる。

令和元年六月十八日に幽明境を異にされた文化功労者、小池和男法政大学名誉教授(一九三二―二〇一九)は、その著書『日本産業社会の「神話」――経済自虐史観をただす』(日本経済新聞出版社、平成二十一年)のなかで、次のように述べる。

「国際市場で勝ち抜いていくには、職場の人の創意工夫を相当に要する。創意工夫を促す以上、なかなか労働時間は直接規制できない」(二六八頁)。

「わたくしが京都大学に勤めていたころノーベル化学賞をうけた京大工学部教授の福井謙一さんは、夜中に思いつくことを枕元のメモに書いていた、という。それに残業手当を払うことができようか。実際、研究中心の大学スタッフのサラリーに残業手当は日本でもまったくつかない。京大の学部長会議でご一緒した医学部長は、いかに会議が遅くなろうと、夜の9時でも10時でもかならずそのあと病室をまわる。そして翌日は朝7、8時に研究室にでる。にもかかわらず一切残業手当はでない。サラリーは経済研究所所長であったわたくしとあまり変わらない。なにも管理職でなくともふつうの研究職であれば、同様なのはいうまでもない。そうした事情は企業でも変わりあるまい」（一六九―一七〇頁）。

文中に「日本でも」とあるように、欧米においてもこうした事情に違いはない（一五〇頁以下を参照）。そうした事実にも、やはり目を向けるべきであろう。

今回のような労基署による介入を避けるためには、大学教員について、深夜業を含め、時間規制の適用を除外する以外に術はない。

例えば、総合規制改革会議が「規制改革の推進に関する第三次答申――活力ある日本の創造に向けて」（平成十五年十二月二十二日）において、大学教員に言及しつつ、次のように記したのも、そうした考え方に基づいていた（なお、平成十六年三月十九日には、文中の「検討すべきである」を「検討する」とする等の修正を経て、「規制改革・民間開放推進三か年計画」として、閣議決定される）。

「現行の裁量労働制は、みなし労働時間制を採用しており、労働時間規制の適用除外を認めたものではないが、その本質は、『業務の遂行の手段及び時間配分の決定等に関し当該業務に従事する労働者に対し具体的な指示をしないこと』にあることを踏まえると、管理監督者等と同様、時間規制の適用除外を認めることが本来の姿であると考えられる。よって、米国のホワイトカラーエグゼンプションの制度（その改革の動向を含む。）を参考にしつつ、裁量性の高い業務については、改正後の労働基準法の裁量労働制の施行状況を踏まえ、今般専門業務型裁量労働制の導入が認められた大学教員を含め、労働者の健康に配慮する等の措置を講ずる中で、適用除外方式を採用することを検討すべきである。その際、現行の管理監督者等に対する適用除外制度の在り方についても、深夜業に関する規制の適用除外の当否を含め、併せて検討すべきである」（傍線は筆者による）。

あのとき、もう少し頑張っていれば、今回のような事件は防げたのではないか。当時、総合規制改革会議の専門委員として引用文を起案した者としては、そんな悔いも残る。

ＥＵにおける労働時間の記録

欧州連合「加盟国は、労働者の労働日ごとの労働時間の計測を可能にする、客観的で、信頼することができ、アクセス可能な制度を構築することを、使用者に義務づけなければならない」(The Member States must require employers to set up an objective, reliable and accessible system enabling the duration of time worked each day by each worker to be measured.)。

二〇一九年五月十四日、欧州司法裁判所は、大法廷判決において、右のように判示し、注目を集めた。

事件の発端は、スペインのある労組（ＣＣＯＯ）がドイツ銀行のスペイン支店を被告として、労働者の労働日ごとの労働時間を記録する義務が被告にあることの確認を求めて、訴訟を提起したことにある。

別段の合意がある場合を除き、スペイン法は、毎月末に労働者の残業時間の時間数を記録し、これを当該労働者とその代表者に通知することのみを義務づけている。これが当時におけるスペイン最高裁の立場（判例法）であったが、欧州司法裁判所の判決は、その変更をも命じるものとなっている。

労働時間の記録に係る使用者へのこうした義務づけがなければ、ＥＵ指令（欧州連合の法律に当たるもの／労働時間指令）に定める時間規制（平均週四八時間が上限）やインターバル規制（二四時間ごとに一一時間プラス七日ごとに二四時間の休息時間を付与）等の実効を期し難い。一口にいえば、このような考え方を、判決はその根拠としていた。

ただ、判決は、ＥＵ加盟国の対応を求めるに当たって、特定の産業や企業の性格（企業規模を含む）等に配慮することに加え、適用除外（derogation）の道を選択する余地をも認めるものとなっている。そんな〝抜け道〟を用意した判決であったことにも、十分留意する必要があろう。

（令和元年八月二十六日）

第一九話　ワークルールを読み解く（16）

時間規制の適用除外とその現状

誰を対象に労働時間規制の適用を除外するのか。その現状は、当然のことながら、国によって異なる。

例えば、オランダの場合、社会問題・雇用省の英文資料によると、労働時間法の適用を除外されているグループには、同法の遵守がかえって公共の秩序の維持を妨げる、情報・セキュリティ関係の業務に従事する公務員や警察官のほか、以下の者が含まれるという。

○　最低賃金の三倍以上、収入のある労働者（危険作業や深夜業に従事する者、鉱業で非管理職として働く者を除く）
○　ボランティア・ワークに従事する者　○　プロのアスリート　○　科学研究者
○　児童養護施設でフォスター・ペアレントとして働く者　○　芸能実演家
○　専門医・専門歯科医、老人ホームの委託巡回医、一般開業医、公衆衛生医師
○　学校やホリデイ・キャンプの管理人　○　実戦配備または演習中の軍人

こうした適用除外は、省令（decree）の定めによるものであるが、労使の合意を背景としていること（労働時間法（Article 5:13）は、労働時間・休息時間の適用除外を担当大臣が定めるに当たって、労働協約の当事者の要請に基づくこと（at the request of parties to a collective agreement）を要件として規定）にオランダの特徴はある。

科学研究者を適用除外の対象とすることは、オランダが国際競争に勝ち抜くためにも必要であり、プロのアスリートやアーティスト、医師といった職業は、そもそも時間規制になじまない。最低賃金の三倍以上の収入があれば、除外対象としても問題はない。そんな認識をオランダの労使は共有していた、ともいうことができる。

オランダの最低賃金（二〇一九年七月一日以降、二一歳以上のフルタイム労働者に適用される法定最低賃金）は、月額一六三五・六〇ユーロ（他に一日、一週を単位とする最低賃金の定めがある）。一ユーロ＝一二〇円として日本円に換算すると、年収ベースで、その三倍に相当する額は七〇〇万円を少し上回る額（七〇六万五七九二円）となる（**第二〇話**を併せ参照）。

第一八話で言及した、欧州司法裁判所の要求する労働時間の記録も、これらの適用除外対象者には必要とされない。

一方、最近の日本の判例には、「自己の労働時間について裁量があり」、年収についても「一二二三四万三九二五円に達し」、「待遇としては、［労働基準法（労基法）四十一条二号に定める、時間規制の適用が除外される」管理監督者にふさわしいものと認められる」としつつも、「実質的に経営者と一体的な立場にあるといえるだけの重要な職務と責任、権限を付与されているとは認められない」として、「管理監督者に該当するとは認められない」としたもの（**日産自動車事件＝平成三十一年三月二十六日横浜地裁判決**）がある。

平成三十一年四月一日に施行された労基法四十一条の二に定める、労働時間（深夜業を含む）規制の適用が除外される高度プロフェッショナル業務（高プロ業務）についても、同条第一項二号ロによって、「労働契約により使用者から支払われると見込まれる賃金の額を一年間当たりの賃金の額に換算した額が基準年間平均給与額（厚生労働省において作成する毎月勤労統計における毎月きまって支給する給与の額を基礎として厚生労働省令で定めるところにより算定した労働者一人当たりの給与の平均額をいう。）の三倍の額を相当程度上回る水準として厚生労働省令で定める額以上であること」が年収要件として規定され、その額は一〇七五万円とされた（労基法施行規則三十四条の二第六項）。

また、高プロ業務については、労使委員会による決議が必要となり、「対象業務に従事する対象労働者の健康管理を行うために当該対象労働者が事業場内にいた時間（略）と事業場外において労働した時間との合計の時間（略）を把握する措置（厚生労働省令で定める方法に限る。）を当該決議で定めるところにより使用者が講ずること」＝健康管理時間の把握が、使用者の義務として法定されている（労基法四十一条の二第一項三号）。

そして、これを受け、労基法施行規則三十四条の二第八項には、「法第四十一条の二第一項第三号の厚生労働省令で定める方法は、タイムカードによる記録、パーソナルコンピュータ等の電子計算機の使用時間の記録等の客観的な方法とする。ただし、事業場外において労働した場合であつて、やむを得ない理由があるときは、自己申告によることができる」との定めが設けられた。

思うに、彼我の差はあまりにも大きい、といわざるを得まい。

さらに、比較の対象としては、適用除外の〝先進国〟アメリカのホワイトカラー・エグゼンプションも参考になる。

現在、労働長官が標準的な適用除外の条件として定める報酬額は年収二万三六六〇ドル（週給四五五ドル）。一ドル＝一一〇円で日本円に換算しても、二六〇万円強（二六〇万二六〇〇円）にしかならない。

二〇〇四年に決定されたこの最低報酬額を、アメリカは、年収三万五三〇八ドル（週給六七九ドル）、日本円にして約三九〇万円（三八八万三八八〇円）まで引き上げることを、目下計画している（その後の経緯については、**第二四話**を参照）。

とはいっても、その算定基準は一五年前と同じ。すなわち、賃金が最も低い地域（現在は南部）における、フルタイム労働者のサラリーの第二〇分位（下から二〇％）が基準となる（以上、二〇一九年三月二十二日付けの官報に公示された改正案を参照）。

なお、ホワイトカラー・エグゼンプションの対象となる労働者については、一般労働者とは異なり、使用者は、労働者ごとに各日の実労働時間および各週の総実労働時間を記録する義務を負わない（29 CFR §§ 516.2 and 516.3)。このような点にも、等しく留意する必要があろう。

時間管理と切り離した健康確保

令和元年八月八日に公表された「副業・兼業の場合の労働時間管理の在り方に関する検討会」報告書には、関係労働者の健康管理の在り方に関する今後の方向性について、次のように述べる箇所がある。

② 通算した労働時間の状況の把握はせず、労働者が副業・兼業を行っている旨の自己申告を行った場合に、長時間労働による医師の面接指導、ストレスチェック制度等の現行の健康確保措置の枠組みの中に何らかの形で組み込むこと。

②という番号が表しているように、それは「あくまで、考えられる選択肢の例示」にすぎない（①として、通算した労働時間の状況把握を前提とする二案が示されている)。しかし、健康確保を時間管理と切り離して論じたという点で、注目すべき提案であった。

自発的に行う副業のように、「労働させた」といえない時間については、これを管理することはできないし、その状況を把握することにも意味はない。

右の提案はこうした認識を背景としたものといえるが、大学教員の行う研究活動についても、同様に考えてよい。

例えば、就業規則に、次のような条文を設けるのも一案といえよう（**第五話**で示した案に第四項を追加。その趣旨についても、**第五話**を参照）。

（ストレスチェック等）

第〇〇条　大学は一年に一回、定期的に職員のストレスチェックを行う。職員はこれを受けるよう努めなければならない。

２　前項のストレスチェックにおいて高ストレスと評価された職員に対しては、その申出により、医師による面接指導を実施する。

３　前項に規定するほか、疲労の蓄積が認められる職員に対しても、その申出により、医師による面接指導を実施する。

４　職員は、前二項に定める申出を行ったことを理由として、不利益な取扱いを受けることはない。

（令和元年九月九日）

第二〇話　ワークルールを読み解く（17）

最低賃金　余聞──海外編

原則には例外がある。その例外にも一定の法則性が認められる。**第一九話**で少し触れたオランダの最低賃金についても、このような指摘が当てはまる。

オランダの最低賃金は、年に二回、一月と七月に改定される。二〇一九年下半期（七月一日〜十二月三十一日）における最低賃金の月額は、一六三五・六〇ユーロ。上半期と比べ、一九・八〇ユーロの引上げとなった。

この月額最低賃金が適用されるのは、二一歳以上（二〇一九年上半期は二二歳以上）のフルタイム労働者。その額は、日額の二一・七日分（週単位の最低賃金は、日額五日分）に設定されている。

また、二〇歳以下の若年層については、次にみるように、これを下回る額の最低賃金が年齢別に定められている（以下、ユーロ表示の月額。［　］は、二一歳以上を一〇〇・〇とした場合の比率）。

○　二〇歳　一三〇八・五〇　［八〇・〇］　一七歳　六四六・〇五　［三九・五］
○　一九歳　九八一・三五　［六〇・〇］　一六歳　五六四・三〇　［三四・五］
○　一八歳　八一七・八〇　［五〇・〇］　一五歳　四九〇・七〇　［三〇・〇］

一八歳の高校を出たばかりの新卒労働者で、最低賃金の額は、二一歳以上の成年労働者のちょうど五割。一日または一週を単位とする最低賃金についても、こうした若年層を対象とした減額率は、すべての年齢において共通したものとなっている（以上、オランダ社会問題・雇用省の英文資料による）。

欧州連合（ＥＵ）における最近の調査報告書（Eurofound, Minimum wages in 2019: Annual review）によると、法定最低賃金の定めのあるＥＵ加盟国二二カ国中、オランダを含む一二カ国において、最低賃金の特例に関する定めが設けられているという。

なかには、ハンガリーのように熟練労働者に対する増額（一三〇・八％）のみを定めた国もなくはないものの、以下にみるフランスやイギリス（注：イギリスは二〇二〇年一月三十一日までＥＵに加盟）を含め、大半は若年層を主な対象とした減額に関する定めを置くものとなっている（国名の下に、二〇一九年の最低賃金をユーロで月額表示（イギリスはポンドからの換算値）し、減額率を％で表示）。

【フランス】一五二一・二二ユーロ
○　一五～一六歳　八〇％　一七歳　九〇％

○　専門的な資格を得るための契約締結者　五五％以上
○　徒弟　二五～七八％
【イギリス】一七四六・七三ユーロ
○　一九歳未満の徒弟／一九歳以上の一年目の徒弟　四七・三％
○　一八歳未満　五三・六％　一八～二〇歳　七五・四％
○　二一～二四歳　九四・三％

その目的は、いうまでもなく「使用者が、若年層や不熟練の労働者に対して、法定最低賃金を下回る賃金を支払うことを可能にすることによって、これらの者が職に就く見通し（labour market prospects）を改善すること」にある（以上、二六―二七頁）。

確かに、このような特例を設けたとしてもなお、法令に違反して最低賃金を支払おうとしない使用者はいる。例えば、イギリスの場合、二〇一七年に最低賃金を下回る賃金しか支払われなかった労働者は約二〇万人いた。一方、一定の条件を満たすインターンシップを除き、例外の定めのない？ドイツの場合、その数は約八三万人にのぼる（二八頁）。

ドイツの最低賃金は、月額一五五七・〇九ユーロと、イギリスよりはかなり低いとはいえ、フランスとあまり変わらない。こうした状況のもとで十分な特例がなければ、賃金が最賃を下回る労働者が多くなったとしても、不思議ではない。

ヨーロッパには、法定最低賃金を守らない使用者などいない。欧州への憧れが高じて、そのように信じたい向きもあろうが、それは幻想にすぎない。

では、アメリカはどうか。公正労働基準法（ＦＬＳＡ）六条(a)(1)に定める連邦最低賃金の額は、二〇〇九年七月二十四日に一時間七・二五ドルに引き上げられて以来一〇年が経過した今も、まったく変わっていない。

他方、同条(g)には、二〇歳未満の労働者の最低賃金を採用後九〇日間（暦日）、四・二五ドルとする規定が置かれている。

この特例は、一九九六年の法改正により連邦最低賃金が四・七五ドルに引き上げられた際に設けられたものであるが、最低賃金の引上げがその後あったにもかかわらず、特例の内容は変更をみないまま現在に至っている。

また、公正労働基準法十四条には、学生や障害者に最低賃金の例外を認める、労働長官による特別認証制度（special certificates）について定めた規定も存在する。

その目的は、最低賃金の適用による「雇用機会の減少の防止」（to prevent curtailment of opportunities for employment）にあるが、例えば、商店やサービス施設等で働くフルタイム学生（年齢は問わない。ただし、学期中は週二〇時間以内等の制限がある）の場合、労働長官の認証があれば、最低賃金の八五％（現状では六・一六二五ドル）の賃金で働かせることが可能になる（十四条(b)）。

なるほど、連邦最低賃金を上回る最低賃金を定める州は、全米五〇州中、二九州（他に首都ワシントン等／二〇一九年七月一日現在）と、約三分の二を占める。この場合、連邦最低賃金ではなく、州の最低賃金が適用される（十八条ⓐ）。

こうしたなか、二〇一九年七月十八日には民主党が多数を占める下院議会で、二〇二五年を目途に、連邦最低賃金を一五・〇〇ドルまで段階的に引き上げる法案が可決されるといったハプニングもみられたが、このような最低賃金の大幅な引上げが現実のものとなれば、最大で三七〇万人分の職が失われるとの議会予算局（ＣＢＯ）の推計もある。

共和党優位の上院議会において法案が可決される見込みはほとんどないとはいえ、最低賃金の引上げにはそうした副作用が伴うことについても、十分留意する必要があろう。

最低賃金　余聞――国内編

目の子算でアバウトにいうと、アメリカの連邦最低賃金は一時間八〇〇円、ヨーロッパは一二〇〇円程度になる。

わが国においても、令和元年度の最低賃金は、全国加重平均額が九〇一円と、初めて九〇〇円台に乗った。ヨーロッパとアメリカの中間で、多少ともアメリカに近い。イメージとしてはそんなところであろうか。しかし、欧米諸国の現状とは異なり、最低賃金法は、次のような特例を定めるものでしかない。


〈最低賃金の減額の特例〉

第七条　使用者が厚生労働省令で定めるところにより都道府県労働局長の許可を受けたときは、次に掲げる労働者については、当該最低賃金において定める最低賃金額から当該最低賃金額に労働能力その他の事情を考慮して厚生労働省令で定める率（注：二号の場合、二割）を乗じて得た額を減額した額により第四条の規定を適用する。

一　精神又は身体の障害により著しく労働能力の低い者

二　試の使用期間中の者

三　〔認定〕職業訓練のうち職業に必要な基礎的な技能及びこれに関する知識を習得させることを内容とするものを受ける者であって厚生労働省令で定めるもの

四　軽易な業務に従事する者その他の厚生労働省令で定める者

平成三十年版の労働基準監督年報によれば、地域別最低賃金の減額に係る一万三六〇〇件の許可ケースのうち、「断続的労働に従事する者」が大半を占める四号事案が九五二〇件（七〇％）、「知的障害」が最も多い一号事案が四〇八〇件（三〇％）となっており、二号・三号の該当事案はなかった。

このような現状を抜本的に見直さない限り、最低賃金の引上げには限界がある。こういえば、言い過ぎであろうか。

（令和元年九月二十三日）

第二一話　ワークルールを読み解く（18）

人事院勧告を素直に読む

「人事院は、国家公務員法、一般職の職員の給与に関する法律等の規定に基づき、一般職の職員の給与について別紙第一のとおり報告し、別紙第二のとおり勧告する。あわせて、公務員人事管理について別紙第三のとおり報告する」。

令和元年八月七日、国会および内閣に対して行われた同年の人事院勧告は、その冒頭において、三年連続でこのように記した。

対象となるのは、給与法（一般職の職員の給与に関する法律）の適用を受ける国家公務員、約二七万七〇〇〇人。一般職の職員とはいっても、検察官（約三〇〇〇人）や、国立印刷局を始めとする行政執行法人の職員（約七〇〇〇人）は、その対象には含まれない。

ただし、検察官（検事）の場合、俸給の特別調整額、超過勤務手当、休日給、夜勤手当および宿日直手当が支給されない点を除き、俸給以外の給与は、事実上給与法に定めるところによって決まる（検察官の俸給等に関する法律一条一項を参照）。特別職である裁判官についても、同様である（裁判官の報酬等に関する法律九条一項を参照）。

右にいう別紙第一、すなわち「職員の給与に関する報告」は、月例給の改定に係る基本方針について、次のように述べる。

「……本年四月時点で、国家公務員の月例給が民間給与を三八七円（〇・〇九％）下回っていることから、民間給与との均衡を図るため、月例給の引上げ改定を行う必要がある。この改定は、本年四月時点の比較に基づいて公務員給与と民間給与を均衡させるためのものであることから、同月に遡及して実施する必要がある。

月例給の改定に当たっては、本年の民間給与との較差の程度を踏まえ、若年層について、基本的な給与である俸給を引き上げることとする」。

例えば、行政職俸給表㈠の適用を受ける職員（行㈠）の場合、「給与勧告の骨子」によると、その俸給月額は次のように改定される。

○　民間の初任給との間に差があること等を踏まえ、総合職試験及び一般職試験（大卒程度）に係る初任給を一、五〇〇円、一般職試験（高卒者）に係る初任給を二、〇〇〇円引上げ。これを踏まえ、三〇歳台半ばまでの職員が在職する号俸について所要の改定（平均改定率〇・一％）

人事院規則九—八（初任給、昇格、昇給等の基準）別表第二に定める「初任給基準表」によれば、行㈠の場合、大卒の初任給は一級二五号俸、高卒の初任給は一級五号俸がこれに該当する。

このことは、高卒初任給が一五万〇六〇〇円、大卒初任給が一八万二二〇〇円に、それぞれ引き上げられることを意味しているが、これに地域手当を加えると、地域手当の割合が一割以上となる、一級地から五級地までの地域（人事院規則九―四九（地域手当）別表第一を参照）では、大卒の初任給が二〇万円を超えることをも含意している。

高卒でも、職種によっては、求人初任給が二〇万円台に突入したといわれる今日（週刊労働新聞三二二一号(令和元年八月十九日)一面トップ記事を参照）、この程度の引上げで、はたして有為の人材を確保できるのかといった疑問もあろうが、ここでは論じない。

なお、俸給月額については、三〇歳台半ばまでの職員に当たる者として、行(一)では以下の職員が増額改定の対象となる（［　］は、改定後の俸給月額。いずれも二〇〇円増）。

・一級　七九号俸［二三万九八〇〇円］まで
・二級　四七号俸［二六万二五〇〇円］まで
・三級　三一号俸［二七万八八〇〇円］まで
・四級　一五号俸［二九万〇八〇〇円］まで
・五級　　七号俸［三〇万二二〇〇円］まで

増額改定といっても、最小限のベア。そう考えるのが、素直かもしれない。

他方、特別給＝賞与の改定に係る基本方針について、別紙第一は次のように述べる。

「……国家公務員の期末手当・勤勉手当の年間の平均支給月数が民間事業所の特別給の支給割合を〇・〇六月分下回っていた。

このため、特別給については、昨年八月から本年七月までの一年間における民間の特別給の支給割合との均衡を図るため、支給月数を〇・〇五月分引き上げる必要がある。

支給月数の引上げ分の期末手当及び勤勉手当への配分に当たっては、民間の特別給の支給状況等を踏まえつつ、勤務実績に応じた給与を推進するため、引上げ分を勤勉手当に配分することとする」。

具体的には、令和元年度については、六月期の期末・勤勉手当は既に支給済みであるため、十二月期の勤勉手当を〇・〇五月分引き上げ、〇・九七五月分とする（期末手当は、六月期・十二月期ともに一・三〇月分で据え置き、次年度に同じ）ことによって、年間で四・五〇月分の支給を実現する。また、令和二年度については、六月期・十二月期ともに勤勉手当を〇・〇二五月分引き上げ、〇・九五月分とすることにより、年間で前年度と同じ四・五〇月分の支給を行う。そんな期末・勤勉手当の改定が予定されている。

そのためには、施行期日を異にする、二段構えの給与法改正が必要になる。人事院勧告の時期（六月期の期末・勤勉手当の支給には間に合わない、八月に勧告）からみて、こうなること自体はやむを得ない（例えば、平成三十年十一月三十日に公布された「一般職の職員の給与に関する法律等の一部を改正する法律」の一条、二条および附則一条を参照。

なお、リーマンショックの余波を受け、平成二十一年には、同年六月期の期末・勤勉手当について特例措置を急遽講じるため、五月にも人事院勧告が行われた）とはいうものの、よほどの法律オタクでなければ、このような事情を理解することは難しい。

月例給の改定とは違い、特別給の改定は、すべての常勤職員に影響する。〇・〇五月分のアップは年収が一日分増える（出勤日数を一月当たり二〇日とする）のと変わらない。

確かに、国家公務員の場合、法律を改正すればすむ話ではある。だが、賞与の支給額を増やしたからといって、運営費交付金（国立大学）や私立大学等経常費補助金までがこれに連動して増額されるわけではない。そうした現実にも留意する必要があろう。

人事院勧告と非常勤職員

令和元年の人事院勧告は、一方で非常勤職員の処遇改善に言及する。別紙第三「公務員人事管理に関する報告」が次のように述べるくだりがそれである。

「非常勤職員の給与については、平成二十九年七月に勤勉手当に相当する給与の支給に努めることを追加するなどの指針の改正を行い、現在、これに基づく各府省の取組が進んでいるところであり、本院としても、引き続き、常勤職員の給与との権衡をより確保し得るよう取り組んでいく。

非常勤職員の夏季における休暇については、これまで年次休暇の弾力的な付与により対応してきたが、民間の状況等を踏まえ、新たに夏季休暇を設けることとする」。

内閣官房内閣人事局「国家公務員の非常勤職員の処遇の状況に関する調査」によると、平成三十年度において、勤勉手当に相当する給与の支給される非常勤職員の割合は、期間業務職員の場合は九割を超え（フルタイムで九一・六％、フルタイム未満で九九・二％）、期間業務職員以外の非常勤職員でも九割近いレベル（八九・一％。なお、期末手当に相当する給与は九三・〇％）に達しており、確かに努力の跡は窺われる。

とはいえ、その支給月数までは公表されておらず、「短時間労働者及び有期雇用労働者の雇用管理の改善等に関する法律」や労働契約法が適用されない公務員の場合、その違反が訴訟で争われることもない。

年休や病気休暇に残る、常勤職員との著しい格差（小嶌典明・豊本治編著『公務員法と労働法の交錯』（ジアース教育新社、平成三十年）一〇五頁以下のほか、**第一三話**を併せ参照）はそのままにして、夏季休暇の新設でお茶を濁す。公務員の世界は、やはり別世界といわねばなるまい。

（令和元年十月十四日）

第二二話　ワークルールを読み解く（19）

臨検から是正勧告へ

臨検と聞くと、思わず緊張が走る。多くの者にとっては、それがごく普通の反応であろう。現行法に定める臨検は、その大半が刑事事件や犯則事件（一般に租税犯に関する事件をいうが、「私的独占の禁止及び公正取引の確保に関する法律」（独占禁止法）百一条以下や、金融商品取引法二百十条以下の規定にみるように、租税とは関わりのない事件を指す場合もある）の捜査と関係しており、臨検＝犯罪捜査といったイメージが強いからである。

このような犯罪捜査と関わる臨検については、「裁判官があらかじめ発する許可状」が必要となる。また、許可状の請求に当たっては「事件が存在すると認められる資料」を裁判所に提供することが要求される（国税通則法百三十二条、関税法百二十一条、地方税法二十二条の四、独占禁止法百二条、金融商品取引法二百十一条を参照。「児童虐待の防止等に関する法律」九条の三、「出入国管理及び難民認定法」三十一条も同旨。なお、ここにいう「許可状」は、憲法三十五条二項に規定する「令状」に当たる）。

他方、臨検のなかには、こうした犯罪捜査とは関わりのないものもある。例えば、労働基準法（労基法）百一条に定める臨検はその典型といってもよい。同条およびこれに関連する罰則規定は、次のように定める。

（労働基準監督官の権限）

第百一条　労働基準監督官は、事業場、寄宿舎その他の附属建設物に臨検し、帳簿及び書類の提出を求め、又は使用者若しくは労働者に対して尋問を行うことができる。

②　前項の場合において、労働基準監督官は、その身分を証明する証票を携帯しなければならない。

第百二十条　次の各号のいずれかに該当する者は、三十万円以下の罰金に処する。

一～三　略

四　第百一条（略）の規定による労働基準監督官……の臨検を拒み、妨げ、若しくは忌避し、その尋問に対して陳述をせず、若しくは虚偽の陳述をし、帳簿書類の提出をせず、又は虚偽の記載をした帳簿書類の提出をした者

五　略

これらの規定は、罰則を背景に、臨検に応じることを使用者に対して「間接的に強制」するものとなってはいるものの、臨検そのものは、労基法違反つまり刑事罰の適用される犯罪の捜査を目的としたものではない。

例えば、昭和三十四年および四十七年に、それぞれ労基法から分離独立する形で制定をみた最低賃金法（最賃法）や労働安全衛生法（労安衛法）には、制定当初から、このことを明文化した「第一項の規定による立入検査の権限は、犯罪捜査のために認められたものと解釈してはならない」との定め（最賃法三十二条（旧三十八条）三項、労安衛法九十一条四項）が置かれていた。

ここにいう「立入検査」は、第二次大戦前から使用されてきた「臨検」（工場法十四条、二十一条のほか、商店法十一条、十五条等を参照）を多少ソフトな表現に改めたものであるが、昭和二十二年四月七日に労基法と同時に公布された労働者災害補償保険法（労災保険法）にも、平成十二年の法改正によって、同一内容の定め（四十八条三項）が設けられている（なお、労災保険法では、この平成十二年改正まで、労基法と同様、「臨検」という言葉が使用されていた）。

ただ、労基法には「臨検」について歯止めとなる定めがないという点でも、労災保険法や最賃法、労安衛法との間には違いがある。「この法律の施行に必要な限度」(労災保険法)、「この法律の目的を達成するため必要な限度」(最賃法)、「この法律を施行するため必要があると認めるとき」（労安衛法）といったフレーズがそれである。

そして、こうした臨検の延長に、是正勧告を始めとする行政指導がある。

仮に監督官の権限規定に歯止めとなる文言が入っていれば、「労働者の労働日ごとの始業・終業時刻を確認し、これを記録すること」のように、労基法上の義務とまではいえない使用者の責務にとどまる事項について、指導監督が行われるようなことはなかった、とも考えられる（拙著『労働法の「常識」は現場の「非常識」――程良い規制を求めて』（中央経済社、平成二十六年）一二四―一二五頁を参照）。

また、是正勧告の法的性格について、ある裁判例は次のようにいう。

「労働基準監督官の発する是正勧告というのは、一般に労働基準監督行政を実施した際に発見した法違反に対する行政指導上の措置に止まるもので、何らの法的効果をも生ずるものではないと解されている。

すなわち、是正勧告は、これにより法違反の状態を当然に変更するものではなく、また、勧告を遵守しない使用者に対し、罰則を科するとか、その他これの遵守を強制する制度も設けられておらず、あくまで、勧告を受けた使用者が自主的に勧告にしたがった是正をするのを期待するものに過ぎない。使用者は、勧告に従った是正をしなかったとしても、その法的地位に何らの影響も受けないのである」（**札幌東労基署労働基準監督官（共永交通）事件＝平成二年十一月六日札幌地裁判決**。**敦賀労基署長（橋本商事）事件＝昭和四十五年九月二十五日福井地裁判決**も同旨）。

このことは、是正勧告は、行政法の世界でいう処分性に欠けることから、その取消しを求めて訴えることができない（不適法の訴えとして、却下される）ことを意味しているとはいえ、是正勧告が、行政による命令＝行政処分ではなく、行政指導にとどまることは、改めて銘記されてよい。

「あくまで、勧告を受けた使用者が自主的に勧告にしたがった是正をするのを期待するものに過ぎない」。

繰返しになるが、このように考えれば、是正勧告を前にして右往左往するようなこともなくなる。こうもいうことができよう。

是正勧告と対象期間

「賃金又は工賃の不払に係る法違反については、監督時において不払額を具体的に確認した範囲内（二年間を限度とする。）の期間について、遡及是正の勧告を是正勧告時に併せて行うものとする」。「賃金不払い等に係る法違反の遡及是正について」と題する、昭和六十三年三月十六日付け基発第百五十九号は、このようにいう。

賃金債権に係る消滅時効の期間を二年間とする、労基法百十五条の定めを念頭に置いたものである（ただし、家内労働法には、厳密には、工賃請求権の時効について定めた規定は存在しない）が、二年間は上限であって、下限でも標準でもない。

実際にも、右の通達によって廃止された、昭和五十七年二月十六日付け基発第百十号（旧通達のタイトルも新通達に同じ。その全文は、石嵜信憲著『実務の現場からみた労働行政』

（中央経済社、平成二十一年）一二六頁以下に収録されている）は、割増賃金に関しては、これを「三か月を限度として遡及是正の勧告を行うもの」としていた。

割増賃金の不払いについては「事実の確認が難しい」という問題があるものの、「少なくとも三か月までは努力をすれば確認はできるはずだということで、三か月までは確認をして遡及是正の勧告をする、そして支払わなければ刑事責任の問題とする」という形で、全国の監督署が「斉一的にスピーディーに事件を処理する」ようにする。

そこに、昭和五十七年通達の趣旨はあったという（昭和五十九年三月二十七日に開催された衆議院社会労働委員会における、後に第一次橋本龍太郎内閣では労働大臣にもなった永井孝信社会党議員の質問に対する、望月三郎政府委員（労働省労働基準局長）の答弁を参照）。

昭和五十七年通達は、国会における野党の追及（昭和六十二年七月二十八日開催の衆議院社会労働委員会における永井議員の質問を併せ参照）もあって、撤回を余儀なくされたが、そこに至るまでのこうした経緯についても、知っておいて損はないであろう。

（令和元年十月二十八日）

第二三話　ワークルールを読み解く（20）

消滅時効をめぐる法改正

令和元年九月二十六日に開催された第一五四回労働政策審議会労働条件分科会に、資料として配布されたものに「賃金等請求権の消滅時効の在り方に関する論点」がある。論点は、全体で七点にわたるものであったが、このうち以下の四点が「今回主に御議論いただきたい論点」とされた。

① 検討の前提

【検討会報告で提示された論点】

民法とその特別法である労働基準法の関係について、下記を踏まえてどのように考えるか。

・ 労基法の消滅時効規定が労使関係における早期の法的安定性の役割を果たしていることや、大量かつ長期に発生するといった賃金請求権の特殊性に鑑みて合理性があれば、民法よりも短い消滅時効期間を定める（※）ことも可能との考え方がある一方、

（※）現行でも、退職手当や災害補償の請求権等については、労働基準法において民法よりも短い消滅時効期間を定めている。

・労働者保護を旨とする労働基準法で、民法よりも短い消滅時効期間を定めるのは問題であるとの考え方もある。

②　賃金等請求権の消滅時効の起算点について

【検討会報告で提示された論点】

・労働基準法第十五条等において、使用者による労働者への賃金支払日の明示が義務付けられていることを踏まえ、現行の客観的起算点であることを明確化することについてどのように考えるか。

・主観的起算点については、それを設定する必要性（名ばかり管理職や固定残業制の問題など）と、仮に設定した場合にどの時点が主観的起算点に該当するかといった新たな労使間の紛争が生じるリスクをどのように考えるか。

③　賃金請求権の消滅時効期間について

【検討会報告で提示された論点】

・現行の消滅時効期間である二年間について、将来にわたって維持する合理性が乏しいとした場合、具体的な消滅時効期間はどの程度とすることが考え［られ］るか。

・退職手当の請求権の消滅時効期間については、昭和六十二年の労働基準法改正の経緯も踏まえつつ、見直しの必要性についてどのように考えるか。

④　賃金請求権以外の消滅時効について

・年次有給休暇の請求権について、仮に消滅時効期間を延ばす場合、制度趣旨や取得率の向上という政策の方向性に逆行するおそれがあるが、どのように考えるか。

・災害補償請求権について、現行でも民法の消滅時効期間（一〇年）より短い二年間の消滅時効期間としているが、改正民法では契約に基づく債権の消滅時効期間は原則五年とされたこととの関係をどのように考えるか。その際、災害補償請求権（使用者の無過失責任）と調整規定が設けられている民法の損倍賠償請求権(使用者の故意過失が要件。不法行為によるものであれば消滅時効期間は三年）との関係もどのように考えるか。

右にいう検討会報告とは、令和元年七月一日に取りまとめられた「賃金等請求権の消滅時効の在り方について（論点の整理）」を指す。また、労働基準法（労基法）は、賃金等に係る消滅時効について、現在、次のように規定している。

（時効）

第百十五条　この法律の規定による賃金（退職手当を除く。）、災害補償その他の請求権は二年間、この法律の規定による退職手当の請求権は五年間行わない場合においては、時効によつて消滅する。

他方、民法には、次のように定める規定が存在する。

（消滅時効の進行等）

第百六十六条　消滅時効は、権利を行使することができる時から進行する。

２　略

（債権等の消滅時効）

第百六十七条　債権は、十年間行使しないときは、消滅する。

２　略

（一年の短期消滅時効）

第百七十四条　次に掲げる債権は、一年間行使しないときは、消滅する。

一　月又はこれより短い時期によって定めた使用人の給料に係る債権

二　以下、略

これが、令和二年四月一日以降、民法改正（平成二十九年法律第四十四号）に伴って、次のように改められる（新百六十六条一項は、旧百六十六条一項および旧百六十七条一項に一部修正を加えた合体規定。百七十四条は削除）。

（債権等の消滅時効）

第百六十六条　債権は、次に掲げる場合には、時効によって消滅する。

一　債権者が権利を行使することができることを知った時から五年間行使しないとき。

二　権利を行使することができる時から十年間行使しないとき。

2　以下、略

民法から、百七十四条を含む短期消滅時効について定めた規定が姿を消し、債権の消滅時効について定めた規定（新百六十六条）が客観的起算点（権利を行使することができる時）を基準とする一〇年の消滅時効（一項二号）に加え、主観的起算点（権利を行使することができることを知った時）を基準とする五年の消滅時効（一項一号）を定めたものにその姿を変える。右にみた改正内容は、このように要約できよう。

賃金請求権の消滅時効期間については二年を超えるものに延長せざるを得ない、というのが厚生労働省の考え方（論点③）のようではあるが、一部の報道にあったように五年と決まったわけではない（なお、賃金請求権の場合、権利を行使できる日＝支払日を容易に知り得る（労基法八十九条二号）ことから、主観的起算点は客観的起算点と基本的に一致する、と考えられている）。このことにも留意する必要があろう。

遅延利息の議論も必要

年五分から年三パーセントへ。民法四百四条の改正により、民事法定利率はこのように変わる。一方、いわゆる整備法により、商事法定利率を年六分と規定していた商法五百十四条が削除されたため、法定利率は年三パーセント（ただし、三年を一期とし、一期ごとに変動を予定）に一本化される。

その結果、今後、賃金支払請求訴訟においても、遅延利息の割合が「商人」である一般企業（年六分）と、そうではない学校法人や国立大学法人（年五分）との間で異なる、といった現象は生じなくなる。だが、このことによって、日歩四銭の世界（拙著『労働法とその周辺――神は細部に宿り給ふ』（アドバンスニュース出版、平成二十八年）一三九―一六八頁）までが連動して変わるわけではない。

退職労働者の賃金に係る遅延利息を日歩四銭に相当する年一四・六パーセントと定めた「賃金の支払の確保等に関する法律」六条一項（および同法施行令一条）は、その典型といえるが、いわゆる未払残業代の支払いを求める訴訟の大半は、このような退職労働者によって起こされているという事実もある。

確かに、日歩四銭の世界には、法令の遵守（税金の支払い等）を促す効能もあり、変更には困難を伴うという事情はわかる。ただ、万一、消滅時効の期間が五年に延長されるようなことがあれば、二年分の残業代について、退職三年後に請求が行われる可能性もある（売れない弁護士は、そうした事件の掘り起こしに確実に動く）。その場合、退職日の翌日を起算日とする遅延利息は、累計で四三・八パーセントにもなる。それでもよいのか、という議論はやはり必要であろう（**第三二話**を併せ参照）。


（令和元年十一月十一日）

第二四話　ワークルールを読み解く（21）

米国労働事情(1)　適用除外

二〇一九年九月二十四日、アメリカ合衆国労働省は、労働時間等の規制（週四〇時間を超える労働に対する五〇%の割増賃金および現行七・二五ドルの最低賃金の支払いを内容とする規制）のホワイトカラーを対象とした適用除外（いわゆるホワイトカラー・エグゼンプション）について定めた新ルールを提示し、同月二十七日には、これが連邦官報（84 FR 51230）に公示された。

新ルール（final rule）は、二〇二〇年一月一日施行。その内容は、一九年三月二十二日に公示された暫定ルール（proposed rule, 84 FR 10900）とはいささか内容が異なるものとなったが、収入要件の引上げに焦点を合わせた今回の新ルールのポイントを列記すると、およそ以下のようになる。

① 適用除外の対象となる管理職等の標準となる収入要件（standard salary level）を、週四五五ドルから六八四ドル（年収換算で三万五五六八ドル相当）に引き上げる。

② 適用除外の対象となる管理職等としての職務（duties）要件が緩和される、高額報酬労働者（highly compensated employees）の収入要件を、年一〇万ドルから一〇万七四三二ドルに引き上げる。

③ 義務的に（nondiscretionary）、少なくとも年に一回以上支払われるボーナスや奨励給（歩合を含む）については、①の標準となる収入要件の一〇％を上限として、サラリーに充当することを認める。

④ 合衆国の領土や映画産業を対象とした、特別の収入要件（special salary level）を、次のように改定する。

・アメリカ領サモア……………………週三八〇ドル
・プエルトリコ、アメリカ領ヴァージン諸島、グアム、
北マリアナ諸島……………………週四五五ドル
・映画産業……………………週一〇四三ドル

収入要件の決定に当たっては、二〇〇四年の前回改定時に採用された基準が、基本的には今回も採用された。

例えば、①の標準となる収入要件については、賃金の低い地域（南部）や産業（全国の小売業）で働くフルタイム労働者のサラリーの第二〇分位（下から二〇％）が、その基準とされた。

ただし、データは直近のものを使用することになったため、これを週六七九ドルとした暫定案（**第一九話**を併せ参照）との間に、微妙な違いが生じた。

また、高額報酬労働者を対象とした②の収入要件についても、暫定案では、全国のフルタイム労働者のサラリーの第九〇分位（上から一〇％）を基準に、これを年一四万七四一四ドルとするものとなったものの、最終的には、前回と同じ第八〇分位（上から二〇％）を基準とするものに落ち着いた。

地域や産業の特性を考慮して、収入要件を定める。④のように特別の収入要件について定めが置かれた理由はここにある。ただ、その最低賃金が連邦の現行水準をも下回るような領土は、アメリカ領サモア以外にはない。

ちなみに、アメリカ領サモアは、ラグビーの二〇一九年ワールドカップで日本が戦った独立国であるサモアとは違う。また、ヴァージン諸島には、アメリカ領のほか、イギリス領もある。そして、北マリアナ諸島には、第二次世界大戦（対米戦争）において日本軍が玉砕したサイパン、テニアンといった英霊の眠る島々が含まれている。

右にいうサラリー（salary）とは、主に労働時間の長さによってその額が決まるウェイジ（wage）とは異なる。サラリーの場合、勤務内容の量や質によって、前もって決められた支給額を減額することは原則として認められない。こうしたサラリーの定義（salary basis）は、修正をみることなく、現在に至っている（29 CFR § 541.602）。

先に言及した職務要件も、今回は変更されなかった。例えば、管理職（executive）の場合、サラリーと関わる要件以外に、次の要件を満足する必要がある。

イ　主たる職務（primary duty）が、会社またはその一部を構成する部や課の管理業務であること（29 CFR § 541.100(a)(2)）。

主たる職務か否かは、総合判断による。勤務時間の五〇％以上を除外業務（ここでは管理職としての業務を指す）に充てていることは重要な判断要素とはなるが、かならずしもその必要はない。除外業務以外の業務に従事していることは、適用除外の妨げにはならない（29 CFR § 541.700(b)）。

ロ　二人以上の部下に対して、慣行的または定期的に指揮命令を行う地位にあること（29 CFR § 541.100(a)(3)）。

部下への指揮命令は、時折行うのでは十分ではないが、毎日コンスタントに行う必要はない（毎週行うことは必要。29 CFR § 541.701）。また、部下はフルタイムを原則とするが、パートタイムであってもこれに相当する人数（四人以上）の部下がいればよい（29 CFR § 541.104(a)）。

ハ　他の労働者を採用または解雇する権限を有するか、またはその採用、解雇、昇進等について重要な（given particular weight）提案や勧告を行う権限を有すること（29 CFR § 541.100(a)(4)）。

このうちハには、労使関係法（ＮＬＲＡ）の適用を除外される管理監督者（supervisor）の定義規定（二条⑾）と共通するものがある。しかし、それは管理監督者が人事権の行使に伝統的に関与してきたという、アメリカ固有の事情を反映したものといってよい。

日本の労働組合法にも、採用や解雇をめぐる彼我の違いを無視して、アメリカ労使関係法の規定をそのままモデルとした規定（二条但書一号）が存在するが、その程度のものともいえる。

なお、専門職（professional）として、労働時間等の規制が除外される教師（幼稚園の教諭や自動車学校の指導員を含む）や弁護士、そして医師（研修医を含む）には、前述した収入要件が課せられない（29 CFR §§ 541.303-304）。このような点にも、やはり留意する必要があろう。

米国労働事情⑵　学生の地位

大学における教育・研究関連業務に金銭的報酬を得て従事する学生（院生を含む）は、労使関係法の適用を受ける同法二条⑶にいう「労働者（employees）」ではない。

先にみた労働省の動きと時を同じくして、同法を所管する労働委員会（ＮＬＲＢ）も、二〇一九年九月二十三日付けの連邦官報（84 FR 49691）において、今後このような解釈・運用を行うこと（rule making）を提案。パブリックコメントを求めることになる。

学生と大学との関係は、主として教育上のものであり、経済的なものではない（primarily educational, not economic）。労働委員会は、右のように考える理由を、かつての先例であるブラウン大学事件の命令（Brown University, 342 NLRB 483（2004））を引用しつつ、このように要約する。

同事件は、学内でＴＡやＲＡ、試験監督を務める院生約四五〇名を交渉単位とする交渉代表選挙の申立てについて、これを認めるかどうかが争われた事件であったが、労働委員会は、当該申立てを却下するに当たって、大略、次のようにも述べていた。

本件は、ＴＡ等としての院生の職務や勤務時間、報酬といった問題だけでなく、院生が担当するクラスの規模や時間、場所といった問題とも関係しており、院生と大学との間で団体交渉を行うよう強制することは、このような学術上の事項に関する教育上の決定全般に有害な影響（deleterious impact）を与えることになる。また、団体交渉の強制は、教育機関である大学に権限のある、誰が何をどこで教育し、研究するのかといった問題の決定を邪魔する（intrude upon decisions）ことにもつながる、と。

きわめて常識に適った判断とはいえ、労働委員会の命令は、ブラウン大学事件の前後で実は二転三転している。こうした試行錯誤を経た提案であったことにも注意したい。

（令和元年十一月二十五日）

第二五話　ワークルールを読み解く（22）

パワハラ指針案とその問題点

令和二年六月一日に施行を予定されている「労働施策の総合的な推進並びに労働者の雇用の安定及び職業生活の充実等に関する法律」（労働施策総合推進法、旧雇用対策法）の改正規定は、「職場における優越的な関係を背景とした言動に起因する問題に関して事業主の講ずべき措置等」と題する第八章の冒頭において、次にように定める。

（雇用管理上の措置等）

第三十条の二　事業主は、職場において行われる優越的な関係を背景とした言動であつて、業務上必要かつ相当な範囲を超えたものによりその雇用する労働者の就業環境が害されることのないよう、当該労働者からの相談に応じ、適切に対応するために必要な体制の整備その他の雇用管理上必要な措置を講じなければならない。

2　事業主は、労働者が前項の相談を行つたこと又は事業主による当該相談への対応に協力した際に事実を述べたことを理由として、当該労働者に対して解雇その他不利益な取扱いをしてはならない。

３　厚生労働大臣は、前二項の規定に基づき事業主が講ずべき措置等に関して、その適切かつ有効な実施を図るために必要な指針（以下この条において「指針」という。）を定めるものとする。

４　厚生労働大臣は、指針を定めるに当たつては、あらかじめ、労働政策審議会の意見を聴くものとする。

５　厚生労働大臣は、指針を定めたときは、遅滞なく、これを公表するものとする。

６　略

これを受け、第二〇〇回労働政策審議会雇用環境・均等分科会（令和元年十月二十一日開催）には、「職場におけるパワーハラスメントに関して雇用管理上講ずべき措置等に関する指針の素案」が叩き台として提示される。

そこでは、「職場におけるパワーハラスメントの状況は多様であるが、代表的な言動の類型としては、以下のイからへまでのものがあり、当該言動の類型ごとに、典型的に職場におけるパワーハラスメントに該当し、又は該当しないと考えられる例としては、次のようなものがある」として、次の六類型について「該当すると考えられる例」と「該当しないと考えられる例」が列挙されることになった（ただし、イロハニホへの文字は、素案では脱落している）。

イ　暴行・傷害（身体的な攻撃）
ロ　脅迫・名誉棄損・侮辱・ひどい暴言（精神的な攻撃）
ハ　隔離・仲間外し・無視（人間関係からの切り離し）
ニ　業務上明らかに不要なことや遂行不可能なことの強制、仕事の妨害（過大な要求）
ホ　業務上の合理性なく能力や経験とかけ離れた程度の低い仕事を命じることや仕事を与えないこと（過小な要求）
へ　私的なことに過度に立ち入ること（個の侵害）
その内容について、使用者側委員は総合的にみて妥当と判断する旨発言したと聞くが、問題もなくはない。例えば、ニの過大な要求に関する次のような例示がそれである。
（該当すると考えられる例）
・長期間にわたる、肉体的苦痛を伴う過酷な環境下での勤務に直接関係のない作業を命ずること。
・新卒採用者に対し、必要な教育を行わないまま到底対応できないレベルの業績目標を課し、達成できなかったことに対し厳しく叱責すること。
・労働者に業務とは関係のない私的な雑用の処理を強制的に行わせること。
（該当しないと考えられる例）
・労働者を育成するために現状よりも少し高いレベルの業務を任せること。

・業務の繁忙期に、業務上の必要性から、当該業務の担当者に通常時よりも一定程度多い業務の処理を任せること。

「該当すると考えられる例」も「該当しないと考えられる例」も、明々白々な事例のみを列挙する。その意図は理解できなくもないとはいえ、傍線部（注：傍線は筆者による）は本当に必要なのか。そんな疑問が筆者にはある。

確かに、素案は「個別の事案の状況等によって判断が異なる場合もあり得ること」、また、これらの例が「限定列挙ではないことに留意が必要」ともいうが、傍線部のような限定は部下の育成指導や繁忙期における業務の遂行を困難にするおそれも十分にある。

このことに関連して、『増補改訂　財務３表一体理解法』（朝日新書、平成二十八年）等のベストセラーの著者として知られる國貞克則氏は、近著『現場のドラッカー』（角川新書、令和元年）のなかで、次のように語る。

「部下をよりよい方向に成長させることはマネジャーの極めて重要な責務です。人はだれも自分で自分の枠を超えるのは難しいものです。マネジャーは部下に対して高い目標に目を向けさせなければなりません。人間は切磋琢磨しなければ成長しません。それはどこの世界でも同じです。スポーツの世界を見ればすぐにわかります」（一八八頁）。

本書は、國貞氏がかつて顧問を務めたＡ社の元社長Ｉさんによる「ドラッカー経営学の実践事例を書いたようもの」とあとがきにはある（三一二頁）が、「Ｉさんに私が『すでにだれもが限界まで頑張っているのに、よくあんなに高い要求を出しますね』と言うと、Iさんは『高い要求を突き付けると人は成長する。本当に要求に応えてくる。その高い要求に応えると人間が一回りも二回りも大きくなる。私は彼らを信じている。彼らがやってくれると信じている』と言われました」（一八九頁）ともある。

もちろん、その背景には、Iさんの部下に対する優しさがあり、部下との間に厚い信頼関係が構築されていたという事実はあった（一八八―一八九頁を参照）。

厳しいだけでは、部下は付いてこない。とはいえ、少し高いレベルの仕事を任せれば、それだけで部下は成長するといえるような世界は、実際には存在しない。

頭のなかだけで考えた〝官僚の作文〟。右にみた「素案」については、そういっても、間違いはあるまい。

閑話休題――仕事とやりがい

「これまで仕事にやりがいを感じたときの要因は何だったたか」。一五年以上にわたるマネジメント研修のなかで、國貞克則氏が発するこのような質問に対し、受講生は概ね共通して、次のように回答したという（前掲書一二二頁）。

①　期待され、頼りにされ、大切な仕事や意義のある仕事を任され（責任）、

②　新しいことや、よりレベルの高いことに取り組み（挑戦）、

③　自由に思い通りに自分で判断して仕事をし（自律）、
④　期待に応え、困難を乗り越えて何かを達成し（達成）、
⑤　成果を出し、貢献し（成果・貢献）、
⑥　感謝され、認められ、評価された（承認）。
⑦　また、右記のプロセスを通して自分が成長していると感じたとき（成長）。
⑧　右記の前提には、明確な目的や目標と、チームが一丸となっている状況が存在する。

筆者自身、これまでの経験に照らしても、右の回答には共感するところが多い。

ドラッカーの言葉を引用しつつ、國貞氏は、これを次のように意訳する（一二四頁）。

「もはや生活の資を得るだけでは十分ではない。仕事は自分の人生を作るものでなくてはならない」。「仕事は必ずしも楽しくなくてよいが、やりがいのあるものでなければならない」。（To make a living is no longer enough. Work also has to make a life. (snip) They do not necessarily expect to be enjoyable but they expect it to be achieving.）

多くの者は、たとえ大きな困難を伴うものであっても、やりがいの持てる（achieving）仕事がしたいと思っている。自らハイレベルの仕事に挑戦する。そうした挑戦を阻む権利は、誰にもない。

（令和元年十二月九日）

第二六話　ワークルールを読み解く（23）

公立学校にみる時間規制の特例

地方公務員には、国家公務員とは異なり、一般職の職員であっても、労働基準法（労基法）の規定が一部の規定を除き、原則として適用される（小嶌典明・豊本治編著『公務員法と労働法の交錯』（ジアース教育新社、平成三十年）第二章を参照）。

地方公務員法（地公法）五十八条三項により、当初、適用除外の対象とされた労基法の規定は、労働条件の労使対等決定の原則について定めた二条や、就業規則に関する第九章の規定（八十九条〜九十三条）等に限られていたが、労基法に定める労使協定制度の整備拡充が進むなか、現在では、次のような労使協定の締結（労使委員会の決議を含む）と関わる規定も、適用除外の対象となっている。

・三十二条の三〜三十二条の五（フレックスタイム制、一年単位の変形労働時間制、一週間単位の非定型的変形労働時間制）

・三十八条の二第二項・第三項（事業場外のみなし労働時間制［みなし労働時間が所定

労働時間を超える場合」）

・三十八条の三（専門業務型裁量労働制）

・三十八条の四（企画業務型裁量労働制、労使委員会決議）

・三十九条六項（計画年休協定制度）

確かに、労基法三十六条の規定は、地方公務員にも適用される。つまり、地方公務員についても、同法を根拠とする三六協定の締結は必要であるかにみえる。だが、現業部門の職員を除いて、三六協定の締結が実際に問題となることはない。同法三十三条三項が次のように定めているからである。

③　公務のために臨時の必要がある場合においては、第一項の規定にかかわらず、官公署の事業（別表第一に掲げる事業を除く。）に従事する……地方公務員については、第三十二条から前条まで若しくは第四十条の労働時間を延長し、又は第三十五条の休日に労働させることができる。

他方、労使協定の締結を前提または必要とする労基法の規定には、読み替えによって、労使協定を締結しなくても制度の導入が可能とされたものもある。地公法五十八条四項に定める、以下の諸規定がそれである。

・三十二条の二第一項（一か月単位の変形労働時間制、制度の導入を「就業規則その他これに準ずるもの」に一本化）

・三十四条二項（休憩時間の一斉付与原則の例外、条例の定めによる例外を可能に）
・三十七条三項（代償休暇、労使協定の締結を不要に）
・三十九条四項（時間単位の年休、「特に必要があると認められるとき」には、労使協定の締結を不要に）

さらに、一般職の地方公務員でもある公立の義務教育諸学校等の教育職員については、令和三年四月一日以降、こうした読み替えによって、一年単位の変形労働時間制の導入を可能にすることが予定されている。

労基法三十二条の四第一項から第三項までの読み替えによる適用がそれであり、例えば第一項本文は、次のように読み替えた上で、これが適用されることになる（傍線部が読み替え部分）。

第三十二条の四　使用者は、次に掲げる事項について条例に特別の定めがある場合は、第三十二条の規定にかかわらず、その条例で第二号の対象期間として定められた期間を平均し一週間当たりの労働時間が四十時間を超えない範囲内において、当該条例（略）で定めるところにより、特定された週において同条第一項の労働時間又は特定された日において同条第二項の労働時間を超えて、労働させることができる。

右の改正は、「公立の義務教育諸学校等の教育職員の給与等に関する特別措置法」の一部改正法（令和元年十二月十一日法律第七十二号）によるものであるが、この特別措置法の骨格までを変えるものではない。

なるほど、法改正のきっかけは教育職員の過重労働が社会問題化したことにあり、このことを念頭において、特別措置法には、次の一条が追加される（令和二年四月一日施行）。

（教育職員の業務量の適切な管理等に関する指針の策定等）

第七条　文部科学大臣は、教育職員の健康及び福祉の確保を図ることにより学校教育の水準の維持向上に資するため、教育職員が正規の勤務時間及びそれ以外の時間において行う業務の量の適切な管理その他教育職員の服務を監督する教育委員会が教育職員の健康及び福祉の確保を図るために講ずべき措置に関する指針（次項において単に「指針」という。）を定めるものとする。

2　文部科学大臣は、指針を定め、又はこれを変更したときは、遅滞なく、これを公表しなければならない。

条例の定めによる一年単位の変形労働時間制の導入は、このような指針による勤務時間規制を円滑に行うためのものともいえるが、教育職員（校長、副校長および教頭を除く）に対しては「給料月額の百分の四に相当する額」の教育調整額を支給する一方で、「時間外勤務手当（注：深夜の時間帯にわたる場合の手当を含む）及び休日勤務手当は、支給しない」とする特別措置法三条の規定は、改正の対象とはされなかった。したがって、これら教育職員については、労基法三十七条の割増賃金規定も従前どおり適用されない。

なお、特別措置法にいう「義務教育諸学校等」は、公立の幼稚園から高等学校までを網羅するものとなっており、「教育職員」には、講師（常勤講師（いわゆる臨時講師）および定年後再任用された短時間勤務の講師）や、実習助手等も含まれる（二条）。

特別措置法がそもそも「公立の義務教育諸学校等の教育職員の職務と勤務態様の特殊性」に基づき、特例を定めたもの（一条）であることにも留意する必要があろう。

大学にも必要な時間規制の特例

小中学校にできて、大学にできないことはない。「職務と勤務態様の特殊性」は、むしろ大学のほうがより顕著ですらある（**第二七話**を併せ参照）。

例えば、このことに関連して、国立大学協会は、令和元年十一月八日の「我が国の教育・研究力強化の推進に関する決議」において、「創造的活動を行う大学の研究者（教員）にふさわしい労働時間法制の改善」について、以下のように述べる。同じことは、公立大学や私立大学についてもいえる。

「今般の労働関係法令の改正に伴い、大学の研究者（教員）についても勤務状況把握の義務化や時間外労働上限規制が新たに設けられる等、研究者の自主的・自由な研究時間を大学として保障することが困難な事態となってきている」。「大学の研究者（教員）は、自らの発想を源泉として創造的な活動を行っている者であり、研究時間に事実上制約をかけることに繋がるような制度の在り方自体が、高度な創造性が求められるアカデミアの世界には基本的になじまない」。

しかし、「政府に対し課題解決のための対応を求める」というだけでは、迫力に欠ける。政府を現実に動かすためには、法改正の方向を具体的に示す必要がある。

思うに、押さえるべきポイントは三点ある。

⑴　大学教員については、講義および会議等の校務に要する時間を除き、その業務遂行の手段および時間配分の決定等について、大学が具体的な指示をしないことを条件に、労基法三十七条の適用を除外する（深夜業規制の除外は必須）。

⑵　大学教員については、労働時間とは関係なく、疲労の蓄積が認められ、かつ、本人の申出がある場合に、医師による面接指導の実施を義務づける一方で、労働時間の状況把握を義務づけた労働安全衛生法六十六条の八の三の適用を除外する（当該規定に前後する規定に関しては、読み替えによる適用等の措置を講じる）。

⑶　対象となる大学教員には、助教を含むものとする。

「自主的・自由な研究時間を大学として保障する」。労働法制をその実現を妨げるものとしてはならない。そうした覚悟さえ持ち続けることができれば、必ずや道は拓ける。筆者は、そう信じてやまない。

（令和元年十二月二十三日）

第二七話　ワークルールを読み解く（24）

考えるヒントは、モデルから得る。法律の世界も、その例外ではない。第二六話でみた「公立の義務教育諸学校等の教育職員の給与等に関する特別措置法」（給特法）は、その典型といえるものであったが、このことをより深く理解するためには、もう少し説明が必要となる。

モデルとしての給特法

給特法は、もともと「国立及び公立の義務教育諸学校等の教育職員の給与等に関する特別措置法」（昭和四十六年五月二十八日法律第七十七号、翌四十七年一月一日施行）として制定をみた。

給特法制定当時は、国立の学校が法文上はむしろ主役であって、教育調整額の支給に関連して、同法三条三項には「国立の義務教育諸学校等の教育職員（俸給の特別調整額を受ける者を除く。以下、略）については、給与法第十六条及び第十七条第二項の規定は、適用しない」との定めが置かれる一方で、公立の学校に関しては、三条を含む「国立の義務教育諸学校等の教育職員の給与に関する事項を基準として教職調整額の支給その他の措置を講じなければならない」と、八条が規定するにとどまっていた。

ここにいう「俸給の特別調整額」とは、民間企業における管理職手当を意味し、「給与法第十六条及び第十七条第二項」とは、「一般職の職員の給与に関する法律」に規定する超過勤務手当および休日給に関する定めをいう。

また、国立（公立）の「学校」としたのは、当時は「義務教育諸学校等」に「幼稚園」が含まれていなかったこと(昭和四十九年十二月二十七日を公布日とする法改正によって、改正法が遡及適用された同年四月一日以降、「幼稚園」を含むようになる）による。

しかるに、国立大学の法人化（平成十六年四月一日）に伴って、給特法のタイトルから「国立及び」の四文字が消える。

そして、公立の義務教育諸学校等のみを対象とする法律となった給特法には、旧三条三項に代わり、校長および教頭を除く教育職員について、次のような規定が三条二項として設けられる。

２　教育職員については、時間外勤務手当及び休日勤務手当は、支給しない。

国家公務員と地方公務員では、法律（地方公務員の場合、地方自治法二百四条二項）に定める手当の呼称にも違いがあり、超過勤務手当は時間外勤務手当に、休日給は休日勤務手当へと、その名称が変わる。つまり、新旧両規定の間に、基本的な差異はない。

労働基準法（労基法）がストレートに適用される民間企業とは異なり、深夜業の割増賃金は、公務員の場合、超過勤務手当や時間外勤務手当に含まれる（超過勤務手当につき、給与法十六条一項を参照。ただ、より正確にいえば、時間外勤務手当については、法令上これを定義した規定がない）。

深夜業割増を含め、割増賃金について規定した労基法三十七条を全体として適用除外の対象とすることも、このような環境のもとでこそ可能になる。その旨を定める地方公務員法五十八条三項の読み替え規定が、給特法の改正の前後を通してほぼそのまま維持された（十条の文言の一部を削除した上で、五条に繰り上げ）のも当然であった。

国立大学の法人化に伴い、附属小中学校等の教育職員に関しては、「職務と勤務態様の特殊性に基づき、その給与その他の勤務条件について特例を定める」（給特法一条）必要がなくなる。そうした事実はなかったにもかかわらず、特例の対象から除外された。

ただ、法人化によっても、給与制度は変えない。従来どおり教育調整額の支給は続け、割増賃金（深夜業割増を含む）を定額化したものとして取り扱う。理論的には割増賃金の内払いにすぎないとはいえ、当面の摩擦も、そうすることで回避できた。

今回の給特法改正（令和元年十二月十一日法律第七十二号）に倣って、国立大学法人が一年単位の変形労働時間制の導入に踏み切るかどうかはわからない。しかし、より重要なことは、Aという法律によってBという法律の特例を定める、特別措置法としての給特法の構造そのものにある。

第二六話でも指摘したように、「職務と勤務態様の特殊性」は、むしろ大学教員のほうがより顕著といえる。

昼夜の別なく、研究に没頭したとしても、これを「労働」と考える大学教員はほとんどいない。残業手当といったものを支給された経験もなく、それを疑問視したこともない。「労働時間」という観念がない以上、始業・終業時刻を問われても、答えられない。現状は、そんなところであろう。

およそ、時間規制にはなじまない。国公私立を問わず、また裁量労働制の導入の有無にかかわらず、大学教員（競争上のハンディを負わせないためにも、助教を対象から除外すべきではない）にとっては、このことを銘記する必要がある。

労基法の改正には難がある（深夜業を含む時間規制の適用除外を念頭に置いた場合、高プロを対象とした同法四十一条の二のような規定では、制約が多すぎて事実上使えない）というのであれば、大学教員の「職務と勤務態様の特殊性」に基づき、特例を特別措置法として定めればよい。

労基法だけでなく、労働安全衛生法の改正も同時に必要となるが、法改正に当たって押さえるべきポイントは、**第二六話**で説明したので、ここでは繰り返さない。要はやる気の問題。こういっても差し支えあるまい。

モデルとしての給与法

職員の昇給は、過去「一年間におけるその者の勤務成績に応じて」行う。平成十七年の給与法改正（十一月七日法律第百十三号）の目的の一つは、このことを法文上明確にすること（八条五項の改正〔現六項〕。平成十八年四月一日施行）によって、査定昇給の実施による昇給制度の改革を図ることにあった。

これに連動して、標準となる昇給の号俸数も一号俸から四号俸へと改められ（八条六項の改正〔現七項〕。勤務成績が「良好」といえない場合には、昇給幅を三号俸や二号俸に抑えることも可能となり、査定昇給を円滑に実施するための環境も整った。

とはいえ、給与法の改正に準拠して、就業規則（給与規程等）に定める俸給表や基本給表の見直しを行った（全国異動の職員の存在や、国によって措置される退職手当の財源との関係を考えても、そうせざるを得なかった）国立大学法人においても、現在なお査定昇給が十分に定着したとはいい難い状況にある。

査定昇給を実施するためには、その前提となる評価に手間がかかり、場合によっては、職員との間で軋轢を生む。低査定のために、昇給幅を抑えられた職員がつむじを曲げて、これまで以上に働かなくなるといった可能性もないではない。

ただ、一律昇給に等しい形で昇給の年功的な運用を続けていると、思わぬしっぺ返しを食らうこともある。**近畿大学（損害賠償請求）事件＝平成三十一年四月二十四日大阪地裁**

判決は、その代表例ともいえる事件であった。

判決は、「少なくとも、定期昇給日の前年度のうち一部の期間のみ育児休業をした職員に対し」、給与規程等を「そのまま適用して定期昇給させないこととする取扱いは、当該職員に対し、育児休業をしたことを理由に、当該休業期間に不就労であったことによる効果以上の不利益を与えるものであって、育児介護休業法（注：育児休業、介護休業等育児又は家族介護を行う労働者の福祉に関する法律）十条の『不利益な取扱い』に該当すると解するのが相当である」とするものであったが、その背景には、本件定期昇給が「昇給停止事由（注：給与規程十四条二項は「勤務成績、その他について詮議の結果、昇給させることが不適当と認める者については、昇給を停止することができる」と規定）がない限り在籍年数の経過に基づき一律に実施されるもの」であった、という認定事実があった。

たとえ「育児休業以外の事由による休業の場合にも同様に昇給が抑制されるという事実があったとしても、原告は、……本件育児休業をしたことを契機として昇給抑制による不利益を受けたといえるのであるから、本件育児休業と原告の不利益との間の因果関係は否定されず、育児介護休業法十条の適用は妨げられない」。そんな同条のリジッドな法解釈が、判決の結論を支えていたことにも注意を促しておきたい。

（令和二年一月十三日）

第二八話　ワークルールを読み解く（25）

法令にみる過半数代表者

平成十一年四月一日、「労働基準法の一部を改正する法律の施行に伴う関係省令の整備に関する省令」（平成十年労働省令第四十五号）が施行されたことにより、「過半数代表者」は法令用語となった。

具体的には、㈠労基法施行規則（労働基準法施行規則）六条の二が次のように規定。㈡時短促進法施行規則（労働時間の短縮の促進に関する臨時措置法施行規則）一条も、これに倣った（ただし、㈡には、㈠の二項に相当する規定は置かれなかった）。

第六条の二　法第十八条第二項、法第二十四条第一項ただし書、法第三十二条の二第一項、法第三十二条の三、法第三十二条の四第一項及び第二項、法第三十二条の五第一項、法第三十四条第二項ただし書、法第三十六条第一項、第三項及び第四項、法第三十八条の二第二項、法第三十八条の三第一項、法第三十九条第五項及び第六項ただし書並びに法第九十条第一項に規定する労働者の過半数を代表する者（以下この条において「過半数代表者」という。）は、次の各号のいずれにも該当する者とする。

一　法第四十一条第二号に規定する監督又は管理の地位にある者でないこと。

二　法に規定する協定等をする者を選出することを明らかにして実施される投票、挙手等の方法による手続により選出された者であること。

②　前項第一号に該当する者がいない事業場にあつては、法第十八条第二項、法第二十四条第一項ただし書、法第三十九条第五項及び第六項ただし書並びに法第九十条第一項に規定する労働者の過半数を代表する者は、前項第二号に該当する者とする。

③　使用者は、労働者が過半数代表者であること若しくは過半数代表者になろうとしたこと又は過半数代表者として正当な行為をしたことを理由として不利益な取扱いをしないようにしなければならない。

その後、同様の規定は、以下の省令にも、順次設けられることになる。

㈢　確定拠出年金法施行規則二条（平成十三年厚生労働省令第百七十五号、平成十四年一月一日施行）

㈣　確定給付企業年金法施行規則三条（平成十四年厚生労働省令第二十二号、同年四月一日施行）

㈤　派遣法施行規則（労働者派遣事業の適正な運営の確保及び派遣労働者の就業条件の整備等に関する法律施行規則）三十三条の四（平成十五年厚生労働省令第百七十九号、平

成十六年三月一日施行）
㈥　船員職業安定法施行規則三十九条（平成十七年国土交通省令第八号、平成十八年四月一日施行）
㈦㈧　健康保険法施行規則二十三条の三の二、厚生年金保険法施行規則十四条の五（平成二十九年厚生労働省令第十五号、同年四月一日施行）

しかし、一口に過半数代表者といっても、㈢㈣は「厚生年金被保険者」、㈥は「船員」、㈦㈧は「二分の一以上同意対象者」（なお、その意味を理解するためには、健康保険法や厚生年金保険法の改正附則（平成二十四年法律第六十二号）の内容まで知る必要がある）の「過半数を代表する者」をいい、「労働者の過半数を代表する者」を指すものは、実際には㈠・㈡を除けば、㈤以外にない。

また、このような過半数代表者を一方当事者とする過半数代表制について規定した法令は、令和二年一月現在、約三五件あり（法律と政省令が同一制度を対象としている場合には、一件として計算）、右の八例は、その一部をカバーするにすぎない。

さらに、過半数代表者の選出方法等について定めたこれらの規定にしても、基本的には努力義務規定にとどまると考えられる。

㈠の三項が、不利益な取扱いを「してはならない」ではなく、「しないようにしなければならない」と規定し、㈡以下の省令もこれを踏襲した（ただし、国土交通省令である㈥には、該当規定が設けられなかった）のは、その証左といえよう（この点につき、体裁を同じくする労基法百三十四条（現百三十六条）について「努力義務を定めたもの」とした、**沼津交通事件＝平成五年六月二十五日最高裁第二小法廷判決**を参照）。

確かに、その後の省令改正によって、先にみた㈠の一項二号には「使用者の意向に基づき選出されたものでないこと」が新たに要件として加わり、次のように定める四項が追加される。

④　使用者は、過半数代表者が法に規定する協定等に関する事務を円滑に遂行することができるよう必要な配慮を行わなければならない。

そして、他の省令においても、同様の規定改正が行われることになる（㈥については、こうした改正も行われなかった。なお、この間、㈡・㈤については、法律名の改称に伴い、省令名に変更があったほか、㈤は該当条文が三十三条の三および三十三条の五に分かれ、意見聴取の対象も変わったことに注意）。

とはいうものの、右の追加規定にしても、使用者や事業主に対して一定の配慮を求めるもの（配慮義務規定）でしかない。

過半数代表者の選出に当たっては、法令に規定された過半数代表者の役割（専門業務型裁量労働制協定の締結等）を「明らかにして」、つまりこれを具体的に示した上で選出しなければならないと解する向きもあるが、いかにも大袈裟にすぎる。

㈢・㈣の規定（それぞれの一項二号）にあるように、「過半数代表者を選出することを明らかにして実施」されるのであれば、それで足りる。その趣旨は、過半数代表者として選ばれたわけではない社員会や親睦団体の代表がそのまま過半数代表者に横滑りするようなことがないように釘を刺すことにある（このことに関連して、**トーコロ事件＝平成十三年六月二十二日最高裁第二小法廷判決**を参照）。

㈠〜㈧の省令規定については、法律に委任規定がないこと（ベースとなった㈠も、通達〔昭和六十三年一月一日基発第一号〕を省令に格上げしたにとどまる）を併せ考えれば、このように理解するのが妥当であろう。

届出にみる過半数代表制

時間外・休日労働協定（三六協定）の締結と、就業規則の作成・変更の際における意見聴取。過半数代表制という言葉を耳にして、大多数の者が思い浮かべるのは、労基法制定当時からあった、この二つであろう。

所轄労働基準監督署長への届出件数をみても、この両者が常に一位と二位を占める。例えば、平成三十年の三六協定の届出件数は一六七万八五八三件、就業規則の届出件数は七七万八九九三件と、いずれも過去最高を記録した（なお、平成二十年以降の一〇年間に、届出件数はそれぞれ、三六協定で約六〇万件、就業規則で約三八万件増えている）。

三位は、一年単位の変形労働時間制協定の三八万〇六六〇件。一か月単位の変形労働時間制協定の二万五四五五件がこれに続く。

裁量労働制に関しても、平成二十四年以降、専門業務型の労使協定と企画業務型の労使委員会決議を合わせれば、その届出件数は一万件を上回る（平成三十年には、専門業務型の労使協定だけで一万〇三四六件と、一万件を超える）に至っている（以上、各年の労働基準監督年報による）。

とはいえ、一年単位（当初は三か月単位）の変形労働時間制にしても、裁量労働制（当初は専門業務型のみ）にしても、制度が導入されて間もない頃（平成二年）の協定の届出件数は、それぞれ四一一件、一二三件と、現在とは二桁も三桁も違うレベルにとどまっていた（詳しくは、拙稿「労働時間と労使関係」連合総研編『創造的キャリア時代のサラリーマン』（平成九年、日本評論社）七七頁以下、八一頁を参照）。

他方、賃金控除協定や一斉休憩の適用除外協定のように、多くの事業場における締結が予想される協定であっても、届出義務がないために、その現状がつかめない協定もある。こうした点にも留意する必要があろう。

（令和二年一月二十七日）

第二九話　ワークルールを読み解く（26）

統計からわかるパートの現状

令和元年十二月十九日にリリースされた、同年の「労働組合基礎調査」（厚生労働省）の結果からは、労働組合の推定組織率が一六・七％にまで低下（前年より〇・三ポイント低下）し、調査開始以来の最低記録を更新したことのほか、労働組合員数の現状について、次のような事実が明らかになる。

①　組合員総数…………一〇〇八万八千人（前年より一万八千人増加）
②　女性組合員数…………三三七万二千人（前年より二万七千人増加）
③　パート組合員数………一三三万三千人（前年より三万七千人増加）

いずれも、令和元年六月三十日現在の数値をもとにしているが、厳密にいうと、②・③は①の内数ではない。①の組合員総数は下部組織を有する単一労働組合の組合員数、②・③にいう女性やパートの組合員数は下部組織を持たない単位労働組合の組合員数を、それぞれ示したものだからである。

単一労働組合の組合員には独自の活動組織を持たない労働組合員（非独立組合員）が含まれるため、その組合員数は、単位労働組合の組合員数よりは多くなる。

令和元年における❶単位労働組合の組合員総数は、前年よりも二万人多い一〇〇一万六千人。単一労働組合の組合員総数との差は、七万二千人であった。

そして、以上の事実から、男性組合員数やフルタイムの組合員数の現状が、次のようなものであることも直ちに判明する（④は❶と②の差、⑤は❶と③の差）。

④　男性組合員数………六六四万四千人（前年より七千人減少）

⑤　フルタイム組合員数……八六八万三千人（前年より一万七千人減少）

女性やパートの組合員が増えたとはいえ、男性やフルタイムの組合員は逆に減っている。しかも、男性やフルタイムの組合員の減少は昨日今日に始まったことではなかった。

組合員総数が史上最高を記録した平成六年（一二六一万九千人、単位労働組合の組合員数）をピークに、男性組合員もフルタイムの組合員もともに減り始め、その後も毎年減少を続けたため、令和元年までの二五年間で、男性組合員は二三九万一千人、フルタイムの組合員は、三七六万八千人もの大幅な減少を余儀なくされる。

女性やパートの組合員が近年増加している、といった単純な話ではなかった（この間にパート組合員は一一六万五千人増加しているものの、女性組合員は二一万三千人減少している）のである（以上、男性および女性の組合員数については、厚生労働省『平成三十年

版　働く女性の実情』付表95を、フルタイムの組合員数については、e-Statに掲載された『労働組合基礎調査』の時系列統計表の第1表および第8表をもとに、これに令和元年のデータを加味して算出)。

他方、厚生労働省の「毎月勤労統計調査(確報)」からは、パートタイム労働者について、ある事実が浮かび上がってくる。平成十年度から三十年度までの二〇年間にその数が二倍以上に増加する(一一七・七%増)なかで、パートタイム労働者一人当たりの労働時間は大幅に減少した(一一・一%減)という事実がそれである(以下、詳しくは、**本書第二部第五章**を参照)。

具体的には、過去二〇年間にパートタイム労働者の数は、七一五万六千人が一五五七万八千人へと、八四二万二千人増加。その一方で、パートタイム労働者一人当たりの年間総実労働時間は、一一四六時間が一〇一八・八時間へと、一二七・二時間も減少。月間出勤日数も、この間に一七日が一四・七日へと、二日以上減少している。

その結果、平成三十年度における常用労働者(一般労働者＋パートタイム労働者)一人当たりの年間総実労働時間は一六九六・八時間と、一七〇〇時間の大台をも下回るようになる。こうした時短の要因が、パートタイム労働者の著しい増加と労働時間の大幅な減少の相乗効果にあったことはいうまでもない。

さらに、パートタイム労働者については、時間給の増加が、月収の増加には直結しないという傾向も顕著にみられる。

すなわち、この二〇年間に、パートタイム労働者の一時間当たりの給与額は、二割近く増えた（九八五・六円が一一七五・七円に、一九・三％増）にもかかわらず、一方で出勤日数等が減少したために、一月当たりの現金給与総額の増加は、一割にも満たないレベル（九万四一二四円が九万九八一三円に、六・〇％増）にとどまっている。

このようにして月収を抑えられたパートが増えれば、常用労働者全体でみた平均月収が減ったとしても不思議ではない。一月当たりの現金給与総額が、過去二〇年間に一割以上減少した（三六万二七四三円が三二万二六九二円に、一一・〇％減）のも、そこに理由があったのである。

労働者数が増えても、労働時間が短くなれば、双方の積（マンアワー）で表される労働投入量は、思ったほど増えない。

パートタイム労働者の場合、前述したように、過去二〇年間に、労働者数は二倍以上に増加したものの、労働投入量の伸びは二倍を下回っている（九三・五％増）。

このことが大きく影響し、一般労働者については、労働者数（〇・七％減）、労働投入量（一・〇％減）ともにほとんど変化がみられなかったにもかかわらず、常用労働者全体でみると、その数が約二割増加する（四一八七万一千人が五〇〇五万二千人に、一九・五％増）一方で、労働投入量の伸びは一割を切る（八・九％増）結果となった。

確かに、パートタイム労働者のなかでも、その中核を占める主婦パートについて考えた場合、労働時間を減らしてでも、年収を一定水準以下に抑えようとする行動パターンは、所得税や社会保険料の負担、扶養手当の受給といった問題を考慮すると、合理的な選択といえるかもしれない。

ただ、このように労働投入量が増えなければ、ＧＤＰも増えない。なるほど、税制等の仕組みを変えることは容易ではないものの、このままでは、安倍晋三内閣の目指す名目ＧＤＰ六〇〇兆円の実現も、見果てぬ夢に終わる。こういえば、言い過ぎであろうか。

統計ごとに違うパートの定義

一口にパートタイム労働者といっても、その意味することは、統計ごとに異なる。

例えば、「労働組合基礎調査」の場合、その解説によると、「パートタイム労働者」とは、「正社員・正職員以外で、その事業所の一般労働者より一日の所定労働時間が短い労働者、一日の所定労働時間が同じであっても一週の所定労働日数が少ない労働者又は事業所においてパートタイマー、パート等と呼ばれている労働者をいう」ことになる。

また、「毎月勤労統計調査」では、パートの定義が「①一日の所定労働時間が一般の労働者より短い者、②一日の所定労働時間が一般の労働者と同じで一週の所定労働日数が一般の労働者よりも少ない者、のいずれかに該当する者をいう」と変わる。

呼称による区分は、「労働力調査」や「就業構造基本調査」にもみられるものであるが、右のように定義を異にすることになった理由までは寡聞にして知らない。

さらに、「労働組合基礎調査」に関しては、パートの組織率を推定する際に、平成二十五年以降、その母数となる雇用者の定義に変更があったという経緯もある。

新定義では、パートタイム労働者数（雇用者数）が「就業時間が週三五時間未満の雇用者数から従業上の地位が『正規の職員・従業員』を除いた雇用者数に、就業時間が週三五時間以上で雇用形態（勤務先での呼称による）が「パート」（いわゆるフルタイムパート）の雇用者数を加えた数値」によって表されるが、「労働力調査」の短時間雇用者の定義＝「週三五時間未満の雇用者」に従う旧定義と比べると、組織率は〇・一ポイント程度高くなるという。

大勢には影響しない事柄とはいえ、統計を読むに当たっては、こうした定義の違いにも留意する必要があろう。


（令和二年二月十日）

第三〇話　ワークルールを読み解く（27）

労働契約法二十条と非常勤講師

令和二年四月一日以降、労働契約法二十条は、パートタイム・有期雇用労働法（短時間労働者及び有期雇用労働者の雇用管理の改善等に関する法律）八条に統合される。

同条が判例によってどのように解釈されるかはもとより知るよしもないが、現行の労働契約法二十条の解釈適用が争点となった事件をみる限り、大学の非常勤講師については、その判断基準が他の労働者とは大きく異なる。そんな印象を持たざるを得ない。

その典型といえるものに、**学校法人C事件＝令和元年五月三十日東京地裁判決**がある。

同事件は、被告Yが設置運営するC大学において非常勤講師として勤務する原告Xが、専任教員との間に、本俸の額、賞与、年度末手当、家族手当および住宅手当の支給に関して、労働契約法二十条に違反する労働条件の相違がある旨を主張して、不法行為に基づく損害賠償（専任教員に適用される就業規則等により支給されるべき賃金と、Xに実際に支給された賃金との差額を以て損害とする）等を求めた事件であったが、判決は次のように述べ、Ｘの請求を棄却した（なお、給与規則を含む就業規則や大学設置基準の該当条文については（略）として、引用を省略した）。

㈠　本俸について

「Ｘと専任教員との間には、本俸額について約三倍の差があったものと解される」が、「そもそも、非常勤講師であるＸと専任教員との間には、その職務の内容に数々の大きな違いがある」。また、「専任教員と非常勤教員とでは補助金の基準額の算定方法が異なり、その額に相当大きな開きがあること」や「Ｘを含むＣ大学の非常勤講師の賃金水準が他の大学と比較しても特に低いものであるということができない」こと、「Ｃ大学においては、団体交渉における労働組合との間の合意により、非常勤講師の年俸額を随時増額する」など、「非常勤講師の待遇についてより高水準となる方向で見直しを続けており、Ｘの待遇はこれらの見直しの積み重ねの結果であることからすると、ＸがＣ大学においてこれまで長年にわたり専任教員とほぼ遜色ないコマ数の授業を担当し、その中にＸの専門外である科目も複数含まれていたことなどといったＸが指摘する諸事情を考慮しても、ＸとＣ大学の専任教員との本俸額の相違が不合理であると評価することはできない」。

㈡　賞与および年度末手当について

「Ｙは、Ｃ大学の専任教員のみに対して賞与及び年度末手当を支給していた」ものの、「これらは、Ｙの財政状態及び教職員の勤務成績に応じて支給されるものである（略）ところ」、「C大学の専任教員が、授業を担当するのみならず、Y（C大学）の財政状況に直結する学生募集や入学試験に関する業務を含む大学運営に関する幅広い業務を行い、これらの業務に伴う責任を負う立場にあること（それ故に、C大学の専任教員は、Yとの間の労働契約上、職務専念義務を負い（略）、原則として兼職が禁止されている（略）。また、大学において一定数以上の専任教員を確保しなければならないとされていること(略)も、専任教員がその他の教員と異なる重要な職責を負うことの現れであるということができる。）からすると、Yにおいて、C大学の専任教員のみに対して賞与及び年度末手当を支給することが不合理であると評価することはできない」。

㈢　家族手当および住宅手当について

「Yは、これらの手当についても、C大学の専任教員のみに対して支給していたものである」が、「その支給要件及び内容（略）に照らせば、家族手当は教職員が家族を扶養するための生活費に対する補助として、住宅手当は教職員の住宅費の負担に対する補助として、それぞれ支給されるものであるということができるものであり、いずれも、労働者の提供する労務を金銭的に評価して支給されるものではなく、従業員に対する福利厚生及び生活保障の趣旨で支給されるものであるということができる」。また、「授業を担当するのみならず、大学運営に関する幅広い業務を行い、これらの業務に伴う責任を負う立場にあるC大学の専任教員として相応しい人材を安定的に確保する（略）ために、専任教員について福利厚生の面で手厚い処遇をすることに合理性がないとはいえないことや、C大学の専任教員が、その職務の内容故に、Yとの間の労働契約上、職務専念義務を負い、原則として兼業が禁止され、その収入をYから受ける賃金に依存せざるを得ないことからすると、Yにおいて、C大学の専任教員のみに対して家族手当及び住居手当を支給することが不合理であると評価することはできない」。

ただ、本件の場合、Xが平成十八年度から二十七年度までの直近の一〇年間に担当していた授業のコマ数は六コマ（ちなみに、平成十年度までの六年間は六コマを下回っていたものの、平成十一年度から十七年度までの七年間は六コマを上回っていた）と、専任教員の原則的な担当コマ数である五コマよりも、実際には多かったという事実もある。

また、週五コマとした場合の授業時間は、一年に直すと二二五時間（九〇分×五コマ×三〇週）に相当するが、専任教員が授業以外の職務に費やす時間は、教授の標準的モデルでも、授業時間より短い年間一七七時間にとどまっていたという。

非常勤講師と専任教員との間には、職務の内容に大きな違いがある。このことが、本件における判決の結論を決定づけたともいえるが、大袈裟にすぎるとの感は否めない。

勤め先から受ける賃金に収入を依存せざるを得ないといった事情は、民間企業の正社員にも等しくみられる事柄であって、こうした事情にもっぱら依拠して、正社員に対してのみ家族手当や住居手当を支給することを不合理ではないとすることにも、これまでの判例

（ハマキョウレックス事件／長澤運輸事件＝平成三十年六月一日最高裁第二小法廷判決）に照らせば、疑問符が付く。

大学教育の現状を考えれば、判決の結論にもとより異論はない。本件の場合、原告Xの請求は、自らを専任教員として扱えと要求しているに等しく、元学部長がXを専任教員として採用することを「約束」していたという事情があったとしても、請求内容そのものに無理があった。

だが、贔屓の引き倒しという言葉もある。たとえ結論が妥当であっても、根拠が薄弱な判例の論理に頼ることは可能な限り避けたほうがよい。人事労務の現場をあずかる者は、このことも忘れてはなるまい。

研究者としての大学教員

非常勤講師は、ときに嘱託講師等と、別の名称で呼ばれることがある。**学校法人X事件＝平成三十一年二月二十八日京都地裁判決**も、そんな嘱託講師と関わる事件であった。

判決は、いう。「被告との間の労働契約に基づき提供すべき労務は、嘱託講師が、自らの希望を踏まえて被告から割り当てられる授業及びその準備に限られるのに対し、専任教員の場合は、授業及びその準備に加え、学生への教育、研究、学内行政と幅広い労務の提供が求められ」る。

嘱託講師は、夜間の授業を担当したとしても、専任教員には支給される夜間担当手当が支給されない。しかし、専任教員は、一方で「日中に多岐に亘る業務を担当」しており、さらに夜間の授業を担当する場合には、その負担に配慮する必要がある。

右の判旨は、このような理由から、嘱託講師に対する夜間担当手当の不支給が不合理な差異とは認められない、とする判決の結論を補強するために述べられたものであったが、その結論には同意するものの、あたかも嘱託講師が研究者ではないかのようにいう論旨には、強い違和感を覚える。

大学教員が研究を行うのは、専任教員であると否とにかかわらず、大学教員として当然のことであって、労働契約で義務づけられているから研究に従事しているわけではない。研究とは、そもそも誰かに命じられてするものではない。「裁判官もわかってないなぁ」というのが、率直な感想であった。

（令和二年二月二十四日）

第三一話　ワークルールを読み解く（28）

賃金センサスと職種別賃金

一口に法令といっても、いろいろある。電子政府の総合窓口である e-Gov においては、現在、八〇〇〇件を超える法令が公開されているが、法律はともかく、省令レベルになると、その存在すら知られていないものもなくはない。

昭和三十九年四月二十二日に、同年の労働省令第八号として、旧統計法（昭和二十二年法律第十八号）三条二項および十二条二項の規定に基づき制定をみた「賃金構造基本統計調査規則」も、こうした知られざる省令の一つに数えられる。

現行統計法（平成十九年法律第五十三号）二条四項に規定する基幹統計。この基幹統計の代表例ともいうべき「賃金構造基本統計」、いわゆる「賃金センサス」を作成するための調査の実施に関して定めることを「賃金構造基本統計調査規則」は、その目的としている（一条。なお、基幹統計の意義については、拙著『現場からみた労働法——働き方改革をどう考えるか』（ジアース教育新社、平成三十一年）五一頁以下を参照）。

「調査は、労働者の雇用形態、就業形態、職種、性、年齢、学歴、勤続年数、経験年数等と、賃金との関係を明らかにすることを目的」としている（二条）が、調査事項の一つである「職種」については、その調査対象を「別表第二に掲げる職種の労働者であるものに限る」（五条二号チ）とされていた。

これが、省令改正（令和二年一月二十三日厚生労働省令第七号、即日施行）によって、「職種（別表第二に掲げる職種をいう。）」（新設された五条二号リ）と、職種を必ずしも限定しない表現に改められた。

「その他の〇〇」や「他に分類されない〇〇」といった、落ち穂拾い的な職種が新たに別表第二に加わったことが、このことを表している。

「賃金構造基本統計調査の職種については、統計基準である日本標準職業分類と整合性がなく、他の調査との比較が困難となっている」、「調査対象職種が技能系職種に偏っており、近年の職業構造に適合したものになっていない」。「労働移動の活発化や職務に基づく賃金体系の拡大といった変化を背景として、職種別賃金把握のニーズが増加していると考えられ、これらのニーズに的確に対応していくことが必要となっている」。

令和元年六月にとりまとめられた「賃金構造基本統計調査の改善に関するワーキンググループ報告書」は、職種区分の見直しについてこのように述べるが、右にいう「日本標準職業分類」の改定（平成二十一年十二月）から数えても、この間には一〇年の歳月が経過している。統計の素人からみると、スロー・ペースにすぎるとの感は否めない。

また、報告書の内容が省令改正にストレートに反映された、というわけでもない。「一般事務従事者」のように、真逆の結果に終わったケースもある（以下、傍線は筆者による）。

報告書はいう。「日本標準職業分類の中分類『一般事務従事者』については、ボリュームが相当大きいことから、これを日本標準職業分類の小分類に基づく区分※に細分化した職種区分により試験調査を行った。しかし、試験調査の結果をみると、特に大企業で事務従事者が捕捉できておらず、当該区分の記入が困難であると推測された。

また、企業ヒアリングにおいても、中小規模事業所においては、事務全般を横断的・総合的に行う、又は人事・総務・秘書等の業務を兼務している労働者が多く、ある程度大きな区分の方が回答しやすいこと、大規模事業所においては、総合職（企画業務）と一般職（定型業務）等で区分していたり、業務が細分化されている場合でも、人事異動により都度配属先の業務を行っているに過ぎず、細分化された職種が賃金を決定づける要素とはなっていないといった実態が確認でき、当該小分類に基づく職種区分は事業所において独立した職種であるとは言いがたいと考えられた。

（中略）

そのため、比較的独立性が高い『電話応接事務員』のみ単独の職種区分とし、その他は統合して一つの職種区分『一般事務従事者』とするのが適当である。

※　庶務・人事事務員、受付・案内事務員、電話応接事務員、総合事務員、企画事務員、秘書、その他の一般事務従事者」

にもかかわらず、改正省令では「日本職業標準分類の小分類に基づく区分」（右の※に示された七種類の職種）が、そのまま別表第二に掲げられることになった。

報告書には「職種区分については、日本標準職業分類の中分類や現行の職種区分で一定のボリュームがある職種であっても、業務の実態として区別が困難なものや、区分する意義に乏しいものは細分化を行うべきではないと判断した」とあるが、「一般事務従事者」についてみる限り、こうした判断が省令改正に反映されることはなかった。

他方、報告書の内容に沿うものとはいえ、省令改正の結果、「旋盤工」や「フライス盤工」は「金属工作機械作業従事者」に、「型枠大工」や「とび工」、「鉄筋工」は「建設躯体工事従事者」に、それぞれ吸収されることにより、別表第二から姿を消すことになる。

士業に的を絞ると、「公認会計士、税理士」はかろうじて生き残ったものの、「弁護士」は「法務従事者」に姿を変え、もともと独立した職種として記載のなかった「司法書士」や「弁理士」と統合される。中分類に集約するのもよいが、物事には限度がある。

一方では細かすぎ、他方では粗すぎる。そんな職種区分をもとにして得られたデータに、はたして意味はあるのか。それが大方の感想であろう。

職種別賃金と派遣の賃金規制

「働き方改革を推進するための関係法律の整備に関する法律」（平成三十年七月六日法律第七十一号）五条によって改正された「労働者派遣事業の適正な運営の確保及び派遣労働者の保護等に関する法律」（派遣法）は、改正後の三十条の三第一項において「派遣元事業主は、その雇用する派遣労働者の基本給、賞与その他の待遇のそれぞれについて、当該待遇に対応する派遣先に雇用される通常の労働者の待遇との間において、当該派遣労働者及び通常の労働者の職務の内容、当該職務の内容及び配置の変更の範囲その他の事情のうち、当該待遇の性質及び当該待遇を行う目的に照らして適切と認められるものを考慮して、不合理と認められる相違を設けてはならない」と定めるとともに、新設をみた三十条の四第一項で、派遣元事業主が派遣元の過半数代表者等との間で一定の要件を満たす労使協定を締結した場合には、前条の規定を適用しない旨を規定する。

具体的には、改正法が施行される令和二年四月一日以降、「派遣労働者が従事する業務と同種の業務に従事する一般の労働者の平均的な賃金の額として厚生労働省令で定めるものと同等以上の賃金の額となるものであること」（派遣法三十条の四第一項二号イ）等の要件を満足することが必要になる。

これを受けて、派遣法施行規則に追加された二十五条の九は、「法第三十条の四第一項第二号イの厚生労働省令で定める賃金の額は、派遣先の事業所その他派遣就業の場所の所在地を含む地域において派遣労働者が従事する業務と同種の業務に従事する一般の労働者であって、当該派遣労働者と同程度の能力及び経験を有する者の平均的な賃金の額とする」と規定するが、そこにいう「厚生労働省令で定める賃金の額」については、賃金構造基本統計や職業安定業務統計をもとに、その算出を行うことが原則とされている。

しかし、職業安定業務統計は、文字どおり業務統計にすぎず（なお、業務統計の意義については、前掲・拙著『現場からみた労働法』五一頁以下を参照）、賃金構造基本統計にも先にみたように問題が多い。

令和二年度の場合、賃金構造基本統計については、改正前の平成三十年度調査による職種別平均賃金が参照すべき額として示されており（令和元年七月八日公表。なお、令和三年度分については、新型コロナウイルス感染症の影響もあり、令和二年八月末現在、公表されるには至っていない）、職種ごとに、基準値のほか、年功賃金をイメージした「基準値に能力・経験調整指数を乗じた値」が付記されている。ただ、年功的な職種別賃金なんて実際にあるのか、といった疑問はいまだに拭えない。

（令和二年三月九日）

第三二話　ワークルールを読み解く（29）

施行を目前に控えた改正法

令和二年四月一日に施行される雇用・労働分野の法律の一つに、「短時間労働者及び有期雇用労働者の雇用管理の改善等に関する法律」（パート・有期雇用労働法）がある（ただし、同法八条や九条を始めとする一部の規定は、令和三年三月三十一日までの間、中小企業には適用されない）。

また、その二か月後、令和二年六月一日には、昨年、一章全体が総入れ替え＝事実上の新設をみた「労働施策の総合的な推進並びに労働者の雇用の安定及び職業生活の充実等に関する法律」（労働施策総合推進法）第八章の施行が控えている。

パート・有期雇用労働法は、パートタイム労働者と有期雇用労働者の双方を対象とする同一労働同一賃金の実現（現行の労働契約法二十条はパート・有期雇用労働法八条に統合され、九条は有期雇用労働者をも対象としたものとなる）を主な柱としており、労働施策総合推進法第八章は、「職場における優越的な関係を背景とした言動」（パワーハラスメント）に起因する問題に関して、事業主の講ずべき措置等を規定している。

これら改正法の内容や問題点については、これまでにも再三にわたって言及しており、これをさらに繰り返すことはしない。

ただ、マイナーな問題ではあるが、改正省令に目を通していて、いささか気になったことがある。調停会議のネーミングである。

調停会議とは、「個別労働関係紛争の解決の促進に関する法律」（個別労働関係紛争解決促進法）六条一項にいう「紛争調整委員会」の別名、またはその一部と考えてよい。

調停会議の出発点は、「雇用の分野における男女の均等な機会及び待遇の確保等に関する法律」（男女雇用機会均等法）施行規則に規定する「機会均等調停会議」(1)にあり、同規則には、現在、次のような定めが置かれている。

（主任調停委員）

第三条　紛争調整委員会（以下「委員会」という。）の会長は、「委員会のメンバーでもある」調停委員のうちから、法第十八条第一項の規定により委任を受けて同項に規定する紛争についての調停を行うための会議（以下「機会均等調停会議」という。）を主任となって主宰する調停委員（以下「主任調停委員」という。）を指名する。

２　主任調停委員に事故があるときは、あらかじめその指名する調停委員が、その職務を代理する。

（機会均等調停会議）

第四条　機会均等調停会議は、主任調停委員が招集する。

2　機会均等調停会議は、調停委員二人以上が出席しなければ、開くことができない。

3　機会均等調停会議は、公開しない。

男女雇用機会均等法施行規則にいう「機会均等委員会」が「機会均等調停会議」にその姿を変えたのは、個別労働関係紛争解決促進法の制定（平成十三年十月一日施行）に伴うものであったが、以後、男女雇用機会均等法に定める「紛争の解決」規定をモデルとして採用した法律では、省令に「機会均等調停会議」を「〇〇調停会議」と読み替える規定を設けることがパターンとして定着する。これを年代順に並べると、次のようになる。

(2)　均衡待遇調停会議（短時間労働者の雇用管理の改善等に関する法律施行規則九条／平成二十年四月一日施行。なお、根拠規定は、令和二年四月一日以降、パート・有期雇用労働法施行規則九条に変わる）

(3)　両立支援調停会議（育児休業、介護休業等育児又は家族介護を行う労働者の福祉に関する法律施行規則七十八条／平成二十二年六月三十日施行）

(4)　障害者雇用調停会議（障害者の雇用の促進等に関する法律施行規則三十六条の十五／平成二十八年四月一日施行）

令和二年四月一日または六月一日以降、これに次の二例が加わる。

⑸　派遣労働者待遇調停会議（労働者派遣事業の適正な運営の確保及び派遣労働者の保護等に関する法律施行規則四十六条の二／令和二年四月一日施行）

⑹　優越的言動問題調停会議（労働施策総合推進法施行規則十二条の二／令和二年六月一日施行）

⑴から⑸の名称には、さほど違和感はないものの、⑹の名称には、無味乾燥な法令用語（労働施策総合推進法三十条の三を参照）の押し付けといった感想しかない。このような名称を起案した者の言語感覚を疑う。

これでは、調停の申請など、到底期待できそうにない（ハラスメント事案については、現在でも、調停の申請件数があっせんの申請件数を大幅に下回っていることに注意。**第一六話**を参照）。このようにいっても、間違いはあるまい。

凡事徹底、大事の前の小事ともいう。些事を疎かにすべきでないことは、法律の世界も同じであろう。

改正法の施行と経過措置

民法の一部を改正する法律（平成二十九年法律第四十四号）の施行日に合わせて、消滅時効に関する労働基準法（労基法）の規定も改められる。令和二年四月一日は、そんな日でもある。

具体的には、これまで「この法律の規定による賃金（退職手当を除く。）、災害補償その他の請求権は二年間、この法律の規定による退職手当の請求権は五年間行わない場合においては、時効によつて消滅する」としていた規定が、次のように書き換えられる。

（時効）

第百十五条　この法律の規定による賃金の請求権はこれを行使することができる時から五年間、この法律の規定による災害補償その他の請求権（賃金の請求権を除く。）はこれを行使することができる時から二年間行わない場合においては、時効によつて消滅する。

また、これに併せて、百九条に定める記録の保存期間や、百十四条に規定する付加金の支払に係る除斥期間も、それぞれ五年に延長される。

確かに、本則からの連番規定である附則には、「当分の間」の経過措置について定めた、次のような規定が設けられる。

第百四十三条　第百九条の規定の適用については、当分の間、同条中「五年間」とあるのは、「三年間」とする。

② 第百十四条の規定の適用については、当分の間、同条ただし書中「五年」とあるのは、「三年」とする。

③ 第百十五条の規定の適用については、当分の間、同条中「賃金の請求権はこれを行使することができる時から五年間」とあるのは、「退職手当の請求権はこれを行使すること

ができる時から五年間、この法律の規定による賃金（退職手当を除く。）の請求権はこれを行使することができる時から三年間」とする。

さらに、改正附則には「政府は、この法律の施行後五年を経過した場合において、この法律による改正後の規定について、その施行の状況を勘案しつつ検討を加え、必要があると認めるときは、その結果に基づいて必要な措置を講ずるものとする」との規定（三条）が置かれる。

これらの規定から、改正法施行後少なくとも五年間、つまり令和七年三月三十一日までの間は、消滅時効等の期間を三年とする経過措置が続くものと考えられる。

しかし、改正法施行後五年の「当分の間」が過ぎれば、附則百四十三条に規定する経過措置は終わりを告げ、賃金の消滅時効期間を五年と定める本則百十五条に戻る。このように考えるのが素直といえる。

改正附則三条に規定する「検討」いかんによっては、消滅時効の期間は必ずしも五年にはならない。そう思いたい向きもあろうが、願望や期待で世の中は動かない。

「検討」の結果、経過措置が、さらに一定期間続く可能性もないとはいえないが、その可能性は低いというべきであろう。

（令和二年三月二十三日）

第三三話　ワークルールを読み解く（30）

高年齢者就業確保措置の新設

法律屋の仕事は、法令を素直に読むことから始まる。しかし、一読するだけでは、その意味が理解できない厄介な法令も実際には少なくない。

令和二年二月四日、第二〇一回国会に提出された「雇用保険法等の一部を改正する法律案」五条に定める高年齢者雇用安定法（高年齢者等の雇用の安定等に関する法律）の一部改正規定も、その例外ではなかった。

法律案の概要によれば、「六五歳から七〇歳までの高年齢者就業確保措置（定年引上げ、継続雇用制度の導入、定年廃止、労使で同意した上での雇用以外の措置（継続的に業務委託契約する制度、社会貢献活動に継続的に従事できる制度）の導入のいずれか）を講ずることを企業の努力義務にするなど、七〇歳までの就業を支援する」ことにその眼目はあるというが、新たに設けられる「高年齢者就業確保措置」に関する規定（十条の二）だけでも、優に一六〇〇字を超える。

ここにいう「高年齢者就業確保措置」とは、改正高年齢者雇用安定法十条の二「第一項各号に掲げる措置（注：現行の九条一項各号に掲げる「高年齢者雇用確保措置」とほぼ同様の措置。ただし、継続雇用制度は「六十五歳以上継続雇用制度」に改称）及び創業支援等措置」（十条の二第四項）を指し、十条の二第二項は、右にいう「創業支援等措置」を「次に掲げる措置をいう」と規定する。

一　その雇用する高年齢者が希望するときは、当該高年齢者が新たに事業を開始する場合（厚生労働省令で定める場合を含む。）に、事業主が、当該事業を開始する当該高年齢者（厚生労働省令で定める者を含む。以下この号において「創業高年齢者等」という。）との間で、当該事業に係る委託契約その他の契約（労働契約を除き、当該委託契約その他の契約に基づき当該事業主が当該事業を開始する当該創業高年齢者等に金銭を支払うものに限る。）を締結し、当該契約に基づき当該高年齢者の就業を確保する措置

二　その雇用する高年齢者が希望するときは、次に掲げる事業（ロ又はハの事業については、事業主と当該事業を実施する者との間で、当該事業を実施する者が当該高年齢者に対して当該事業に従事する機会を提供することを約する契約を締結したものに限る。）について、当該事業を実施する者が、当該高年齢者との間で、当該事業に係る委託契約その他の契約（労働契約を除き、当該委託契約その他の契約に基づき当該事業を実施する者が当該高年齢者に金銭を支払うものに限る。）を締結し、当該契約に基づき当該高年

齢者の就業を確保する措置（前号に掲げる措置に該当するものを除く。）
イ　当該事業主が実施する社会貢献事業（社会貢献活動その他不特定かつ多数の者の利益の増進に寄与することを目的とする事業をいう。以下この号において同じ。）
ロ　法人その他の団体が当該事業主から委託を受けて実施する社会貢献事業
ハ　法人その他の団体が実施する社会貢献事業であつて、当該事業主が当該社会貢献事業の円滑な実施に必要な資金の提供その他の援助を行つているもの

法律の条文に則して「創業支援等措置」の内容を示せば、このようになる。とはいうものの、〝判読するのを途中で止めたくなる〟というのが正直な感想であろう。

そして、改正高年齢者雇用安定法は、十条の二第一項柱書において、事業主が同条二項に規定する「創業支援等措置」を講ずる場合には、「労働者の過半数で組織する労働組合がある場合においてはその労働組合の、労働者の過半数で組織する労働組合がない場合においては労働者の過半数を代表する者の同意」を得ることを要求するものとなっている。

さらに、事業主にとって「高年齢者就業確保措置」を講ずることは努力義務にとどまるとはいえ、一方では厚生労働大臣による助言・指導・勧告規定も用意されている。

「高年齢者就業確保措置に関する計画」を見出しとする十条の三の新設規定がそれであり、助言・指導を前提とするものではあるものの、同条二項は、厚生労働大臣は「高年齢者就業確保措置の実施に関する状況が改善していないと認めるときは、当該事業主に対し、

厚生労働省令で定めるところにより、高年齢者就業確保措置の実施に関する計画の作成を勧告することができる」と定めている。

令和三年四月一日の改正法施行（改正附則一条ただし書四号）後しばらくは、努力義務の時代が続くとしても、遠からず義務化へと向かう。

「高年齢者雇用確保措置」がそうであったように、「高年齢者就業確保措置」についてもこのように考えて、おそらく間違いはあるまい。

育児休業給付の分離独立

「雇用保険法等の一部を改正する法律案」は、文字どおり雇用保険法の改正を行うことを主眼とする。一条にある雇用保険法の一部改正について定めた規定がそれである。

その柱の一つが育児休業給付に関する制度改正であるが、法律案の概要は、改正内容について次のように述べる（①・②ともに、令和二年四月一日施行。改正附則一条本文）。

① 育児休業給付について、失業等給付から独立させ、子を養育するために休業した労働者の生活及び雇用の安定を図るための給付と位置付ける。

② ①を踏まえ、雇用保険について、以下の措置を講ずる。

ア　育児休業給付の保険料率（一〇〇〇分の四）を設定するとともに、経理を明確化し、育児休業給付資金を創設する。

イ　失業等給付に係る保険料率を財政状況に応じて変更できる弾力条項について、より景気の動向に応じて判定できるよう算定方法を見直す。

その結果、雇用保険法には、育児休業給付に関する章として、第三章の二が新設され、これに伴い、「失業等給付等」という法令用語も、失業等給付に育児休業給付を加えたものとして、新たに誕生をみることになった。

こうした制度改正の背景には、育児休業給付の給付額が、育児休業制度の浸透に伴う受給者数の増加とともに増え、今や一般被保険者に対する求職者給付の支給額に匹敵する額となっている（「平成三十年度雇用保険事業年報」によれば、育児休業給付の給付額は五三一二億円と、一般求職者給付の支給額五八〇〇億円と大きく違わないものとなっている）という事実があった。

そして、このような事実をもとに、労政審の雇用保険部会報告（令和元年十二月）は、次のように指摘。これが雇用保険法の改正に結実することになる。

○　このまま育児休業給付を求職者給付等と一体的な財政運営を続けた場合、景気状況が悪化した際には、育児休業給付の伸びに加えて求職者給付の増加が相まって財政状況が悪化し、積立金の取り崩しや保険料率の引上げが必要になり、ひいては給付にも影響を及ぼすことも懸念される。

これは、求職者給付と育児休業給付の双方にとって望ましくない状況である。

○　このため、育児休業給付については、新たに「子を養育するために休業した労働者の雇用と生活の安定を図る」給付として、失業等給付とは異なる給付体系に明確に位置づけるべきである。

他方、今回の法改正により、附則十二条に定める育児休業給付金の額に関する暫定措置は、本則六十一条の七第四項に規定する恒久措置へと、その姿を変える。

休業開始後一八〇日間は、休業開始前賃金の六七％、その後は五〇％という支給割合は変わらない（四〇％支給を原則として定める本則の規定は、当然のことながらなくなる）ものの、政府にはその割合を八〇％まで引き上げる考えもあるという。

しかしながら、産前産後の休業期間中に支給される出産手当金の支給割合（標準報酬日額の三分の二、健康保険法百二条）とのバランスをどう図るか（産休中の支給割合のほうが育休中の支給割合よりも低くなるのは不自然）という問題も一方にはある。ただ、産休と育休との連続性を保ちたくても、健康保険の厳しい財政状況を考えると、出産手当金の支給割合まで八〇％とはなかなかいくまい。

（令和二年四月十三日）

第三四話　法令を読み解く（1）

法令改正による新型コロナ対策

令和二年三月、「新型インフルエンザ等対策特別措置法（平成二十四年法律第三十一号）の一部を次のように改正する」として、「附則第一条の次に次の一条を加える」ことを内容とする同法の改正が実現する。

（新型コロナウイルス感染症に関する特例）

第一条の二　新型コロナウイルス感染症（病原体がベータコロナウイルス属のコロナウイルス（令和二年一月に、中華人民共和国から世界保健機関に対して、人に伝染する能力を有することが新たに報告されたものに限る。）であるものに限る。第三項において同じ。）については、新型インフルエンザ等対策特別措置法の一部を改正する法律（令和二年法律第四号。同項において「改正法」という。）の施行の日から起算して二年を超えない範囲内において政令で定める日までの間は、第二条第一号に規定する新型インフルエンザ等とみなして、この法律及びこの法律に基づく命令（告示を含む。）の規定を適用する。

２　前項の場合におけるこの法律の規定の適用については、第十四条中「とき」とあるのは、「とき（新型コロナウイルス感染症（病原体がベータコロナウイルス属のコロナウイルス（令和二年一月に、中華人民共和国から世界保健機関に対して、人に伝染する能力を有することが新たに報告されたものに限る。）であるものに限る。）にあっては、そのまん延のおそれが高いと認めるとき）」とする。

３　前項に定めるもののほか、第一項の場合において、改正法の施行前に作成された政府行動計画、都道府県行動計画、市町村行動計画及び業務計画（以下この項において「行動計画等」という。）に定められていた新型インフルエンザ等に関する事項は、新型コロナウイルス感染症を含む新型インフルエンザ等に関する事項として行動計画等に定められているものとみなす。

改正法案が国会に提出されたのが三月十日。三日後の十三日には、参議院本会議において可決・成立をみた後、同日公布、十四日施行というスピーディな処理がなされている。審議がこのように迅速に運んだ背景には、問題の深刻さに加えて、改正の対象となった「新型インフルエンザ等対策特別措置法」がもともと民主党政権（野田佳彦内閣）のもとで制定をみた法律であり、同法の適用対象に「新型コロナウイルス感染症」を追加するにすぎない法改正に、旧政権与党である現在の野党会派も異を唱えようがなかった、という事情もあった。

「新型コロナウイルス感染症の発生及びそのまん延により国民の生命及び健康に重大な影響を与えることが懸念される状況に鑑み、この法律の施行の日から起算して二年を超えない範囲内において政令で定める日までの間、新型コロナウイルス感染症を新型インフルエンザ等対策特別措置法に規定する新型インフルエンザ等とみなし、同法に基づく措置を実施する必要がある」。

このような改正法案の提出理由も、十分に納得のいくものであった。ただ、改正法が施行されたからといって、法案提出理由にいう「同法に基づく措置」の実施が直ちに可能となるわけではない。

「新型インフルエンザ等対策特別措置法」第三章が発生当初の措置として規定する「新型インフルエンザ等の発生時における措置」を講じるに当たっても、まず「政府対策本部の設置」（十五条）が必要になり、その前提として、内閣総理大臣に対する厚生労働大臣による「新型インフルエンザ等の発生等に関する報告」（十四条）が必要になる。

そして、法改正により追加された附則一条の二第二項にあるように、「新型コロナウイルス感染症」については、「そのまん延のおそれが高いと認めるとき」に、報告義務が生じるものとなっている。

こうした制度上の枠組みもあって、政府対策本部が実際に設置されたのは、改正法施行から一〇日余りを経た三月二十六日となったものの、要請レベルの措置のなかには、政府対策本部長（内閣総理大臣）による緊急事態宣言によって始まる「新型インフルエンザ等緊急事態措置」を含め、事実上前倒しで実施された措置もある。

例えば、下記の四十五条一項に定める要請措置がそれである。

（感染を防止するための協力要請等）

第四十五条　特定都道府県知事は、新型インフルエンザ等緊急事態において、新型インフルエンザ等のまん延を防止し、国民の生命及び健康を保護し、並びに国民生活及び国民経済の混乱を回避するため必要があると認めるときは、当該特定都道府県の住民に対し、新型インフルエンザ等の潜伏期間及び治癒までの期間並びに発生の状況を考慮して当該特定都道府県知事が定める期間及び区域において、生活の維持に必要な場合を除きみだりに当該者の居宅又はこれに相当する場所から外出しないことその他の新型インフルエンザ等の感染の防止に必要な協力を要請することができる。

２　略（施設の使用制限等の要請）

３　略（施設管理者等に対する指示）

４　略（要請または指示の公表）

ここにいう「特定都道府県知事」とは、「新型インフルエンザ等緊急事態宣言」によって示された「新型インフルエンザ等緊急事態措置（略）を実施すべき区域」（三十二条一項二号）内にあり、かつ「新型インフルエンザ等のまん延により……その全部又は大部分の事務を行うことができなくなった」市町村の属する都道府県の知事を指す（三十八条一項。なお、これと異なる解釈も可能なことについて、**第三六話**を参照）。

したがって、このような条件が整わない段階で行われた都道府県知事による外出の自粛要請が、本条を根拠とするものではなかったことはいうまでもない。

他方、厚生労働省の施策についていえば、法改正に先立って、二度にわたり雇用保険法施行規則の改正が行われている。

新型コロナウイルス感染症に関連した、①雇用調整助成金（休業）に関する暫定措置、および②両立支援等助成金に関する暫定措置（小学校休業等対応コース助成金の新設）に係る規定改正（①は令和二年三月十日厚生労働省令第二十九号、②は令和二年三月十三日厚生労働省令第三十号による）を目的としたものであるが、こうした省令の動向にも目を配る必要があろう。

補　私権の制限は罰則付きか？

許可なく外出すれば、罰金を科せられる。外国ならばいざ知らず、そんな事態はわが国では起こり得ない。「新型インフルエンザ等対策特別措置法」にも罰則はあるものの、罰則について定めた第七章は、以下のように規定するものでしかないからである。

第七十六条　第五十五条第三項の規定による特定都道府県知事の命令又は同条第四項の規定による指定行政機関の長若しくは指定地方行政機関の長の命令に従わず、特定物資を隠匿し、損壊し、廃棄し、又は搬出した者は、六月以下の懲役又は三十万円以下の罰金に処する。

第七十七条　第七十二条第一項若しくは第二項の規定による立入検査を拒み、妨げ、若しくは忌避し、又は同項の規定による報告をせず、若しくは虚偽の報告をした者は、三十万円以下の罰金に処する。

第七十八条　略（両罰規定）

前述した特定都道府県知事により、特定物資（緊急事態措置の実施に必要な医薬品、食品その他の物資）の保管を命じられた業者が知事の命令に従わず、これを隠匿した場合、あるいは特定物資の保管場所への立入検査を妨害した場合。このようなケースを除けば、罰則が適用されることはない。

罰則の適用範囲が狭すぎる。そうした声が逆にあったとしても、不思議ではない。緊急事態であっても、私権の制限には応じない。現状がそんな誤った風潮を助長しているのであれば、その見直しこそ必要といえよう。

（令和二年四月二十七日）

第三五話　法令を読み解く（2）

特措法に基づく緊急事態宣言

令和二年四月七日、安倍晋三内閣総理大臣は、新型コロナウイルス感染症対策本部長として、同感染症に関する緊急事態宣言を発出するとともに、以下のような公示を行った。

（一）緊急事態措置を実施すべき期間　令和二年四月七日から五月六日までとする。（ただし書、略）

（二）緊急事態措置を実施すべき区域　埼玉県、千葉県、東京都、神奈川県、大阪府、兵庫県及び福岡県の区域とする。

（三）緊急事態の概要　新型コロナウイルス感染症については、

・肺炎の発生頻度が季節性インフルエンザにかかった場合に比して相当程度高いと認められること、かつ、

・感染経路が特定できない症例が多数に上り、かつ、急速な増加が確認されており、医療提供体制もひっ迫してきていることから、

国民の生命及び健康に著しく重大な被害を与えるおそれがあり、かつ、全国的かつ急速なまん延により国民生活及び国民経済に甚大な影響を及ぼすおそれがある事態が発生したと認められる。

緊急事態宣言は「新型インフルエンザ等対策特別措置法」（特措法）三十二条一項の規定に基づくものであり、当該公示は官報の特別号外への掲載によって行われている。

ここにいう「緊急事態措置」とは、緊急事態宣言がされた時からその解除宣言がされるまでの間において「国民の生命及び健康を保護し、並びに国民生活及び国民経済に及ぼす影響が最小となるようにするため、国、地方公共団体並びに指定公共機関及び指定地方公共機関がこの法律の規定により実施する措置をいう」（特措法二条三号。なお、指定公共機関および指定地方公共機関の意義については、同条六号および七号を参照）。

また、緊急事態宣言の発出に併せて改正をみた「新型コロナウイルス感染症対策の基本的対処方針」は、感染症のまん延防止に関連して、「接触機会の低減に徹底的に取り組めば、事態を収束に向かわせることが可能」とした上で「最低七割、極力八割程度の接触機会の低減を目指す」とする。安倍首相による記者会見も、この点を強調するものとなった。

さらに、改正後の基本的対処方針は、右の引用部分に続けて次のようにいう。

「一方で、国民の自由と権利に制限が加えられるときであっても、法第五条の規定を踏まえ、その制限は必要最小限のものでなければならないことから、特定都道府県（緊急事態宣言の対象区域に属する都道府県）は、まん延の防止に関する措置として、まずは法第四十五条第一項に基づく外出の自粛等について協力の要請を行うものとする。その上で、都道府県による法第二十四条第九項に基づく施設の使用制限の要請を行い特定都道府県による法第四十五条第二項から第四項までに基づく施設の使用制限の要請、指示等を行うにあたっては、特定都道府県は、国に協議の上、必要に応じ専門家の意見も聞きつつ、外出の自粛等の協力の要請の効果を見極めた上で行うものとする」。

ここに引用された特措法の条文は、具体的には次のように定めるものであったが、同法の基本となる規制の枠組みを知るためには、その内容を十分に理解する必要がある。

（基本的人権の尊重）

第五条　国民の自由と権利が尊重されるべきことに鑑み、新型インフルエンザ等対策を実施する場合において、国民の自由と権利に制限が加えられるときであっても、その制限は当該新型インフルエンザ等対策を実施するため必要最小限のものでなければならない。

（都道府県対策本部長の権限）

第二十四条　（一項～八項、略）

9　都道府県対策本部長は、当該都道府県の区域に係る新型インフルエンザ等対策を的確かつ迅速に実施するため必要があると認めるときは、公私の団体又は個人に対し、その区域に係る新型インフルエンザ等対策の実施に関し必要な協力の要請をすることができる。

（感染を防止するための協力要請等）

第四十五条　特定都道府県知事は、……当該特定都道府県知事が定める期間及び区域において、生活の維持に必要な場合を除きみだりに当該者の居宅又はこれに相当する場所から外出しないことその他の新型インフルエンザ等の感染の防止に必要な協力を要請することができる。

２　特定都道府県知事は、……当該特定都道府県知事が定める期間において、学校、社会福祉施設（通所又は短期間の入所により利用されるものに限る。）、興行場（略）その他の政令で定める多数の者が利用する施設を管理する者又は当該施設を使用して催物を開催する者（次項において「施設管理者等」という。）に対し、当該施設の使用の制限若しくは停止又は催物の開催の制限若しくは停止その他政令で定める措置を講ずるよう要請することができる。

３　施設管理者等が正当な理由がないのに前項の規定による要請に応じないときは、特定都道府県知事は、新型インフルエンザ等のまん延を防止し、国民の生命及び健康を保護し、並びに国民生活及び国民経済の混乱を回避するため特に必要があると認めるときに限り、当該施設管理者等に対し、当該要請に係る措置を講ずべきことを指示することができる。

4　特定都道府県知事は、第二項の規定による要請又は前項の規定による指示をしたときは、遅滞なく、その旨を公表しなければならない。

「罰則を伴う外出禁止の措置や都市間の交通の遮断等、諸外国で行われている『ロックダウン』（都市封鎖）のような施策」（基本的対処方針）は、そこでは想定されていない。それが現実である以上、そうした施策が必要となる前に感染症のまん延を食い止める以外にない。国民の理解と協力がなければ、到底乗り越えることができない。そのような国難に、わが国は直面したのである（注：その後、四月十六日には、緊急事態宣言の対象区域が全都道府県に拡大され、紆余曲折を経て解除宣言のあった五月二十五日まで継続した）。

法改正の余地ある現行特措法

要請や指示にとどまる限り、違反行為に刑事罰を科すことはできない。こう考える向きもあろうが、少なくとも指示について、このようにいうことは、早計にすぎる。

例えば、職業安定法は、三十七条二項で、厚生労働大臣が委託募集の許可を行うに当たって、「労働者の募集を行おうとする者に対し、募集時期、募集人員、募集地域その他募集方法に関し必要な指示をすることができる」と規定するとともに、六十五条五号において、「第三十七条の規定による……指示に従わなかつた者」を「六月以下の懲役又は三十万円以下の罰金に処する」と定めている。

また、この職業安定法三十七条二項の規定を準用する数多くの法律（職業能力開発促進法を含む九法）にも、これと同様の罰則規定が置かれている。

確かに、委託募集の許可制自体がいささか浮き世離れした規制（拙著『労働市場改革のミッション』（東洋経済新報社、平成二十三年）第四章「時代錯誤の募集規制――職業安定法改正の意義と限界」を参照）であり、罰則を伴う「指示」規定についても、その実効性には多分に疑わしいものがある。

とはいえ、厚生労働大臣の「指示に従わなかった」というだけで、懲役刑を科すこともできる。そんな法律が現に存在している、というだけでも注目に値する。

他方、刑事罰を科すことに抵抗がある、というのであれば、行政罰である過料に処す、という方法もある。行政の指示に従わないことを理由とする罰則としては、行政罰のほうがよりふさわしいとも考えられる。

在宅命令（Stay Home Order）という言葉が象徴しているように、強制力のある命令でなければ従わない、という社会にも問題はあろうが、現行特措法にも改正の余地はある。その可能性まで否定すべきではない。

（令和二年五月十一日）

第三六話　法令を読み解く（3）

特措法の構造とその運用

枝番の付いた規定もなければ、削除された規定もない。制定以来、八年が経過したにもかかわらず、本文に関する限り、ほぼ原型が維持されている。「新型インフルエンザ等対策特別措置法」（平成二十四年法律第三十一号、特措法）については、このような特徴を指摘することができる。

「結論から申し上げますと、いわゆる学校だとか興行場等の使用の制限等に関する措置については、事業活動に内在する社会的制約であると考えられることから、公的な補償は考えておりません。

学校、興行場等の施設の使用が新型インフルエンザ等の大規模な蔓延の原因となるということから、制限が実施をされるということ。それから、本来、危険な営業行為等は自粛されるべきものであるというふうに考えられるということ。それから、新型インフルエンザ等緊急事態宣言中に潜伏期間等を考慮してなされるものであって、その期間は一時的であるということ。最後に、学校、興行場等の使用制限の指示を受けた者は、法的な義務を負いますけれども、罰則による担保等によって強制的に使用を中止させるものではないということ。こんなことから、権利の制約の内容は限定的であるというふうに考えまして、先ほどのような結論に達しています」。

このように国会（平成二十四年三月二十三日、衆議院内閣委員会）で答弁したのは、現・立憲民主党衆議院議員の中川正春内閣府特命担当大臣（当時）であった。

しかるに、附則の改正によって新たに同法の適用対象となった「新型コロナウイルス感染症」については、こうしたかつての議論をまったく無視したかのように、休業要請の段階から補償が必要との主張が、野党を中心として、疑う余地のない正論であるかのように声高に唱えられた。

しかし、客が減ったのは、休業要請のためだけではない。外国からの入国制限や外出の自粛要請によっても、顧客は大幅に減少している。事業の継続を可能にするための支援は当然必要であるが、休業要請の場合に限って補償を認めるというのは、明らかに公平性に欠ける。法改正によって仮に休業を強制することが可能になったとしても、このことに変わりはない（その意味で、先にみた大臣答弁にも問題がある）。

政府が今回行った支援が十分なものかどうかについては異論もあろうが、一時の感情によって国の政策が左右されるようなことは、極力避けなければならない。

他方、同じ日の中川大臣の答弁には、次のようなものもある。

「本法第四十五条の感染を防止するための協力要請等、これは、この実効性を高めるために、全国知事会からの要望も踏まえまして、都道府県知事に付与された権限ということになっております。当該権限は、政府対策本部長が新型インフルエンザ緊急事態宣言の対象区域に限って行うことができるという枠組みを、一つはかぶせております。

その上で、当該措置は、発生初期など、おおむね一、二週間程度を目安に講ずることが主に想定されておるんですが、具体的な適用については、政府対策本部の定める基本的対処方針において統一的な方針を事前に定めるということを想定しておりまして、同方針の作成に際して、できる限り内容等を明確にしていくということにしていきます。

要請または指示をしたときに、利用者のため、事前に広く周知を行うということが重要でありますので、当該措置をした施設等を公表することにしておりまして、当該公表を通じて利用者の合理的な行動が確保されるということを考え方の基本にしております。したがって、違反者に対する罰則は特に設けておりません」。

確かに、緊急事態措置（その意義については、**第三五話**を参照）の実施期間は、現実には「一、二週間」ではすまなかった。

また、対象となる区域も、緊急事態宣言の発出（令和二年四月七日）当初から七都府県を対象としたものとされ、その九日後（四月十六日）には全都道府県に拡大されている。

特措法は、これを素直に読む限り、市町村単位の区域指定を想定しており、このような都道府県単位の区域指定を想定した法律ではそもそもない。

特措法三十八条一項によれば、まず「特定市町村」（緊急事態措置を実施すべき区域内にある市町村）があり、その上に「特定都道府県」が「当該市町村の属する都道府県」として存在する（なお、**第三四話**の記述とは異なり、「特定市町村がその全部又は大部分の事務を行うことができなくなった」ことは、特定市町村長が特定都道府県知事に対し、緊急事態措置の代行要請を行う場合の要件としてもっぱら定められたものと解することも可能であり、ここではその解釈に従う）。

全国（全都道府県）を緊急事態措置の対象区域とすることなど、まったく予定していなかった。このように考えて、間違いはない。

こうして特定都道府県知事は、全都道府県の知事を意味することになったが、特定都道府県知事の文字は、改正後の基本的対処方針からも消えることはなかった。

なお、新聞等でも報道された「特定警戒都道府県」（七都府県に、北海道や京都府を含む六道府県を加えた一三都道府県を指す）という概念は、右の基本的対処方針には登場するものの、特措法にはない概念である。

こうした特措法の予定してない、臨機応変ともいうべき法の運用も、非常時なればこそ必要になるということができよう。

感染症法によるコロナ対策

伝染病予防法（明治三十年法律第三十六号）ほか二法を廃止することによって、制定をみた法律に、「感染症の予防及び感染症の患者に対する医療に関する法律」（平成十年法律第百十四号、感染症法）がある。

「人類は、これまで、疾病、とりわけ感染症により、多大の苦難を経験してきた。ペスト、痘そう、コレラ等の感染症の流行は、時には文明を存亡の危機に追いやり、感染症を根絶することは、正に人類の悲願と言えるものである。

医学医療の進歩や衛生水準の著しい向上により、多くの感染症が克服されてきたが、新たな感染症の出現や既知の感染症の再興により、また、国際交流の進展等に伴い、感染症は、新たな形で、今なお人類に脅威を与えている」。

前文のある法律自体がわが国ではきわめて珍しい（三〇件にも満たない）が、感染症法には、このように冒頭で述べる前文が付されている。

令和二年政令第十一号およびその施行期日を前倒しすることを内容とする政令第二十二号により、同年二月一日を以て、「新型コロナウイルス感染症（病原体がベータコロナウイルス属のコロナウイルス（令和二年一月に、中華人民共和国から世界保健機関に対して、人に伝染する能力を有することが新たに報告されたものに限る。）であるものに限る。）」は、感染症法六条八項に規定する指定感染症とされる。

　また、その後、三月二十七日には、同法に定める以下の規定が、政令第六十号により、準用規定に追加されることになる。

（交通の制限又は遮断）

第三十三条　都道府県知事は、一類感染症のまん延を防止するため緊急の必要があると認める場合であって、消毒により難いときは、政令で定める基準に従い、七十二時間以内の期間を定めて、当該感染症の患者がいる場所その他当該感染症の病原体に汚染され、又は汚染された疑いがある場所の交通を制限し、又は遮断することができる。

　同条違反については、刑事罰（五〇万円以下の罰金、七十七条五号）が科されるとはいえ、期間も日数に換算して三日以内に限定されており、いわゆるロックダウン（都市封鎖）とは本質的に異なる。このような点にも留意する必要があろう。

（令和二年五月二十五日）

第三七話　法令を読み解く（４）

特措法上の公表制度とその性格

男女雇用機会均等法（雇用の分野における男女の均等な機会及び待遇の確保等に関する法律）は、二十九条一項で「厚生労働大臣は、この法律の施行に関し必要があると認めるときは、事業主に対して、報告を求め、又は助言、指導若しくは勧告をすることができる」と規定するとともに、本条に続く三十条で次のように定めている。

（公表）

第三十条　厚生労働大臣は、第五条から第七条まで、第九条第一項から第三項まで、第十一条第一項、第十一条の二第一項、第十二条及び第十三条第一項の規定に違反している事業主に対し、前条第一項の規定による勧告をした場合において、その勧告を受けた者がこれに従わなかつたときは、その旨を公表することができる。

都道府県労働局長が紛争解決の援助として行う助言・指導に続く勧告については、こうした仕組みは採用されていない（男女雇用機会均等法十七条を参照）ものの、厚生労働大臣の勧告に従わなかったときに「その旨を公表することができる」と規定した労働関係の法律は、ほかにも数多く存在する。

例えば、高年齢者雇用安定法（高年齢者等の雇用の安定等に関する法律）十条三項、育児・介護休業法（育児休業、介護休業等育児又は家族介護を行う労働者の福祉に関する法律）五十六条の二、パート・有期雇用労働法（短時間労働者及び有期雇用労働者の雇用管理の改善等に関する法律）十八条二項（ちなみに、同条三項は、大臣権限の都道府県労働局長への委任についても、明文の規定を以て定める）は、その典型といってよい。

社名の公表といった直接的な表現こそみられないとはいえ、これらの公表規定がある種の社会的制裁を目的としていることはいうまでもない。

他方、公表規定の目的が文字どおり情報の公表・周知にある場合、遅滞なく「その旨を公表しなければならない」といった文言が、そこでは使用されることになる。

つまり、公表は権限ではなく、義務として定められる。例えば、特措法（新型インフルエンザ等対策特別措置法）にも、次のように定める規定がある。

（運航の制限の要請等）

第三十条　（１・２項　略）

３　政府対策本部長は、前項の規定による要請（注：特定船舶等の来航制限の要請）をしたときは、遅滞なく、その旨を公表しなければならない。

（感染を防止するための協力要請等）

第四十五条　（1～3項　略）

4　特定都道府県知事は、第二項の規定による要請（注：施設管理者等に対する興行場等の施設の使用制限等の要請）又は前項の規定による指示（注：施設管理者等が第二項の要請に応じなかった場合に発せられる指示）をしたときは、遅滞なく、その旨を公表しなければならない。

これらの公表規定が事業者や施設管理者等の社会的制裁を目的としたものでないことは、四十五条四項が要請と指示のいずれの場合においても、等しくその公表を義務づけていることからも明白である。

確かに、令和二年四月二十三日に内閣官房新型コロナウイルス感染症対策推進室長名で各都道府県知事宛に発出された事務連絡「第四十五条の規定に基づく要請、指示及び公表について」（マスコミのいう「ガイドライン（指針）」）は、以下のように施設名等の公表に至る手順を説明する。

「第一段階として特措法第二十四条第九項の規定に基づく協力の要請を業種や類型毎に行ったのち、それに正当な理由がないにもかかわらず応じない場合に、第二段階として特措法第四十五条第二項の規定に基づく要請、次いで同条第三項の規定に基づく指示を個別の施設の管理者等に対して行い、その対象となった個別の施設名等を公表する」。

また、この事務連絡は、次のように述べるものでもあった。

「特措法第四十五条第二項の規定に基づく要請は、行政手続法（平成五年法律第八十八号。以下『行手法』という。）第二条第一項第六号の行政指導、特措法第四十五条第三項の規定に基づく指示は、行手法第二条第一項第四号の不利益処分に該当すると考えられ、それぞれ行手法の規定に従うものとする。

そのうえで、特措法第四十五条第二項の規定に基づく要請を行うためには、実地調査により特措法第二十四条第九項の規定に基づく要請に従っていないことが認められること、また、その事実等を対象となる施設に通知（以下『事前通知』という。）してから一定期間を経過した日（注：事前通知を行った日の翌日を基本とする）以降においても、なお同一の結果が認められること、が求められる」。

とはいえ、緊急事態のさなかに、行政法の講義をされても困る。現場にとっては、それが正直な感想であったに違いない。

なお、新型コロナウイルス感染症については、同感染症を「指定感染症として定める等の政令」（令和二年三月二十六日政令第六十号による改正後のもの）により、以下のように規定する感染症法（感染症の予防及び感染症の患者に対する医療に関する法律）四十四条の二第一項および第二項が、傍線部のように読み替えられた上、これが準用されることになった。

（新型コロナウイルス感染症について実施する措置等に関する情報の公表）
第四十四条の二　厚生労働大臣は、新型コロナウイルス感染症について、第十六条の規定による情報の公表を行うほか、病原体であるウイルスの検査方法、症状、診断及び治療並びに感染の防止の方法、この法律の規定により実施する措置その他の当該感染症の発生の予防又はそのまん延の防止に必要な情報を新聞、放送、インターネットその他適切な方法により逐次公表しなければならない。

2　前項の情報を公表するに当たっては、個人情報の保護に留意しなければならない。

だが、「厚生労働大臣は、第一項の規定により情報を公表した感染症について、国民の大部分が当該感染症に対する免疫を獲得したこと等により新型インフルエンザ等感染症と認められなくなったときは、速やかに、その旨を公表しなければならない」と定める同条第三項は準用されなかった（新型コロナウイルス感染症は、そもそも感染症法にいう新型インフルエンザ等感染症ではないことにも注意）。その理由は判然としないが、こうした点にも留意する必要があろう。

補　統計からわかる日本の奮闘

「感染者や死亡者は、諸外国に比べ、一桁も二桁も少ない。わが国の人口は、世界全体の約一・六％。感染者の割合（〇・四％台）や死亡者の割合（〇・一％台）は、この人口比を大幅に下回っている」。

令和二年四月二十日、筆者は、ネット配信のアドバンスニュース（スペシャルコンテンツ欄）に、このような文章で始まる記事「新型コロナとの闘い――データが示す、頑張るニッポン」を寄稿した（**第二部第六章**を参照）。

死亡者の割合は、五月三日以降、〇・二%台を記録するようになったが、右にみた状況に大きな変化はみられなかった。

例えば、緊急事態宣言の延長が決まった五月四日現在、欧米諸国とわが国における新型コロナウイルス感染症の死亡率（人口一〇万人当たりの死亡者数）は、次のような状況にあった（死亡者数は厚生労働省の発表資料、人口は総務省統計局『世界の統計二〇二〇』によって、死亡率を算出）。

スペイン　五四・一　　イタリア　四七・七　　イギリス　四二・一
フランス　三八・二　　アメリカ　二〇・六　　ドイツ　八・二
日　本　〇・四

季節性インフルエンザの死亡率（二・七、平成三十年／厚生労働省「人口動態統計」）と比べても、現状はこれを下回っている。新型コロナとの闘いにおける日本の奮闘ぶりは、このような統計にも表れているといえよう。

（令和二年六月八日）

第三八話　法令を読み解く（5）

国公法に定める勤務延長規定

国家公務員法（国公法）八十一条の三は、現在、次のように規定している。

（定年による退職の特例）

第八十一条の三　任命権者は、定年に達した職員が前条第一項の規定により退職すべきこととなる場合において、その職員の職務の特殊性又はその職員の職務の遂行上の特別の事情からみてその退職により公務の運営に著しい支障が生ずると認められる十分な理由があるときは、同項の規定にかかわらず、その職員に係る定年退職日の翌日から起算して一年を超えない範囲内で期限を定め、その職員を当該職務に従事させるため引き続いて勤務させることができる。

②　任命権者は、前項の期限又はこの項の規定により延長された期限が到来する場合において、前項の事由が引き続き存すると認められる十分な理由があるときは、人事院の承認を得て、一年を超えない範囲内で期限を延長することができる。ただし、その期限は、

その職員に係る定年退職日の翌日から起算して三年を超えることができない。

一項にいう前条とは、「定年による退職」について定めた八十一条の二を指す。

これらの規定は、国家公務員に対する定年制の導入を主眼とした昭和五十六年の国公法第八次改正によって新設された規定であり、施行日である昭和六十年三月三十一日以来、その内容は一字一句変わっていない。

国公法八十一条の三は、定年延長の規定として報道されることもしばしばあるが、定年退職の特例として、勤務延長を認めた規定というのがより正確である。

国家公務員の場合、民間企業でいう再雇用に相当するものとして再任用があり（当初は八十一条の四のみ。後に短時間勤務の官職への再任用について八十一条の五で規定）、官民に共通するものとして、勤務延長がある。

勤務延長制度とは「定年年齢が設定されたまま、その定年年齢に到達した者を退職させることなく引き続き雇用する制度」をいう。官庁統計では、こうした定義を行った上で、その現状が調査されることもある。

例えば、厚生労働省「就労条件総合調査」によると、平成二十九年一月現在、一律定年制を定めている企業において勤務延長制度がある（再雇用制度との併用を含む）と答えた企業は二〇・八％。人事院「公務員白書」によると、平成三十年度に勤務延長により勤務した職員は九九〇人（うち期限延長者一九人、再延長者七人）となっている。

他方、一般職の国家公務員でもある検察官の場合、検察庁法は、二十二条で「検事総長は、年齢が六十五年に達した時に、その他の検察官は年齢が六十三年に達した時に退官する」とのみ規定しており、同法に勤務延長について定めた規定は存在しない。

そして、国公法八十一条の二第一項が「法律に別段の定めのある場合を除き」と定め、八十一条の三第一項が先にみたように「前条第一項の規定により退職すべきこととなる場合」をその対象としていることを理由として、検察官には、そもそも定年の特例として勤務延長が認められないとする見解もある。

しかし、定年の定めが既にあった検察官について、国公法八十一条の二に規定する定年の定め（六〇歳定年を原則とするが、六五歳を上限とする定年の設定も可能とするものとなっている。同条二項を参照）の適用がないことは当然として、勤務延長の制度まで検察官には認める必要がないと決めつけることは、いささか乱暴にすぎる。

野党がしばしば傍証として挙げる昭和五十六年の国公法改正当時の国会答弁も、以下にみる、同年四月二十八日の衆議院内閣委員会における斧誠之助人事院事務総局任用局長の答弁のように、基本的には右の当然の事理を確認したものにとどまっている。

○斧政府委員　検察官と［国立大学の］大学教官につきましては、現在すでに定年が定められておりまず。今回の法案では、別に法律で定められておる者を除き、こういうことになっておりますので、今回の定年制は適用されないことになっております。

令和二年一月三十一日に閣議決定された東京高検検事長の勤務延長が、国公法八十一条の三第一項を根拠規定とするものであり、仮にこれが政府による従前の法解釈の変更によって実現したものである（このこと自体は、政府も否定していない）としても、この程度の法解釈の「変更」は、恣意的な運用を伴うものでない限り、当然許容されてよい。

ちなみに、勤務延長の対象となった東京高検検事長（後に「スキャンダル」報道により辞任）も、当時の検事総長も、ともに法務大臣官房長や法務事務次官といった法務官僚としての経歴を有する。だとすれば、検察官を一般の行政官と区別することのほうがむしろ難しい。国公法の解釈に当たっては、そうした現実にも目を向ける必要があろう。

勤務延長規定の改正と検察官

国公法八十一条の三は、次のように定める八十一条の七にその姿を変える。第二〇一回国会に提出された「国家公務員法等の一部を改正する法律案」は、こうした見直しを含む国公法の改正を予定していた（傍線は筆者による）。

（定年による退職の特例）

第八十一条の七　任命権者は、定年に達した職員が前条第一項の規定により退職すべきこととなる場合において、次に掲げる事由があると認めるときは、同項の規定にかかわらず、当該職員に係る定年退職日の翌日から起算して一年を超えない範囲内で期限を定め、当該職員を当該定年退職日において従事している職務に従事させるため、引き続き勤務させることができる。（ただし書［その職員が役職定年の延長を認められた職員である場合の規定］、略）

一　前条第一項の規定により退職すべきこととなる職員の職務の遂行上の特別の事情を勘案して、当該職員の退職により公務の運営に著しい支障が生ずると認められる事由として人事院規則で定める事由

二　略

②　任命権者は、前項の期限又はこの項の規定により延長された期限が到来する場合において、前項各号に掲げる事由が引き続きあると認めるときは、人事院の承認を得て、これらの期限の翌日から起算して一年を超えない範囲内で期限を延長することができる。ただし、当該期限は、当該職員に係る定年退職日（略）の翌日から起算して三年を超えることができない。

③　略

国公法の改正と同時に行われる検察庁法の改正は、二十二条二項で「検事総長、次長検事又は検事長に対する国家公務員法第八十一条の七の規定の適用」について定めるものであったが、読み替え後の八十一条の七の規定（傍線部が読み替え部分）は、国公法の規定内容をほぼ踏襲することを想定していた。

すなわち、検事総長や検事長の場合、任命権者は、検察庁法十五条一項により、内閣となる。そこで、国公法八十一条の七第一項一号の「人事院規則で」は「内閣が」と、二項の「人事院の承認を得て」は「内閣の定めるところにより」と読み替え、一項二号はその適用が除外されたため、二項の「前項各号」は「前項第一号」と読み替える。そのような最小限の読み替えを行うことが、そこでは予定されていた。

以上を要するに、国公法と検察庁法とでは、条文の内容に差異があるといっても、その程度のものでしかなかった（なお、検事正以下の検事については、任命権者の違いを反映して、検察庁法二十二条三項に同様の読み替え規定が設けられる）のである。

確かに、検察庁法の改正が検察官について他の国家公務員とは異なる取扱いを認めるというのであれば、検察庁法の改正にのみ反対するというのもわかる。

だが、法案を読む限り、国公法と検察庁法の改正内容に大きな違いはない。そうであれば、なぜ検察庁法の改正にだけノーというのか。双方の改正内容を比較対照して考える。新型コロナによる経済環境の激変もあって、改正法案自体が廃案になったとはいえ、本来はそうした検討を行った上で、議論する必要があったのではないか。

（令和二年六月二十二日）

第三九話　法令を読み解く（6）

検察官の俸給減額と法改正

昭和二十二年四月十六日公布。同年五月三日（日本国憲法施行の日）施行。ともに帝国議会において制定をみた裁判所法と検察庁法には、このように、同日公布・同日施行という共通点がある（裁判所法施行法も、この点については同じ）。

もともと、判事と検事は、日本国憲法が施行される前の裁判所構成法（明治二十三年二月十日公布。同年十一月一日施行）のもとでは、並列的に扱われていた（「裁判所及検事局ノ官吏」について定めた同法第二編を参照。なお、同法六条は「各裁判所ニ検事局ヲ附置ス」と規定していた）。

日本国憲法の施行後、裁判所法と検察庁法に分かれたとはいっても、法律の内容までが極端に相違するものとなったわけではない。

例えば、裁判所法（四十八条）および検察庁法（二十五条）には、それぞれ次のように定める規定がある。

第四十八条（身分の保障）　裁判官は、公の弾劾又は国民の審査に関する法律による場合及び別に法律で定めるところにより心身の故障のために職務を執ることができないと裁判された場合を除いては、その意思に反して、免官、転官、転所、職務の停止又は報酬の減額をされることはない。

第二十五条　検察官は、前三条の場合を除いては、その意思に反して、その官を失い、職務を停止され、又は俸給を減額されることはない。但し、懲戒処分による場合は、この限りでない。

なるほど、裁判所法の条文には見出しが付いている（見出しの付け方は、労働基準法とは違い、旧教育基本法に始まる方式を採用。詳しくは、拙著『労働法とその周辺――神は細部に宿り給ふ』（アドバンスニュース出版、平成二十八年）六六頁以下を参照）のに対して、検察庁法の条文には見出しがない。

しかし、これらの条文を一読すればわかるように、裁判官も検察官も懲戒処分による場合（なお、裁判官の懲戒については、裁判所法四十九条に定めがある）を除き、任官中は報酬や俸給（その意味は同じ。特別職である裁判官の報酬は、裁判所法五十一条に基づき、「裁判官の報酬等に関する法律」（裁判官報酬法）により、一般職である検察官の俸給は、検察庁法二十一条に基づき、「検察官の俸給等に関する法律」（検察官俸給法）により、その額等が決まる）を減額されることはない。

見出しの有無といった些細な違いは別として、裁判官と検察官の間で共通するこうした在任中の給与保障（ただし、個々人の事情によるのではなく、「一般職の職員の給与に関する法律」（給与法）の改正に連動して、裁判官報酬法や検察官俸給法を改正し、裁判官の報酬や検察官の俸給を全体として減額改定するようなことは、平成二十四年四月一日から同二十六年三月三十一日までの二年間にわたって実施された〝臨時特例〟を含め、これまでも当然のように行われてきた。詳細については、拙著『法人職員・公務員のための労働法**72話**』（ジアース教育新社、平成二十七年）一二〇頁以下を参照）という事実にこそ、より注目する必要がある。

このような給与保障に加えて、「心身の故障、職務上の非能率その他の事由に因りその職務を執るに適しないとき」の免官についても、検察官適格審査会の議決を経ることが要件とされる（検察庁法二十三条）など、検察官は一定の身分保障を受ける（なお、同法二十五条にいう「前三条」に含まれる二十二条は定年退官規定、二十四条は後述する剰員の際の「待命」規定を指す）。

検察官の場合、**第三八話**でみたように、国家公務員法に定める勤務延長規定（八十一条の三）が適用されるのであれば、なぜ再任用規定（八十一条の四、八十一条の五）は同様に適用されないのか。そんな疑問もあろうが、前述した給与保障規定に照らせば、俸給の減額を伴う再任用の規定を検察官に適用する余地はないということになる。

検察官俸給法には、給与法とは違い、再任用を前提とした規定＝俸給表がないことからみても、そう解する以外にない。少なくとも従来は、こう解釈されてきたといってよく、そこに恣意的な法の解釈・運用があったとは思えない。

だが、その一方で、第二〇一回国会に提出された「国家公務員法等の一部を改正する法律案」では、次のような附則を検察官俸給法に設けることが予定されていた。

第五条　検事及び副検事の俸給月額は、当分の間、その者の年齢が六十三年に達した日の翌日以後、第三条第一項の規定によりその者の受ける号に応じた俸給月額に百分の七十を乗じて得た額（略）とする。

２・３　略

第六条　前条第一項の規定の適用を受ける検察官に対する検察庁法第二十五条及び国家公務員法第八十九条第一項の規定の適用については、検察庁法第二十五条中「前三条」とあるのは「前三条又は検察官の俸給等に関する法律附則第五条第一項」と、同項中「伴う降給」とあるのは「伴う降給及び検察官の俸給等に関する法律附則第五条第一項の規定による降給」とする。

２　略

つまり、検察官の定年延長（現行定年は、六五歳の検事総長を除き、六三歳。検察庁法二十二条）に伴い、定年延長後の俸給月額については、給与法改正（改正後の給与法附則第八項を参照）に準ずる形で、当分の間、これを従前の七割とする。新設規定（附則）の内容を要約すると、このようになる。

他方、改正後の国家公務員法八十九条一項に規定する「降給」は、「他の官職への降任等に伴う降給を除く」ものとなるが、検察官俸給法附則五条一項の適用を受ける検察官に対して同項を適用する場合には、この「降給」を限定するための文言が「他の官職への降任等に伴う降給及び検察官の俸給等に関する法律附則第五条第一項の規定による降給を除く」と、読み替えられる。

ちなみに、裁判官については、現行定年が既に六五歳（最高裁判所および簡易裁判所の裁判官は七〇歳、裁判所法五十条）となっており、この定年年齢を更に延長することまでは予定されていない（それゆえ、報酬が減額されることもない）。

法改正の是非を議論するに当たっては、このような具体的な改正内容にも十分留意する必要があろう。

検察庁法と見直しの方向

検察庁法には、現在、以下のように定める規定も存在する。

第二十四条　検事長、検事又は副検事が検察庁の廃止その他の事由に因り剰員となつたときは、法務大臣は、その検事長、検事又は副検事に俸給の半額を給して欠位を待たせることができる。

一種の待命規定であるが、検察官俸給法は四条で、「検察庁法第二十四条の規定により欠位を待つことを命ぜられた検察官には、引き続き扶養手当、地域手当、広域異動手当、住居手当、期末手当及び寒冷地手当を支給する」とも規定している。

待命とはいっても、外務公務員法十二条に規定する大使や公使の待命はもとより、吉田茂内閣のもとで大規模に実施された臨時待命（詳細は、拙著『法人職員・公務員のための労働法　判例編』（ジアース教育新社、平成三十年）五七頁以下を参照）とも異なる。

検察庁法二十四条等の規定は、もはやその意義を失ったとも考えられるが、同法を改正する際には、こうした現実味に欠ける規定の見直しについても検討すべきであろう。

なお、現行検察庁法の附則は、本則からの連番という形で、その定めが置かれている。だが、先に言及した「国家公務員法等の一部を改正する法律案」が成立すれば、他の多くの法律と同様に、第一条から始まる附則に姿を変える。連番方式をいまだに採用している労働基準法についても、その見直しを考える時機が到来したといえるかもしれない。

（令和二年七月十三日）

第四〇話　法令を読み解く（7）

第二〇一回国会を終えて

いわゆる通常国会を意味する法令用語に、「常会」がある。「国会の常会は、毎年一回これを召集する」。日本国憲法五十二条は、このように規定し、憲法施行の日（昭和二十二年五月三日）に施行された国会法は、その制定以来、十条で「常会の会期は、百五十日間とする」と定めている。

令和二年六月十七日、同年一月二十日に召集された第二〇一回国会（常会）も、この国会法の定めに従い、会期延長をみることなく終了した（ちなみに、平成三年の同法改正により一月に召集されることとなった翌四年の常会から数えて、この間に合計二九回の常会が召集されているが、うち一五回は、延長も短縮（解散による）もされずに、一五〇日間の会期でその幕を閉じている）。

第二〇一回国会において成立した内閣提出法案（閣法）は、五六本（第二〇〇回国会で継続審議となった法案一本を含む）。内閣提出法案全体（六〇本）に占める割合（成立率）

は、九三・三％であった。

このような内閣提出法案の成立状況は、他の常会と比べても、大差のないものとなっている。例えば、第二次安倍晋三内閣発足以降の常会（一五〇日間の会期で終了したものに限る）における閣法の成立率は、次のような推移をたどっている。

○　平成二十五年　（第一八三回国会）　八四・〇％
○　平成二十六年　（第一八六回国会）　九六・五％
○　平成二十八年　（第一九〇回国会）　八三・一％
○　平成二十九年　（第一九三回国会）　九一・七％
○　平成三十一年・令和元年　（第一九八回国会）　九四・八％

第二〇一回国会の場合、新型コロナ対策の一環として、令和二年度分だけでも、本予算に続き、補正予算を二度にわたり立て続けに組まざるを得なかったことを考えると、まずまずの成績ということができよう。

議院内閣制を採用するわが国においては、国会で成立をみる法案の大半は内閣提出法案によって占められ、議員立法（衆法、参法）は少数にとどまる。

しかし、議員立法のなかにも注目に値するものはある。第二〇一回国会でいえば、令和二年四月二十七日に衆議院議院運営委員長によって提出され（衆法第八号）、同日、審査を省略して全会一致をもって可決された「国会議員の歳費、旅費及び手当等に関する法律の一部を改正する法律案」が、その一つに数えられる。

「議長、副議長及び議員の歳費の月額は、国会法第三十五条の規定にかかわらず、令和三年四月三十日までの間は、歳費月額に百分の八十を乗じて得た額とする」。このように定める一項を「国会議員の歳費、旅費及び手当等に関する法律」の附則に加える（項番号のない第十七項として追加）ことを内容とするものであるが、国会法三十五条が「議員は、一般職の国家公務員の最高の給与額（地域手当等の手当を除く。）より少なくない歳費を受ける」と規定していることなど、こんな機会でもなければ、知るよしもない。

第二〇一回国会の閉会に当たって、新聞等の報道機関は、検察庁法の改正を含む「国家公務員法等の一部を改正する法律案」が審議未了・廃案となったことを大きく取り上げた。だが、改正内容がほぼ共通する「地方公務員法の一部を改正する法律案」が継続審議扱いとなったことからみても、廃案とはいえ、白紙撤回されたわけではないことにも注意する必要がある。

検察庁法の改正にしても、国家公務員法の改正をベースとしており、双方の間に大きな違いはない（この点につき、**第三八話**および**第三九話**を参照）。法案の再提出が見込まれる秋の臨時会（臨時国会）では、こうした点にも留意した冷静な議論が必要となろう。

他方、第二〇一回国会に厚生労働省が「提出」した法律案は、五本（すべて成立）。うち三本を労働関係法案が占めた。

「労働基準法の一部を改正する法律案」、「雇用保険法等の一部を改正する法律案」および「新型コロナウイルス感染症等の影響に対応するための雇用保険法の臨時特例等に関する法律案」がそれであるが、以下では、これまで言及したことのない、最後の臨時特例法案について少し触れておきたい（前二者に関しては、**第三二話**および**第三三話**を参照）。

法案提出時に示された「概要」によれば、その趣旨は、基本手当の給付日数を延長し、雇用保険の安定的な財政運営の確保を図ることに加え、以下の内容からなる「休業手当を受けることができない労働者に関する新たな給付制度」を設けることにあった（傍線も、原文にあったもの）。

① 新型コロナウイルス感染症等の影響により事業主が休業させ、休業期間中に休業手当を受けることができなかった被保険者に対し、新型コロナウイルス感染症対応休業支援金を支給する事業を実施できる。

(注) 中小企業の被保険者に対し休業前賃金の八〇％（月額上限三三万円）を休業実績に応じて支給。

② 雇用保険の被保険者でない労働者についても、①に準じて給付金を支給する事業を実施できる。

③ ①及び②の給付金について、公租公課や差押え禁止及び調査、報告に関する規定の整備等の規定を整備する。

とはいえ、①にいう「新型コロナウイルス感染症対応休業支援金」は、この臨時特例法に登場する法令用語であるにもかかわらず、同法には、これを定義した規定がない。その意味は、①の注記部分を含め、臨時特例法の施行規則によって初めて明らかになる。法令のスタイルとしては、多少とも違和感をいだかざるを得ない。

雇用保険法六十二条に規定する雇用安定事業を代表する「雇用調整助成金」ですら、従来は、法律そのものではなく、同法の施行規則（百二条の二、百二条の三）に定めを置くものでしかなかった。

だとすれば、雇用安定事業の特例として位置づけられるにとどまる「新型コロナウイルス感染症対応休業支援金」も、せめて「厚生労働省令で定める支援金」とすべきだったのではないか。

重要なのは法令の中身であって、形式ではない。そんな見方もあろうが、法形式にも、もう少し注意を払うべきであろう（この点につき、**第二部第二章**を併せ参照）。

再論　補償規定は必要か

「新型コロナ特措法、三四府県知事『改正必要』」。令和二年六月二十二日付け朝日新聞朝刊は、このような見出しのもと、「具体的な改正内容（複数回答可）として最も多かったのは、二六知事が挙げた『休業要請・指示に対する補償規定』だった」と報じた。

しかし、**第三六話**でも述べたように、「客が減ったのは、休業要請のためだけではない。外国からの入国制限や外出の自粛要請によっても、顧客は大幅に減少している。事業の継続を可能にするための支援は当然必要であるが、休業要請の場合に限って補償を認めるというのは、明らかに公平性に欠ける」。

例えば、今回、入国制限（上陸拒否）は、出入国管理及び難民認定法五条一項一号に定める指定感染症の患者等を対象としたものでは足りず、「法務大臣において日本国の利益又は公安を害する行為を行うおそれがあると認めるに足りる相当の理由がある者」を対象とする同項十四号を根拠として行われたというが、入国制限により業績が悪化する企業に対しては補償が必要といった議論はまったくなかった。感染症の拡大を防止し、国民の生命と健康を守ることが最も優先されるべき国益であり、入国制限がそのための措置であることを考えれば、当然である。

Ask not what your country can do for you; ask what you can do for your country.

国と時代は異なるものの、ケネディ大統領の就任演説（一九六一年一月二十日）にある、この言葉を今こそ復唱する必要があろう。

（令和二年七月二十七日）

第二部 思索編

—6 Articles

第一章　パート・有期雇用労働法とその問題点

一　はじめに

平成三十年法律第七十一号（注１）。その正式名称を「働き方改革を推進するための関係法律の整備に関する法律」（働き方改革関連法）という。

働き方改革関連法の本則は、以下にみるように全体で八条からなり、計八本の法律が、この本則によって改正されることになった（注２）。

第一条　労働基準法（労基法）の一部改正

第二条　じん肺法の一部改正

第三条　雇用対策法の一部改正

※　労働施策の総合的な推進並びに労働者の雇用の安定及び職業生活の充実等に関する法律（労働施策総合推進法）に題名変更

第四条　労働安全衛生法（労安衛法）の一部改正

第五条　労働者派遣事業の適正な運営の確保及び派遣労働者の保護等に関する法律（労働者派遣法）の一部改正

第六条　労働時間等の設定の改善に関する特別措置法（労働時間等設定改善法）の一部改正

第七条　短時間労働者の雇用管理の改善等に関する法律（パートタイム労働法）の一部改正

※　短時間労働者及び有期雇用労働者の雇用管理の改善等に関する法律（パート・有期雇用労働法）（注３）に題名変更

第八条　労働契約法の一部改正

働き方改革関連法の二本柱は、右の第一条を中心とする長時間労働の抑制のほか、第七条が主な根拠規定となる同一労働同一賃金の実現にある。

本章は、このうち、同一労働同一賃金の問題に焦点を当て、今回の法改正により新たに制定をみたともいえる、パート・有期雇用労働法の規定内容とその問題点を明らかにすることを目的とする。

労基法や労安衛法、労働時間等設定改善法の改正による長時間労働の抑制（法律上の時間外労働の上限設定、年間五日の年次有給休暇の付与の義務づけ、労働時間の客観的把握等）は重要な論点ではあるものの、本章では検討の対象としない（注４）。また、改正後の労働者派遣法に定める同一労働同一賃金関連規定についても、検討対象から除外している（注５）。以下、早速、本題に入ることにしたい。

二　パートタイム労働法からパート・有期雇用労働法へ

１　法改正に至る経緯

平成五年法律第七十六号として「短時間労働者の雇用管理の改善等に関する法律」が制定をみて以来（注６）、四半世紀。今回の法改正により、同法は、パートタイム労働者に加え、有期雇用労働者をも対象とする法律へと、その姿を一新することになった。しかし、最初から、改正法の規定内容が判然としていたわけではない。

「同一労働同一賃金の実現に向けて、我が国の雇用慣行には十分に留意しつつ、躊躇なく法改正の準備を進める。労働契約法、パートタイム労働法、労働者派遣法の的確な運用を図るため、どのような待遇差が合理的であるかまたは不合理であるかを事例等で示すガイドラインを策定する」。平成二十八年六月二日に閣議決定された「ニッポン一億総活躍プラン」はこのように述べるものであったが、厚生労働大臣の定める指針＝大臣告示という形でガイドラインを策定するためには、法律上の根拠を必要とする。

法律の解釈・運用指針を行政が定める。その根拠規定を民法の特別法というべき労働契約法に設けることには、そもそも無理がある。労働契約法には、厚生労働大臣による指針の策定について定めたパートタイム労働法十五条や労働者派遣法四十七条の五に相当する規定が存在しないことが、何よりもこのことを雄弁に物語っていた（注７）。

こうしたなか、労働政策審議会（労政審）が、平成二十九年六月十六日の建議「同一労働同一賃金に関する法整備について」のなかで、次のように述べたことから、法改正の方向性がある程度明らかになる。

「有期契約労働者については、労働契約ルールを規定する法である労働契約法に均衡待遇規定（注：同法二十条を指す）が設けられていることから、……行政による履行確保や行政ＡＤＲ（注：Alternative Dispute Resolution（裁判外紛争解決手続き）の略語）の規定がない」。「有期契約労働者についても、短時間労働者と併せてパートタイム労働法に諸規定(注:上記の均衡待遇規定やパートタイム労働法九条に相当する均等待遇規定を指す)を移行・新設することにより、行政による履行確保措置の対象とするとともに、行政ＡＤＲが利用できるようにすることが適当である」。

こうして、労政審の建議が「ガイドライン（指針）の策定根拠となる規定を設けることが適当である」とした指針の根拠規定も、パートタイム労働法に置かれることが、ここに明確にされた。

しかし、法改正の結果、パートタイム労働法が実際にどのような法律に変わるのかは、当時は皆目見当も付かなかった。以下にみるように、法改正の結果、パートタイム労働法にいう「短時間労働者」がほぼ自動的に「短時間・有期雇用労働者」と置き換えられ、有期雇用労働者に対しても同法がいわば全面適用されるようになり、指針の根拠規定までがその性格を変えてしまうとは、想像すらできなかったのである。

２　改正法の規定内容

法文中の「短時間労働者」を「短時間・有期雇用労働者」と置き換える。前述したように、今回の法改正では、このことが徹底して行われた。その結果、有期雇用労働者に対しても適用されるようになったパート・有期雇用労働法の主な規定に、以下のものがある（実務上、特に重要な意味を有すると考えられる規定に限る（注８）。改正箇所は、傍線または二重線（削除箇所）で表示。なお、改正箇所の表示は、改め文等の体裁をとる改正条文の内容に従っている。以下、三の３において同じ）。

（目的）

第一条　この法律は、我が国における少子高齢化の進展、就業構造の変化等の社会経済情勢の変化に伴い、短時間・有期雇用労働者の果たす役割の重要性が増大していることにとに鑑み、短時間・有期雇用労働者について、その適正な労働条件の確保、雇用管理の改善、通常の労働者への転換の推進、職業能力の開発及び向上等に関する措置等を講ずることにより、通常の労働者との均衡のとれた待遇の確保等を図ることを通じて短時間・有期雇用労働者がその有する能力を有効に発揮することができるようにし、もってその福祉の増進を図り、あわせて経済及び社会の発展に寄与することを目的とする。

（事業主等の責務）

第三条　事業主は、その雇用する短時間・有期雇用労働者について、その就業の実態等を考慮して、適正な労働条件の確保、教育訓練の実施、福利厚生の充実その他の雇用管理の改善及び通常の労働者への転換（短時間・有期雇用労働者が雇用される事業所において通常の労働者として雇い入れられることをいう。以下同じ。）の推進（以下「雇用管理の改善等」という。）に関する措置等を講ずることにより、通常の労働者との均衡のとれた待遇の確保等を図り、当該短時間・有期雇用労働者がその有する能力を有効に発揮することができるように努めるものとする。

２　略

（労働条件に関する文書の交付等）

第六条　事業主は、短時間・有期雇用労働者を雇い入れたときは、速やかに、当該短時間・有期雇用労働者に対して、労働条件に関する事項のうち労働基準法（略）第十五条第一項に規定する厚生労働省令で定める事項以外のものであって厚生労働省令で定めるもの（次項及び第十四条第一項において「特定事項」という。）を文書の交付その他厚生労働省令で定める方法（次項において「文書の交付等」という。）により明示しなければならない。

２　略

（就業規則の作成の手続）

第七条　事業主は、短時間労働者に係る事項について就業規則を作成し、又は変更しようとするときは、当該事業所において雇用する短時間労働者の過半数を代表すると認められるものの意見を聴くように努めるものとする。

２　前項の規定は、事業主が有期雇用労働者に係る事項について就業規則を作成し、又は変更しようとする場合について準用する。この場合において、「短時間労働者」とあるのは、「有期雇用労働者」と読み替えるものとする。

（不合理な待遇の禁止）

第八条　事業主は、その雇用する短時間・有期雇用労働者の基本給、賞与その他の待遇のそれぞれについて、当該待遇に対応する通常の労働者の待遇との間において、当該短時間・有期雇用労働者及び通常の労働者の業務の内容及び当該業務に伴う責任の程度（以下「職務の内容」という。）、当該職務の内容及び配置の変更の範囲その他の事情のうち、当該待遇の性質及び当該待遇を行う目的に照らして適切と認められるものを考慮して、不合理と認められる相違を設けてはならない。

（通常の労働者と同視すべき短時間・有期雇用労働者に対する差別的取扱いの禁止）

第九条　事業主は、職務の内容が当該事業所に雇用される通常の労働者と同一の短時間・有期雇用労働者（第十一条第一項において「職務内容同一短時間・有期雇用労働者」という。）であって、当該事業所における慣行その他の事情からみて、当該事業主との雇用関係が終了するまでの全期間において、その職務の内容及び配置が当該通常の労働者の職務の内容及び配置の変更の範囲と同一の範囲で変更されることが見込まれるもの（次条及び同項において「通常の労働者と同視すべき短時間・有期雇用労働者」という。）については、短時間・有期雇用労働者であることを理由として、基本給、賞与その他の待遇のそれぞれについて、差別的取扱いをしてはならない。

（賃金）

第十条　事業主は、通常の労働者との均衡を考慮しつつ、その雇用する短時間・有期雇用労働者（通常の労働者と同視すべき短時間・有期雇用労働者を除く。次条第二項及び第十二条において同じ。）の職務の内容、職務の成果、意欲、能力又は経験その他の就業の実態に関する事項を勘案し、その賃金（通勤手当、退職手当その他の厚生労働省令で定めるものを除く。）を決定するように努めるものとする。

（教育訓練）

第十一条　事業主は、通常の労働者に対して実施する教育訓練であって、当該通常の労働者が従事する職務の遂行に必要な能力を付与するためのものについては、職務内容同一短時間・有期雇用労働者（通常の労働者と同視すべき短時間・有期雇用労働者を除く。以下この項において同じ。）が既に当該職務に必要な能力を有している場合その他の厚生労働省令で定める場合を除き、職務内容同一短時間・有期雇用労働者に対しても、これを実施しなければならない。

2　事業主は、前項に定めるもののほか、通常の労働者との均衡を考慮しつつ、その雇用する短時間・有期雇用労働者の職務の内容、職務の成果、意欲、能力及び経験その他の就業の実態に関する事項に応じ、当該短時間・有期雇用労働者に対して教育訓練を実施するように努めるものとする。

（福利厚生施設）

第十二条　事業主は、通常の労働者に対して利用の機会を与える福利厚生施設であって、健康の保持又は業務の円滑な遂行に資するものとして厚生労働省令で定めるものについては、その雇用する短時間・有期雇用労働者に対しても、利用の機会を与えなければならない。

（通常の労働者への転換）

第十三条　事業主は、通常の労働者への転換を推進するため、その雇用する短時間・有期雇用労働者について、次の各号のいずれかの措置を講じなければならない。

一　通常の労働者の募集を行う場合において、当該募集に係る事業所に掲示すること等により、その者が従事すべき業務の内容、賃金、労働時間その他の当該募集に係る事項を当該事業所において雇用する短時間・有期雇用労働者に周知すること。

二　通常の労働者の配置を新たに行う場合において、当該配置の希望を申し出る機会を当該配置に係る事業所において雇用する短時間・有期雇用労働者に対して与えること。

三　一定の資格を有する短時間・有期雇用労働者を対象とした通常の労働者への転換のための試験制度を設けることその他の通常の労働者への転換を推進するための措置を講ずること。

（事業主が講ずる措置の内容等の説明）

第十四条　事業主は、短時間・有期雇用労働者を雇い入れたときは、速やかに、第八条から前条までの規定により措置を講ずべきこととされている事項（労働基準法第十五条第一項に規定する厚生労働省令で定める事項及び特定事項を除く。）に関し講ずることとしている措置の内容について、当該短時間・有期雇用労働者に説明しなければならない。

２　事業主は、その雇用する短時間・有期雇用労働者から求めがあったときは、当該短時間・有期雇用労働者と通常の労働者との間の待遇の相違の内容及び理由並びに第六条から前条までの規定により措置を講ずべきこととされている事項に関する決定をするに当たって考慮した事項について、当該短時間・有期雇用労働者に説明しなければならない。

３　事業主は、短時間・有期雇用労働者が前項の求めをしたことを理由として、当該短時間・有期雇用労働者に対して解雇その他不利益な取扱いをしてはならない。

（指針）

第十五条　厚生労働大臣は、第六条から前条までに定める措置その他の第三条第一項の事業主が講ずべき雇用管理の改善等に関する措置等に関し、その適切かつ有効な実施を図るために必要な指針（以下この節において「指針」という。）を定めるものとする。

２　略

このうち第七条については、一項と二項で短時間労働者と有期雇用労働者とを分けて規定するものとなっているが、「過半数を代表すると認められるもの」との意見聴取において母数となる労働者の理解に混乱が生じないようにするためのものであり、それ以上の意味はない。

他方、パートタイム労働法には、先に述べたように四半世紀に及ぶ歴史があり、その規定にもそれぞれに固有の歩みがある。そうした背景を無視ないし軽視して、一律に有期雇用労働者にまで同法の適用対象を拡大したことは、はたして妥当であったのか。また、改正規定のなかには、法改正を契機として規定内容をかなり大幅に変更したものもみられるが、その妥当性についても検証する必要がある。以下では、そのような観点から、改正法の問題点について考えてみたい。

三　パート・有期雇用労働法の問題点

１　パートタイム労働法の歩み――概観

平成十九年の法改正（二十年四月一日施行）により、パートタイム労働法は、事業主の努力義務についてわずかな規定を置くにすぎなかった法律から、「通常の労働者への転換の推進」とともに、「通常の労働者との均衡のとれた待遇の確保」を目的（一条）や事業主の責務（三条一項）として規定した法律へと変貌をとげる（注９）。

その結果、「通常の労働者への転換の推進」については、パートタイム労働者を対象とした、①通常の労働者を新たに募集する場合の周知や、②通常の労働者を新たに配置する場合の申出機会の付与、③試験制度を設けること等による通常の労働者への転換措置が、事業主の公法上の義務（注10）として義務づけられた（十二条一項、後述する平成二十六年の改正後（以下、単に「改正後」という）の十三条）ほか、「通常の労働者との均衡のとれた待遇の確保」については、「通常の労働者との均衡を考慮しつつ」、賃金を決定すること（九条一項、改正後の十条）や教育訓練を実施すること（十条二項、改正後の十一条二項）が、事業主の努力義務として規定された。

いずれもパートタイム労働法の歴史においては画期的なものであったが、事業主に対して大きな無理を強いるものとはならなかった。

また、いわゆる均等待遇規定として新設された「通常の労働者と同視すべき短時間労働者に対する差別的取扱いの禁止」規定（八条、改正後の九条）も、①職務の内容が当該事業所に雇用される通常の労働者と同一であること、②当該事業主と期間の定めのない労働契約を締結していること、および③人材活用の仕組み、運用等（注：条文にいう「職務の内容及び配置の変更の範囲」を指す）が当該事業所に雇用される通常の労働者と同一であることとの「三要件を満たす短時間労働者については、通常の労働者との間に待遇の差を設ける合理的な理由が基本的にはない」（注11）との無理のない考え方から設けられたものであり、続く平成二十六年の法改正（二十七年四月一日施行）においても、②の要件が削除されるにとどまった。

さらに、それまでパートタイム労働者を対象とした雇入通知書の普及定着を目的としていた「労働条件に関する文書の交付」に関する努力義務規定（六条一項）が、平成十九年の法改正により、特定事項（注：具体的には、パートタイム労働法施行規則二条一項に定める①昇給の有無、②退職手当の有無、③賞与の有無を指す。平成二十六年の省令改正によって、④短時間労働者の雇用管理の改善等に関する事項に係る相談窓口が追加される）に関する文書交付を事業主に義務づけた規定に変わり（注12）、パートタイム労働者の「待遇の決定に当たって考慮した事項の説明」に関する規定が新しく設けられた（十三条、改正後の十四条（事業主が講ずる措置の内容等の説明）二項、同条一項は二十六年改正により新設）のも、労働条件の明確化や透明性・納得性の確保に狙いがあり、事業主にとってさほど大きな負担となるものではなかった（注13）。

2　有期雇用労働者への適用拡大によって生じる問題

今回の法改正つまりパート・有期雇用労働法の制定は、パートタイム労働者だけではなく、有期雇用労働者に対しても、文字どおり同法が適用されることを意味しており、このことから次のような問題が生じる。

まず、六条一項の適用をどう考えるかという問題がある。この規定は、相談窓口の設置を除き、昇給や退職手当、賞与については、その有無を文書交付という形で明示することを事業主に義務づけたものにとどまり、それが「無」となる場合のあることを前提として、労働者の側にこの点につき誤解が生じないよう、労働条件の明確化の確保を図るために設けられた規定ということができる。

十四条一項が雇入れ時における説明事項から、書面明示が必要となる「労働基準法第十五条第一項に規定する厚生労働省令で定める事項及び特定事項」を除外していることも、当該規定の目的が基本的には労働条件の明確化＝透明性の確保にあることを示している。

しかるに、八条は、先にみたように「賞与その他の待遇」について、短時間・有期雇用労働者と通常の労働者との間で「不合理と認められる相違を設けてはならない」と定めるものとなっており、六条や十四条一項との矛盾（乖離）が問題になる（注14）。

こうした問題は、従前、六条一項や十四条一項のような規定とは無縁であった有期雇用労働者がその適用を受けることになって、初めて顕在化したともいえる。

さらに、十条との関係をどう考えるかという問題もある。同条は、先に述べたように、「通常の労働者との均衡を考慮しつつ」、賃金を決定することを事業主の努力義務として定めたものであるが、通勤手当については、明文の規定をもって、その対象から除外している（今回の法改正においても、この点に変化はない）。

これまでは、判例も、有期雇用労働者には、パートタイム労働法が適用されないため、同法十条の適用について考える必要がなかった（注15）。しかし、パート・有期雇用労働法が施行された暁には、「通常の労働者との均衡を考慮しつつ」、決定することを努力義務としても求められていない通勤手当について、不合理な待遇の相違を問題にすることができるのかという疑問に、正面から答えることが必要になる（注16）。

以上のほか、今回の法改正によっても労働契約法に残ることになった無期転換規定、つまり同法十八条と「通常の労働者への転換の推進」を目的としたパート・有期雇用労働法十三条との関係も問題になる。

これまでも、有期労働契約の通算契約期間が三年程度に達した段階で、登用試験を実施することにより、通常の労働者への転換を認める者と契約を更新しない者とを選別する（up or out）企業は少なくなかったと聞く。今後、パート・有期雇用労働法十三条が有期雇用労働者に対しても適用されるようになれば、こうした傾向に拍車がかかり、通算契約期間が五年を超える者を対象とする無期転換規定が有名無実化していく可能性もないではない（注17）。

パートタイム労働者の待遇改善は、漸進的に行う。それがこれまでのパートタイム労働法の一貫したスタンスであったにもかかわらず、そうした姿勢が今回の法改正には欠けている。

現行のパートタイム労働法を有期雇用労働者に対してもすべからく適用するとした場合、どうなるのか。そのような検討が事前に行われた形跡もない。

後先を考えず、有期雇用労働者への適用拡大を強引に進めた。改正法はその結果であると解して、大過はないであろう。

３　無視できない均衡・均等待遇規定の変更

労働契約法二十条をパートタイム労働法八条に統合し、パートタイム労働法九条の適用対象を有期雇用労働者にも拡大する（労働契約法については、二十一条および二十二条の規定をそれぞれ一条ずつ繰り上げる）。今回の法改正では、均衡・均等待遇規定について、このような規定改正が行われた。

ただ、先にみた法改正後の規定からもわかるように、パート・有期雇用労働法においては、他の規定以上に、これら均衡・均等待遇規定の内容が大きく変わっている。

以下、新旧対照表により、このことをまず再確認してみよう。

均衡・均等待遇規定の新旧対照表

パートタイム労働法	パート・有期雇用労働法
（短時間労働者の待遇の原則） 第八条　事業主が、その雇用する短時間労	（不合理な待遇の禁止） 第八条　事業主は、その雇用する短時間・

働者の待遇を、当該事業所に雇用される通常の労働者の待遇と相違するものとする場合においては、当該待遇の相違は、当該短時間労働者及び通常の労働者の業務の内容及び当該業務に伴う責任の程度（以下「職務の内容」という。）、当該職務の内容及び配置の変更の範囲その他の事情を考慮して、不合理と認められるものであってはならない。	（通常の労働者と同視すべき短時間労働者に対する差別的取扱いの禁止） **第九条**　事業主は、職務の内容が当該事業
有期雇用労働者の基本給、賞与その他の待遇のそれぞれについて、当該待遇に対応する通常の労働者の待遇との間において、当該短時間・有期雇用労働者及び通常の労働者の業務の内容及び当該業務に伴う責任の程度（以下「職務の内容」という。）、当該職務の内容及び配置の変更の範囲その他の事情のうち、当該待遇の性質及び当該待遇を行う目的に照らして適切と認められるものを考慮して、不合理と認められる相違を設けてはならない。	（通常の労働者と同視すべき短時間・有期雇用労働者に対する差別的取扱いの禁止） **第九条**　事業主は、職務の内容が当該事業

所に雇用される通常の労働者と同一の短時間労働者（第十一条第一項において「職務内容同一短時間労働者」という。）であって、当該事業所における慣行その他の事情からみて、当該事業主との雇用関係が終了するまでの全期間において、その職務の内容及び配置が当該通常の労働者の職務の内容及び配置の変更の範囲と同一の範囲で変更されると見込まれるもの（次条及び同項において「通常の労働者と同視すべき短時間労働者」という。）については、短時間労働者であることを理由として、賃金の決定、教育訓練の実施、福利厚生施設の利用その他の待遇について、差別的取扱いをしてはならない。
所に雇用される通常の労働者と同一の短時間・有期雇用労働者（第十一条第一項において「職務内容同一短時間・有期雇用労働者」という。）であって、当該事業所における慣行その他の事情からみて、当該事業主との雇用関係が終了するまでの全期間において、その職務の内容及び配置が当該通常の労働者の職務の内容及び配置の変更の範囲と同一の範囲で変更されることが見込まれるもの（次条及び同項において「通常の労働者と同視すべき短時間・有期雇用労働者」という。）については、短時間・有期雇用労働者であることを理由として、基本給、賞与その他の待遇のそれぞれについて、差別的取扱いをしてはならない。

また、以下のように定める現行の労働契約法二十条とパート・有期雇用労働法八条とを比較した場合、両者の違いは、一層鮮明なものとなる（ただし、法形式上、後者は前者の改正規定とはいえないため、「改正箇所」は表示していない）。つまり、下記の三点がそれである。

（期間の定めがあることによる不合理な労働条件の禁止）

第二十条　有期労働契約を締結している労働者の労働契約の内容である労働条件が、期間の定めがあることにより同一の使用者と期間の定めのない労働契約を締結している労働者の労働契約の内容である労働条件と相違する場合においては、当該労働条件の相違は、労働者の業務の内容及び当該業務に伴う責任の程度（以下この条において「職務の内容」という。）、当該職務の内容及び配置の変更の範囲その他の事情を考慮して、不合理と認められるものであってはならない。

①　パート・有期雇用労働法八条には、労働契約法二十条とは異なり、「期間の定めがあることにより」のような、労働条件（待遇）の相違との間に因果関係が存在することを要求する文言が、見出しにも条文本体にも含まれていない（注18）。

②　パート・有期雇用労働法八条では、「不合理と認められる相違」に当たるか否かを判断するに当たって、「基本給、賞与その他の待遇のそれぞれについて、当該待遇に対応する通常の労働者の待遇」との相違を個別に検討することが必要になることが、法文上、明確にされた（注19）。

③　労働契約法二十条においては、「職務の内容、当該職務の内容及び配置の変更の範囲その他の事情」を考慮して、労働条件の相違が「不合理と認められる」かどうかを判断するものとなっているが、パート・有期雇用労働法八条では、考慮されるべき事情をこのなかで「当該待遇の性質及び当該待遇を行う目的に照らして適切と認められるもの」に限るものとなっている。

まず、①について、判例は既に「期間の定めがあることと労働条件が相違していることとの関連性の程度は、労働条件の相違が不合理と認められるものに当たるか否かの判断に当たって考慮すれば足りる」として、労働契約法二十条にいう「期間の定めがあることにより」とは、「有期契約労働者と無期契約労働者との労働条件の相違が期間の定めの有無に関連して生じたものであることをいうものと解するのが相当である」との立場をとることを明らかにしている（注20）。

それゆえ、今回の改正が裁判所の判断に影響を及ぼす程度は小さいとも考えられるが、今後は因果関係の存否を問題とせず、パートタイム労働者や有期雇用労働者と通常の労働者との間に待遇の相違がある場合には、それが「不合理と認められる」か否かをもっぱら判断の対象とする。そうした方向にむかう可能性もないではない（注21）。

また、②についても、判例は「有期契約労働者と無期契約労働者との個々の賃金項目に係る労働条件の相違が不合理と認められるものであるか否かを判断するに当たっては、両者の賃金の総額を比較することのみによるのではなく、当該賃金項目の趣旨を個別に考慮すべきものと解するのが相当である」と判示しており（注22）、この点だけをみると、その影響はあまりないようにみえる。

しかし、③と相まって、将来は「職務の内容、当該職務の内容及び配置の変更の範囲」とは関係なく、個々の待遇ごとに、もっぱら「当該待遇の性質及び当該待遇を行う目的に照らして」待遇の相違が「不合理と認められるか」どうかが判断されるようになる。そうした時代が到来することも、十分に予想される。

労働契約法二十条にいう「職務の内容、当該職務の内容及び配置の変更の範囲その他の事情を考慮して」は、法令用語としての「その他の」と「その他」の区別を無視して、既に判例によって「職務の内容、当該職務の内容及び配置の変更の範囲その他一切の事情を考慮して」と読み替えられるに至っている、との感もある（注23）。

同じ仕事をしていれば、同じ賃金を支払う。このような同一労働同一賃金の基本理念から、パート・有期雇用労働法八条の規定内容はかけ離れてしまった。

「職務の内容、当該職務の内容及び配置の変更の範囲」がパート・有期雇用労働者と通常の労働者との間で大幅に違っていたとしても、双方の間に待遇の相違があれば、やはり「不合理と認められるか」どうかが問題とされる（注24）。

それでもなお、これを同一労働同一賃金実現のための規定というのか。そんな疑問をいだくのは、おそらく筆者だけではあるまい。

４　性格までが変わった指針とその根拠規定

現行パートタイム労働法十五条一項は、「厚生労働大臣は、第六条から前条までに定めるもののほか、第三条第一項の事業主が講ずべき雇用管理の改善等に関する措置等に関し、その適切かつ有効な実施を図るために必要な指針（以下この節において「指針」という。）を定めるものとする」と規定している。

今回の法改正では、そこにいう「もののほか、」が「措置その他の」と改められた。しかし、字数にしてたった六文字を改めたにすぎないのに、その結果、指針の性格までが大きく変わることになった。こういって、誤りはない。

例えば、パートタイム労働法十五条一項を根拠規定とする現行指針に「事業主が講ずべき短時間労働者の雇用管理の改善等に関する措置等についての指針」（平成十九年厚生労働省告示第三百二十六号、パートタイム労働指針）がある。その冒頭には、以下のような指針の趣旨を定めた規定が置かれている。

第一　趣旨

この指針は、短時間労働者の雇用管理の改善等に関する法律（以下「短時間労働者法」という。）第三条第一項の事業主が講ずべき適正な労働条件の確保、教育訓練の実施、福利厚生の充実その他の雇用管理の改善及び通常の労働者への転換の推進（以下「雇用管理の改善等」という。）に関する措置等に関し、その適切かつ有効な実施を図るため、短時間労働者法第六条から第十四条までに定めるもののほかに必要な事項を定めたものである。

この趣旨に基づいて、パートタイム労働指針には、「事業主が講ずべき短時間労働者の雇用管理の改善等に関する措置等を講ずるに当たっての基本的考え方」（第二）のほか、「事業主が講ずべき短時間労働者の雇用管理の改善等に関する措置等」（第三）についても定めが設けられることになったが、法に定める内容についてはあくまで法に譲り、個々の法規定の内容について、その解釈・運用のあり方が示されるようなことはこれまでなかった。

パートタイム労働法十五条一項が「第六条から前条までに定めるもののほか、」と規定したのも、こうしたパートタイム労働指針のスタンスと無関係ではなかったのである（注25）。

かくして、パートタイム労働指針の規定内容は、総じてソフトなものにとどまることになる。第三の一「短時間労働者の雇用管理の改善等」の一つとして、以下のような「退職手当その他の手当」に関する定めが設けられたのも、その一例にほかならなかった。

（２）退職手当その他の手当

事業主は、短時間労働者法第九条及び第十条に定めるもののほか、短時間労働者の退職手当、通勤手当その他の職務の内容に密接に関連して支払われるもの以外の手当についても、その就業の実態、通常の労働者との均衡等を考慮して定めるように努めるものとする。

これに対して、パート・有期雇用労働法十五条一項を根拠規定の一つとして策定される「短時間・有期雇用労働者及び派遣労働者に対する不合理な待遇の禁止等に関する指針」（同一労働同一賃金指針）（注26）においては、指針の趣旨が示された「基本的な考え方」からして、これまでとは一変したものとなる。例えば、その冒頭で、同一労働同一賃金指針は次のようにいう。

第二　基本的な考え方

この指針は、通常の労働者と短時間・有期雇用労働者及び派遣労働者との間に待遇の相違が存在する場合に、いかなる待遇の相違が不合理と認められるものであり、いかなる待遇の相違が不合理と認められるものでないのか等の原則となる考え方及び具体例を示したものである。事業主が、第三から第五までに記載された原則となる考え方等に反した場合、当該待遇の相違が不合理と認められる等の可能性がある。なお、この指針に原則となる考え方が示されていない退職手当、住宅手当、家族手当等の待遇や、具体例に該当しない場合についても、不合理と認められる待遇の相違の解消等が求められる。（以下、略）

また、こうした同一労働同一賃金指針の趣旨を具体化した第三「短時間・有期雇用労働者」の3「手当」には、次のような通勤手当等に関する定めが置かれることになる。

（7）通勤手当及び出張旅費

短時間・有期雇用労働者にも、通常の労働者と同一の通勤手当及び出張旅費を支給しなければならない（注27）。

パートタイム労働指針にはみられた行政の謙抑的姿勢は、同一労働同一賃金指針においては、もはやその影すらとどめていない。同一労働同一賃金指針については、このように評することができよう。

しかし、「もののほか、」を「措置その他の」と改めるだけで、はたしてこのような指針の大転換が可能になるのであろうか（注28）。

パートタイム労働法十五条一項に指針の根拠規定があるとはいうものの、八条や九条をどのように具体的に解釈し、運用するかについては、これまでパートタイム労働指針は黙して語ることがなかった。そうした経緯をどう考えるのか、という問題である。

労働契約法二十条については、パート・有期雇用労働法八条に統合されたとはいっても、それによって、同条の民事法的性格までが変わったとは思えない。だとすれば、指針でその解釈・運用のあり方を示すことにはやはり問題があるのではないか、という疑問もある。

「どのような待遇差が合理的であるかまたは不合理であるかを事例等で示すガイドラインを策定する」。

先にみたように、このような閣議決定が政治的宣言として先行し、これに合わせた法改正を行うことにのみ意識を集中させた結果、これまでの経緯はどうであれ、最小限の規定改正で足りると判断した。だとすれば、あまりにも安直にすぎるといえよう（注29）。

四　まとめにかえて

「原告らが主張する同一労働同一賃金の原則が一般的な法規範として存在しているとはいいがたいのであって、一般に、期間雇用の臨時従業員について、これを正社員と異なる賃金体系によって雇用することは、正社員と同様の労働を求める場合であっても、契約の自由の範疇であり、何ら違法ではないといわなければならない」。「結局のところ、その労働条件の格差は労使間における労働条件に関する合意によって解決する問題であるにすぎない」（注30）。

今日では忘れられた判決とはいうものの、かつてはこのように契約の自由を基本にものごとを考える裁判官がいた。

有期やパートで働くことは、究極的には選択の問題であり、そうした選択の余地のない性別や社会的身分とは明確に異なる。すなわち、同一労働同一賃金とはいっても、労基法四条に規定する男女同一賃金の問題とは明らかにその性格に違いがある。

同一労働同一賃金の問題を、このような地に足の付いた冷めた議論からスタートさせることができなかった。思うに、今回の法改正がかかえる問題の根源はそこにある。仮にもう少し冷静で慎重な議論ができていれば、法律の内容もあるいは変わっていた。筆者にはそう思えてならない。

法改正が成就した以上、あるべき法律の内容を議論したとしても仕方がない。施行日も既に決まっており（働き方改革関連法附則一条二号および十一条により、主な規定の適用が一年後になる中小企業を除き、平成三十二年（令和二年）四月一日施行）、改正法の施行を先送りすることなど、到底できない相談ではある。それも事実ではあろうか、法律は、いつでも変えられる。

過ちを改むるに憚ることなかれ。仮に改正法に矛盾や問題があるとすれば、その再改正にチャレンジすることも躊躇してはなるまい。

注

（1）法律番号の英語表記は、Act No.71 of 2018 となる。ただし、暦年を単位として振られる法律番号は、改元によってもリセットされるため、少なくとも［平成と令和に分かれる］二〇一九年に公布された法律については、元号を西暦の後に併記すること（2019（Heisei）または 2019（Reiwa））が必要になると思われる。

（2）附則により二八本の法律が改正されたことから、働き方改革関連法の制定に伴い、正確には合計三六本の法律が改正をみたことになる。

（3）働き方改革関連法の附則十一条においては、同条限りのものとして、「短時間・有期雇用労働法」の略称が使用されているが、これまでパートタイム労働法またはパート労働法と略称されてきた現行法との連続性を斟酌して、本章ではこれを使用しなかった。

（４）労基法の改正については、拙著『現場からみた労働法——働き方改革をどう考えるか』（ジアース教育新社、平成三十一年）第一部第一六話〜第一九話を参照。
（５）労働者派遣法の改正については、前掲・拙著（注４）第一部第一五話を参照。
（６）パートタイム労働法の制定に至るまでの経緯については、拙稿「パートタイム労働と立法政策」『ジュリスト』一〇二一号（平成五年四月）三九頁以下を参照。
（７）このことを早くから指摘したものとして、拙稿「同一労働同一賃金」『Business Law Journal』一〇一号（平成二十八年八月）一七頁のほか、前掲・拙著（注４）第二部第一章を参照。
（８）ただし、労政審の建議「同一労働同一賃金に関する法整備について」が言及した行政による履行確保や行政ＡＤＲ、すなわち「紛争の解決」について定めた第四章の規定は、紙数の都合から除いている。
（９）拙著『労働法の「常識」は現場の「非常識」——程良い規制を求めて』（中央経済社、平成二十六年）一一一頁以下を参照。
（10）事業主が国等の行政機関に対して負う義務をいい、事業主がその雇用する労働者に対して負う私法上の義務とは区別される。詳しくは、拙稿「労働法における公法上の義務」『阪大法学』五八巻三・四号（平成二十年十一月）三五頁以下を参照。
（11）高崎真一（厚生労働省雇用均等・児童家庭局短時間・在宅労働課長）『【コンメンタール】パートタイム労働法』（労働調査会、平成二十年）二二四—二二五頁を参照。
（12）なお、特定事項に関する文書交付義務違反は、行政罰である過料制裁の対象となる。「第六条第一項の規定に違反した者は、十万円以下の過料に処する」と規定した三十一条を参照。

（13）　このことに関連して、高崎・前掲書（注11）一八二頁は、「労働条件に関する文書の交付等による明示及び事業主の説明責任によって、短時間労働であることに起因する待遇の透明性・納得性の欠如の解消を図る」と述べている。なお、平成二十六年の法改正によってパートタイム労働法に均衡待遇規定として新たに設けられた八条（二十七年四月一日施行）に基づき事業主が講ずることになった措置については、今回の法改正に至るまで、同法十四条一項および二項に定める説明義務の対象から除外されていたという事実もある。パートタイム労働法八条のモデルとされた労働契約法二十条（平成二十四年改正により新設。二十五年四月一日施行）と平仄を合わせたということであろうが、こうした事実にも留意する必要があろう。

（14）　この点に関連して、前掲・拙著（注４）第一部第一四話を参照。

（15）　例えば、**ハマキョウレックス事件＝平成二十八年七月二十六日大阪高裁判決**［労判一一四三号五頁］（控訴人会社の補充主張と、これに対する裁判所の応答）を参照。

（16）　均衡待遇を「職務関連手当」について実現しようとする十条の姿勢は、「同一労働同一賃金」という考え方とも親和性を持つ。通勤手当は「職務関連手当」ではないから、十条の対象から除外されているにすぎず、八条との関係も考える必要はないとの見方もあろうが、説得力に欠ける。なお、前掲・拙著（注４）第二部第一章を併せ参照。

（17）　以上につき、前掲・拙著（注４）第一部第一三話を参照。

（18）　パート・有期雇用労働法九条には、従前どおり「短時間・有期雇用労働者であることを理由として」と、因果関係の存在を要件とする定めが残ることになったが、ここではそうした事実に言及することにとどめる。

（19）　このように、個々の待遇のそれぞれについて、個別に待遇の相違を問題とする姿勢は、改正後のパート・有期雇用労働法九条にもみられることに注意。

（20）　**ハマキョウレックス事件＝平成三十年六月一日最高裁第二小法廷判決**［民集七二巻二号八八頁］を参照。また、最近の判例のなかには、「特定の労働条件の相違が有期労働契約の締結及び無期労働契約の締結とは全く無関係に生じていると評価される場合には適用されないけれども、当該労働条件の相違が労働者の締結している労働契約の期間の定めの有無に関連して生じたものであると評価される場合には適用されると解するのが相当」（**五島育英会事件＝平成三十年四月十一日東京地裁判決**［労経速報二三五五号三頁］）としたものもある。しかし、これでは因果関係が認められないケースはほとんどない、と裁判所が宣言しているに等しい。

（21）　ただし、こうした状況は、今回の法改正に当たって参考にされたという欧州連合の現状とは大きく異なる。つまり、ＥＵの法律に相当する指令において禁止されるのは、労働契約に期間の定めのあることまたはパートタイムで働いていることのみを理由とする（solely because）不利益取扱いであって、そうした不利益取扱いであっても、客観的な事由によってこれを正当化することができる場合には例外が認められる。すなわち、労働契約に期間の定めのあることやパートタイムで働いていることが不利益取扱いの理由の一つにすぎない場合には、客観的な事由による正当化までは求められない。ＥＵ指令の構造は、このようなものになっていることにも留意する必要がある。以上につき、前掲・

拙著（注４）第二部第一章を併せ参照。

（22）**長澤運輸事件＝平成三十年六月一日最高裁第二小法廷判決**［民集七二巻二号二〇二頁］を参照。

（23）この点について、前掲・拙著（注４）第一部第三話を参照。そこでは、**長澤運輸事件の最高裁判決**（注22）を例に、このような議論を行っている。なお、法令用語の用法に従えば、「Aその他のB」という場合、AはBの例示となるが、「Aその他B」では、AはBの例示ではなく、AとBは並列関係にあることになる。

（24）ただし、働き方改革関連法の制定に伴って、職務内容を重視した規定が新たに設けられた労働施策総合推進法のような例もある。「労働者は、職務の内容及び職務に必要な能力、経験その他の職務遂行上必要な事項（以下この項において「能力等」という。）の内容が明らかにされ、並びにこれらに即した評価方法により能力等を公正に評価され、当該評価に基づく処遇を受けることその他の適切な処遇を確保するための措置が効果的に実施されることにより、その職業の安定が図られるように配慮されるものとする」と定めた同法三条二項の規定がそれであり、労働法制が全体として職務内容軽視の方向に進んでいるわけではない。

（25）なお、パートタイム労働指針が「もののほか、」を「もののほかに」と言い換えたのは、こうした法律の意図をさらに明確にすることに狙いがあったと考えられる。

（26）以下、同一労働同一賃金指針の内容は、平成三十年十二月二十八日厚生労働省告示第四百三十号による。なお、パートタイム労働指針を改正した「事業主が講ずべき短時間労働者及び有期雇用労働者の雇用管理の改善等についての指針」（パート・有期雇用労働指針）も、同日付けの告示第四百二十九号として告示されている。

（27）このように、同一労働同一賃金指針が通勤手当についてパート・有期雇用労働者への一律支給を求めるものとなった背景には、公務員の世界において通勤手当の支給を中心に非常勤職員の処遇改善が進められてきたという事実がある。拙稿「同一労働同一賃金――公務員にとっては他人事の世界」小嶌典明・豊本治編『公務員法と労働法の交錯』（ジアース教育新社、平成三十年）第三章（八一頁以下、八八―八九、一〇二頁）を参照。なお、注26で言及したパート・有期雇用労働指針においては、同一労働同一賃金指針との矛盾を避けるためか、現行指針の「退職手当その他の手当」に関する定めが削除されるに至っている。

（28）確かに、「第六条から前条までに定める措置その他の第三条第一項の事業主が講ずべき雇用管理の改善等に関する措置」とした場合、「第六条から前条までに定める措置」は「第三条第一項の事業主が講ずべき雇用管理の改善等に関する措置」の例示になる（注23を参照）。とはいえ、いずれにせよ、法令用語の用法に通じていない一般国民の理解を得ることは困難であろう。

（29）閣議決定は、本文の引用部分に続けて、次のようにいう。「できない理由はいくらでも挙げることができる。大切なことは、どうやったら実現できるかであり、ここに意識を集中する。非正規という言葉を無くす決意で臨む」。希有壮大とはいえ、できない理由（法律上の障碍）を一つひとつ潰していってこそ、目標の実現（円滑な改正法の施行）も可能になるともいえよう。

（30）**日本郵便逓送事件＝平成十四年五月二十二日大阪地裁判決**［労判八三〇号二二頁］。

（平成三十一年三月）

第二章　労働法と法形式
――最近の法改正にみる三つの問題ケース

一　はじめに――「労働時間の適正な把握のために使用者が講ずべき措置に関するガイドライン」は、局長通達だった

平成二十九年一月二十日、厚生労働省は、労働基準局長名で「労働時間の適正な把握のために使用者が講ずべき措置に関するガイドライン」を、同日付けの基発〇一二〇第三号（一・二〇通達）として、都道府県労働局長に宛て発出する。

これにより、平成十三年四月六日基発第三百三十九号「労働時間の適正な把握のために使用者が講ずべき措置に関する基準」、つまり世にいう四・六通達は、その役割を終え、廃止の運命をたどることになる。

例えば、同年四月二十七日に開催された「第八回　過労死等防止対策推進協議会」には「ガイドライン」を添付した通達の全文が資料として配布されている。それが文字どおりの通達であることは、これを一読するだけでも明らかであった（注１）。

一・二〇通達や四・六通達もそうであったが、労働基準局長名で発出される通達＝基発の名宛人は、あくまで都道府県労働局長であって、使用者やその団体ではない。そして、下記の最高裁判決にもあるように、理論上は一般国民がこのような通達に直接拘束されることもない。

「元来、通達は、原則として、法規の性質をもつものではなく、上級行政機関が関係下級行政機関および職員に対してその職務権限の行使を指揮し、職務に関して命令するために発するものであり、このような通達は右の機関および職員に対する行政組織内部における命令にすぎないから、これらのものがその通達に拘束されることはあっても、一般の国民は直接これに拘束されるものではなく、このことは、通達の内容が、法令の解釈や取扱いに関するもので、国民の権利義務に重大なかかわりをもつようなものである場合においても別段異なるところはない」（**墓地埋葬通達取消請求事件＝昭和四十三年十二月二十四日最高裁第三小法廷判決**）（注２）。

しかし、大半の使用者は、通達を法令と同じように自身を直接拘束するものとして理解している。また、法令の内容を通達で明確にすることも、ごく普通に行われている。例えば、このことに関連して、平成三十一年四月一日以降、労働安全衛生法の改正およびこれを受けた労働安全衛生規則の改正により、労働時間の状況把握が事業者（労働基準法にいう「使用者」に当たる）に対して義務づけられることになったこと（注３）に伴い、厚生労働省が労働政策審議会労働条件分科会に提出した資料（注４）は、次のようにいう。

法令に定める労働時間の状況把握のための「客観的な方法その他適切な方法の具体的内容については、『労働時間の適正な把握のために使用者が講ずべき措置に関するガイドライン』を参考に、通達において明確化することが適当である」。

だが、法令に通達への授権規定が置かれることはもとよりなく、通達が事実上使用者を拘束することがあったとしても、それは法的根拠を欠くものといってよい。

他方、法令にたとえ根拠規定がある場合であっても、その規定を根拠とするのはどうかと思われるようなケースも、労働法の世界には、しばしばみられる。

そこで、以下では、最近の法改正を例に、そうした法形式に問題のある三つのケースを選び、若干の検討を行うこととしたい。

二　労働者派遣法――いまだに残る、見出しのない労働契約の申込みみなし規定

やはりスルーしたか。それが、平成三十年四月六日に「働き方改革を推進するための関係法律の整備に関する法律案」が国会に提出されたときの正直な感想であった。労働者派遣法（労働者派遣事業の適正な運営の確保及び派遣労働者の保護等に関する法律）の一部改正について定めた法律案の五条に、労働者派遣法四十条の六を改正する旨の規定が含まれていなかったからである。

その結果、労働者派遣法には、その前後に位置する規定を含め、次のように定める規定がそのまま残ることになった。

（派遣先に雇用される労働者の募集に係る事項の周知）

第四十条の五　派遣先は、当該派遣先の同一の事業所その他派遣就業の場所において派遣元事業主から一年以上の期間継続して同一の派遣労働者に係る労働者派遣の役務の提供を受けている場合において、当該事業所その他派遣就業の場所において労働に従事する通常の労働者の募集を行うときは、当該募集に係る事業所その他派遣就業の場所に掲示することその他の措置を講ずることにより、その者が従事すべき業務の内容、賃金、労働時間その他の当該募集に係る事項を当該派遣労働者に周知しなければならない。

2　略

第四十条の六　労働者派遣の役務の提供を受ける者（国（略）及び地方公共団体（略）の機関を除く。以下この条において同じ。）が次の各号のいずれかに該当する行為を行った場合には、その時点において、当該労働者派遣の役務の提供を受ける者から当該労働者派遣に係る派遣労働者に対し、その時点における当該派遣労働者に係る労働条件と同一の労働条件を内容とする労働契約の申込みをしたものとみなす。ただし、労働者派遣の役務の提供を受ける者が、その行った行為が次の各号のいずれかの行為に該当することを知らず、かつ、知らなかったことにつき過失がなかったときは、この限りでない。

一～五　略（違法派遣や偽装請負に該当する行為を定めた規定）

２～４　略

第四十条の七　略（国及び地方公共団体を対象とした四十条の六の類似規定）

第四十条の八　略（四十条の六第一項の適用に関する厚生労働大臣の助言・指導・勧告等について定めた規定）

このような場合、四十条の五の前に付された見出し（**派遣先に雇用される労働者の募集に係る事項の周知**）が、四十条の八までの規定の共通見出しとなる（なお、四十条の九には、（**離職した労働者についての労働者派遣の役務の提供の受入れの禁止**）との見出しが付されている）。しかし、四十条の六以下の三条は、本来これらの規定に共通した**（労働契約の申込みみなし等）**のような見出しを付すべき規定であり、このままでは、見出しと条文の内容とが一致しないものになってしまう。

四十条の六以下の三条は、平成二十四年の法改正によって設けられた規定であり、当時は、これらの規定の施行日となる二十七年十月一日以降も、四十条の四および四十条の五を含め、そのすべてが、四十条の三の前に付された**（派遣労働者の雇用）**を共通見出しとすることが想定されていた。

しかるに、平成二十七年の法改正により、四十条の四および四十条の五は、それぞれ、**（特定有期雇用派遣労働者の雇用）**および**（派遣先に雇用される労働者の募集に係る事項の周知）**を見出しとする規定と差し替えられ（ちなみに、四十条の三も、四十条の二の前に付された**（労働者派遣の役務の提供を受ける期間）**を共通見出しとする規定と、これが入れ替わった）、こうした前提がもはや成り立たなくなった。

にもかかわらず、四十条の六の前に共通見出しを置くことをうっかり失念する。説明が長くなったものの、平成二十七年改正には、そんなミスがあったのである（注5）。

なるほど、「第四十条の六の前に見出しとして『（労働契約の申込みみなし等）』を付す」といった法改正（注6）は、過去のミスを認めることを意味し、できれば避けたいという立法担当者の気持ちはわかる。

だが、問題のある法律は、速やかに改めるに越したことはない。四十条の六以下の三条については、ついでにその内容も見直してはどうか。そうした法律の見直しのきっかけになるのであれば、ミスにも効用はあったということになろう。

三　パート・有期雇用労働法――たった六文字の修正ですませた、同一労働同一賃金ガイドラインの根拠規定

平成二十八年六月二日、閣議決定をみた「ニッポン一億総活躍プラン」は、「同一労働同一賃金の実現など非正規雇用の待遇改善」に言及するなかで、次のように述べる。

「同一労働同一賃金の実現に向けて、我が国の雇用慣行には十分に留意しつつ、躊躇なく法改正の準備を進める。労働契約法、パートタイム労働法、労働者派遣法の的確な運用を図るため、どのような待遇差が合理的であるかまたは不合理であるかを事例等で示すガイドラインを策定する。できない理由はいくらでも挙げることができる。大切なことは、どうやったら実現できるかであり、ここに意識を集中する。非正規という言葉を無くす決意で臨む。

プロセスとしては、ガイドラインの策定等を通じ、不合理な待遇差として是正すべき

ものを明らかにする。その是正が円滑に行われるよう、欧州の制度も参考にしつつ、不合理な待遇差に関する司法判断の根拠規定の整備、非正規雇用労働者と正規労働者との待遇差に関する事業者の説明義務の整備などを含め、労働契約法、パートタイム労働法及び労働者派遣法の一括改正等を検討し、関連法案を国会に提出する」。

それは、政府のいう同一労働同一賃金の実現に向けた、労働契約法、パートタイム労働法（短時間労働者の雇用管理の改善等に関する法律）および労働者派遣法の改正すべき方向が決まった瞬間でもあった。

しかし、労働契約法は、そもそもが民法（同法に定める雇用契約に関する規定）の特別法として制定をみた法律であり、行政がその解釈運用のあり方を示すようなことは当初から予定されておらず、厚生労働大臣の定める指針に関する規定も、労働契約法には当然のことながら設けられていなかった。

つまり、期間の定めの有無による労働条件の相違が「不合理と認められるものであってはならない」とした労働契約法二十条についても、それが労働契約法に定める規定である限り、「待遇差が合理的であるかまたは不合理であるかを事例等で示すガイドラインを策定する」ことには、大きな無理があったといえる。

そこで、パートタイム労働法を、有期雇用労働者をも対象としたパート・有期雇用労働法（短時間労働者及び有期雇用労働者の雇用管理の改善等に関する法律）に改め、労働契約法二十条については、同条をモデルとするパートタイム労働法八条に統合し、これを短時間・有期雇用労働法八条とする。さらに、その上で、ガイドラインの策定に関しては、厚生労働大臣による指針の策定権限について定めたパートタイム労働法十五条一項を活用し、これをパート・有期雇用労働法十五条一項とする。

結果的には、「働き方改革を推進するための関係法律の整備に関する法律」七条の定めるところにより、このような法改正が行われることになった。

とはいえ、八条については、統合に当たって、その規定内容がかなり大きく改められたのに対して、十五条一項については、以下にみるようにわずか六文字の修正（傍線部分）にとどまることになる。

パートタイム労働法	パート・有期雇用労働法
（指針） **第十五条**　厚生労働大臣は、第六条から前条までに定めるもののほか、第三条第一項の事業主が講ずべき雇用管理の改善等に関する措置等に関し、その適切かつ	（指針） **第十五条**　厚生労働大臣は、第六条から前条までに定める措置その他の第三条第一項の事業主が講ずべき雇用管理の改善等に関する措置等に関し、その適切か

有効な実施を図るために必要な指針（以下この節において「指針」という。）を定めるものとする。 ２　略	つ有効な実施を図るために必要な指針（以下この節において「指針」という。）を定めるものとする。 ２　略

では、「もののほか、」と「措置その他の」とでは、どこがどう違うのか。

確かに、パートタイム労働法十五条一項の場合には、「もののほか、」とあることから、同法六条から前条（十四条）までに規定する事項については、「指針」に定めを置かないのがその立法趣旨であった、と読めなくもない。

現に、平成十九年のパートタイム労働法改正を受け、策定されたパートタイム労働指針すなわち現行の「事業主が講ずべき短時間労働者の雇用管理の改善等に関する措置等についての指針」（同年十月一日厚生労働省告示第三百二十六号）は、「短時間労働者の雇用管理の改善等に関する法律（略）第十四条第一項の規定に基づき」（注7）、この指針を定めることを明確にする一方、以下にみるように、同法に定めがなく、かつ、事業主が講ずべきと考えられる措置（その多くは努力事項にとどまる）についてのみ、規定するものとなっている（なお、引用条文は、平成二十六年改正後（翌二十七年四月一日施行）のものであることに注意）。

第三　事業主が講ずべき短時間労働者の雇用管理の改善等に関する措置等

事業主は、第二の基本的考え方に基づき、特に、次の事項について適切な措置を講ずるべきである。

一　短時間労働者の雇用管理の改善等

(一)　労働時間　略

(二)　退職手当その他の手当

事業主は、短時間労働者法第九条及び第十条に定めるもののほか、短時間労働者の退職手当、通勤手当その他の職務の内容に密接に関連して支払われるもの以外の手当についても、その就業の実態、通常の労働者との均衡等を考慮して定めるように努めるものとする。

(三)　福利厚生

事業主は、短時間労働者法第九条及び第十二条に定めるもののほか、医療、教養、文化、体育、レクリエーション等を目的とした福利厚生施設の利用及び事業主が行うその他の福利厚生の措置についても、短時間労働者の就業の実態、通常の労働者との均衡等を考慮した取扱いをするように努めるものとする。

二　労使の話合いの促進　略

三　不利益取扱いの禁止　略

四　短時間雇用管理者の氏名の周知　略

他方、法令用語の一般的な用法に従えば、「Ａその他のＢ」という場合、ＡはＢの例示として位置づけられる。それゆえ、「もののほか、」を「措置その他の」と改めれば、パート・有期雇用労働法「六条から前条までに定める措置」は、「その他の」に続く「第三条第一項の事業主が講ずべき雇用管理の改善等に関する措置」の例示として、これに含まれることとなり、同法八条に定めのある事項についても、行政（厚生労働大臣）が妥当と判断するその解釈運用のあり方を事業主が講ずべき措置として指針で示すことが可能になる。改正法を起案した者は、こう考えたように思われる。

とはいえ、当初は同一労働同一賃金ガイドライン案として検討され、最終的には労働者派遣法四十七条の十一のほか、「短時間労働者及び有期雇用労働者の雇用管理の改善等に関する法律（略）第十五条第一項の規定に基づき」定められることになった「短時間・有期雇用労働者及び派遣労働者に対する不合理な待遇の禁止等に関する指針」（平成三十年十二月二十八日厚生労働省告示第四百三十号）は、下記の例をみてもわかるように、従前の指針とはあまりにもその内容が違っていた。

第三　短時間・有期雇用労働者

三　手当

（七）通勤手当及び出張旅費

短時間・有期雇用労働者にも、通常の労働者と同一の通勤手当及び出張旅費を支給しなければならない。

四　福利厚生

（一）福利厚生施設（給食施設、休憩室及び更衣室をいう。以下この（一）において同じ。）

通常の労働者と同一の事業所で働く短時間・有期雇用労働者には、通常の労働者と同一の福利厚生施設の利用を認めなければならない。

事業主に対して一定の努力を促すにとどまっていたソフトな規定が、一転して命令口調のハードな義務規定に変わる。法律の条文をたった六字分修正するだけで、これまでの経緯を完全に無視した、従前とは著しく異なる規定内容の変更まで可能にしてしまう。ここまでくれば、さすがにやり過ぎというべきであろう。

なお、その一方で「事業主が講ずべき短時間労働者の雇用管理の改善等に関する措置等についての指針」は、タイトルを「事業主が講ずべき短時間労働者及び有期雇用労働者の雇用管理の改善等に関する措置等についての指針」と改めた上で、存続することになった。

こうしてパート・有期雇用労働法十五条一項に根拠を置く指針は、同法の施行日に当たる令和二年年四月一日（中小企業は令和三年四月一日）以降、二本立てとなる。

双方の指針が相互に矛盾しないように、現行パートタイム労働指針の先に引用した部分は、「二　短時間労働者の雇用管理の改善等」が「二　労働時間」と改められ（（一）が一に昇格する）、一の「（二）退職手当その他の手当」および「（三）福利厚生」に関する定めは一括して削除される（以上につき、「事業主が講ずべき短時間労働者の雇用管理の改善等に関する措置等についての指針の一部を改正する件」（平成三十年十二月二十八日厚生労働省告示第四百二十九号）を参照）。

しかしながら、大臣告示どうしの矛盾は、このようにして解消できたとしても、パート・有期雇用労働法十条が次のように規定するものである限り（適用対象は、短時間労働者だけでなく有期雇用労働者にも拡がっている）、条文から削除された退職手当はともかく、通勤手当については、努力義務すら課さない法律と明確な義務規定からなる告示（同一労働同一賃金ガイドライン）との矛盾が依然として残る。

たった六文字の修正だけですませようとするから、こうなった。といえば、言い過ぎであろうか。

（賃金）

第十条　事業主は、通常の労働者との均衡を考慮しつつ、その雇用する短時間・有期雇用労働者（通常の労働者と同視すべき短時間・有期雇用労働者を除く。次条第二項及び第十二条において同じ。）の職務の内容、職務の成果、意欲、能力又は経験その他の就業の実態に関する事項を勘案し、その賃金（通勤手当、退職手当その他の厚生労働省令で定めるものを除く。）を決定するように努めるものとする。

四　労働施策総合推進法――男女雇用機会均等法のコピー・ペーストではすまないパワハラ関連規定

「働き方改革を推進するための関係法律の整備に関する法律」の本則により改正された八本の法律のなかで、その公布日である平成三十年七月六日にいち早く改正規定のすべてが施行された法律に、今回の改正によって「労働施策の総合的な推進並びに労働者の雇用の安定及び職業生活の充実等に関する法律」と改題された雇用対策法がある。

改正法の名称は、略して労働施策総合推進法。近い将来、この法律にパワーハラスメント（パワハラ）に関する規定が置かれるという。平成三十年十二月十四日、労働政策審議会が同日開催された雇用環境・均等分科会の報告を受け行った建議、つまり「女性の職業生活における活躍の推進及び職場のハラスメント防止対策等の在り方について」の内容を伝える報道のなかで、この情報はもたらされた。すなわち、建議自体は、何法を改正するかについて言及するものとはなっていない。

パワハラについても、法規制の対象とする方向へと、大きく舵を切る。建議の主眼は、このことを明確にすることにあったが、具体的には、法律による規制に関して、次のように述べるものであった。

①　職場のパワーハラスメントを防止するため、事業主に対して、その雇用する労働者の相談に応じ、適切に対応するために必要な体制を整備する等、当該労働者が自社の労働者等からパワーハラスメントを受けることを防止するための雇用管理上の措置を講じることを法律で義務付けることが適当である。

②　男女雇用機会均等法に基づく職場のセクシュアルハラスメント防止対策と同様に、職場のパワーハラスメントに関する紛争解決のための調停制度等や、助言や指導等の履行確保のための措置について、併せて法律で規定することが適当である。

③　職場のパワーハラスメントは許されないものであり、国はその周知・啓発を行い、事業主は労働者が他の労働者に対する言動に注意するよう配慮し、また、事業主と労働者はその問題への理解を深めるとともに自らの言動に注意するよう努めるべきという趣旨を、各々の責務として法律上で明確にすることが適当である。

確かに、このうち③だけであれば、労働施策総合推進法にも同趣旨の規定（基本的理念や国の施策、事業主の責務に関する規定）があり、その改正で対応できるかもしれない。とはいえ、①および②については、男女雇用機会均等法の延長で考えれば足りるといえるほど、ことは単純ではない。

労働施策総合推進法は、その名称からもわかるように、労働施策の総合的な推進等を図ることを法目的としている。そこに、男女雇用機会均等法（雇用の分野における男女の均等な機会及び待遇の確保等に関する法律）に倣って「職場のパワーハラスメントに関する雇用管理上の措置」や「紛争の解決」に関する規定を設けることは、以下に引用した同法の目次やその目的規定に照らしても、著しくバランスを欠く。

目　次

第一章　総則
第二章　基本方針
第三章　求職者及び求人者に対する指導等
第四章　職業訓練等の充実
第五章　職業転換給付金
第六章　事業主による再就職の援助を促進するための措置等

（目的）

第一条　この法律は、国が、少子高齢化による人口構造の変化等の経済社会情勢の変化に対応して、労働に関し、その政策全般にわたり、必要な施策を総合的に講ずることにより、労働市場の機能が適切に発揮され、労働者の多様な事情に応じた雇用の安定及び職業生活の充実並びに労働生産性の向上を促進して、労働者がその有する能力を有効に発揮することができるようにし、これを通じて、労働者の職業の安定と経済的社会的地位の向上とを図るとともに、経済及び社会の発展並びに完全雇用の達成に資することを目的とする。

２　この法律の運用に当たつては、労働者の職業選択の自由及び事業主の雇用の管理についての自主性を尊重しなければならず、また、職業能力の開発及び向上を図り、職業を通じて自立しようとする労働者の意欲を高め、かつ、労働者の職業を安定させるための事業主の努力を助長するように努めなければならない。

細かいことをいえば、「職場のパワーハラスメントに関する雇用管理上の措置」については、わが国の法令がこれまで外来語のカタカナ表記を原則として認めてこなかったという事実からみて、その全体を純粋の日本語表記に改めることが必要になり、「紛争の解決」に至っては、それだけで通常は一章を要することにも留意する必要がある（注8）。

以上を要するに、男女雇用機会均等法等の規定をそのままコピー・ペーストすればすむ、という話ではまったくないのである。

法規制のあり方を考えるに当たっては、規制内容（コンテンツ）の問題も重要であるが、その根拠は何か、どの法令にどのような規定を設けるのか、といった法形式（フォルム）の問題もまた等しく重要なものとなる。このことを確認して、ひとまず筆を擱きたい。

注

（1）　参考資料4「労働時間の適正な把握のために使用者が講ずべき措置に関するガイドラインについて」（平成二十九年一月二十日基発〇一二〇第三号）を参照。なお、この通達は、日本経団連『二〇一九年版　日本の労働経済事情』一三七頁以下にも、その全文が収録されている。

（2）　ただ、その結果、いわゆる処分性が認められないため、通達の「取消を求める訴を提起することは許されない」（引用事件の判決要旨）という話にもなる。

（3）　このことにつき、労働安全衛生法六十六条の八の前に置かれた（面接指導等）を共通見出しとする、新設された同法六十六条の八の三、およびこの新設規定を受け、新しく設けられた労働安全衛生規則五十二条の七の三は、それぞれ次のように規定している。

（面接指導等）

第六十六条の八　略

第六十六条の八の二　略

第六十六条の八の三　事業者は、第六十六条の八第一項又は前条第一項の規定による面接指導を実施するため、厚生労働省令で定める方法により、労働者（次条第一項に規定する者を除く。）の労働時間の状況を把握しなければならない。

（法第六十六条の八の三の厚生労働省令で定める方法等）

第五十二条の七の三　法第六十六条の八の三の厚生労働省令で定める方法は、タイムカードによる記録、パーソナルコンピュータ等の電子計算機の使用時間の記録等の客観的な方法その他の適切な方法とする。

２　事業者は、前項に規定する方法により把握した労働時間の状況の記録を作成し、三年間保存するための必要な措置を講じなければならない。

（４）　第一四三回労働条件分科会に資料として提出された「今後議論いただく省令や指針に定める項目について（案）」のほか、第一四四回から第一四六回の同分科会に資料として提出された「働き方改革を推進するための関係法律の整備に関する法律の施行に関する論点（案）――省令や指針に定める項目について」を参照。

(5)　このような立法ミスの存在は、実際には法改正当時からわかっていた。拙著『労働法改革は現場に学べ！――これからの雇用・労働法制』(労働新聞社、平成二十七年) 一六三―一六四頁のほか、同『メモワール労働者派遣法――歴史を知れば、今がわかる』(アドバンスニュース出版、平成二十八年) 二一二―二一三頁を参照。

(6)　なお、労働者派遣法四十条の五の見出しも、その性格が規定上は変わることを考えれば、字句にまったく変更がなくとも、現行の見出しを削除し、新たに同一の見出しを付すことが、厳密には必要になろう。この点については、「働き方改革を推進するための関係法律の整備に関する法律」が、労働基準法の一部改正について定めた一条において、四十一条の見出しが新設された四十一条の二との共通見出しとなることを受け、次のような規定を置いたことが参考になる。

「第四十一条の見出しを削り、同条の前に見出しとして「(労働時間等に関する規定の適用除外)」を付し、第四章中同条の次に次の一条 (注：四十一条の二) を加える」。

(7)　このように記したパートタイム労働指針の制定文は、その性格もあってか、「第十四条第一項」が「第十五条第一項」に改められないまま、現在に至っている。なお、平成二十六年の改正文は、次のように記しており、その全文を併せ読めば、誤解が生じることはない (ただ、改正文については、厚生労働省法令等データベースサービスに収録されたものを含め、それだけでは意味をなさない後段部分のみを抄録したものが多いことに注意)。

「改正文 (平成二十六年七月二十四日厚生労働省告示第二百九十三号)

短時間労働者の雇用管理の改善等に関する法律の一部を改正する法律 (平成二十六年法律第二十

七号）の施行に伴い、及び短時間労働者の雇用管理の改善等に関する法律（平成五年法律第七十六号）第十五条第一項の規定に基づき、事業主が講ずべき短時間労働者の雇用管理の改善等に関する措置等についての指針（平成十九年厚生労働省告示第三百二十六号）の一部を次のように改正し、短時間労働者の雇用管理の改善等に関する法律の一部を改正する法律の施行の日（平成二十七年四月一日）から適用することとしたので、同条第二項において準用する同法第五条第五項の規定に基づき告示する」。

（８）　男女雇用機会均等法第三章のほか、これをモデルとした、パートタイム労働法第四章、育児・介護休業法（育児休業、介護休業等育児又は家族介護を行う労働者の福祉に関する法律）第十一章、障害者雇用促進法（障害者の雇用の促進等に関する法律）第三章の二、労働者派遣法第四章（「働き方改革を推進するための関係法律の整備に関する法律」五条によるもの）を参照。

（平成三十一年一月）

第三章　労働時間の状況把握は必須か

一　医師による面接指導と労働時間の状況把握

昭和四十七年に労働基準法から分離独立した労働安全衛生法には、医師による面接指導について、現在、次のような規定が置かれている（なお、労働安全衛生法にいう「事業者」は、労働基準法にいう「使用者」に相当する。傍線部分は、「働き方改革を推進するための関係法律の整備に関する法律」の成立に伴い、追加ないし修正された部分（平成三十一年四月一日施行）。枠内は、網掛けを行った労働安全衛生規則の規定）。

（面接指導等）

第六十六条の八　事業者は、その労働時間の状況その他の事項が労働者の健康の保持を考慮して厚生労働省令（注：労働安全衛生規則五十二条の二第一項）で定める要件に該当する労働者（次条第一項に規定する者及び第六十六条の八の四第一項に規定する者を除く。以下この条において同じ。）に対し、厚生労働省令（注：労働安全衛生規則五十二条の二第二項・第三項、五十二条の三および五十二条の四）で定めるところにより、医師による面接指導（問診その他の方法により心身の状況を把握し、これに応じて面接により必要な指導を行うことをいう。以下同じ。）を行わなければならない。

（面接指導の対象となる労働者の要件等）
第五十二条の二　法第六十六条の八第一項の厚生労働省令で定める要件は、休憩時間を除き一週間当たり四十時間を超えて労働させた場合におけるその超えた時間が一月当たり八十時間を超え、かつ、疲労の蓄積が認められる者であることとする。（ただし書　略）
2　前項の超えた時間の算定は、毎月一回以上、一定の期日を定めて行わなければならない。
3　事業者は、第一項の超えた時間の算定を行つたときは、速やかに、同項の超えた時間が一月当たり八十時間を超えた労働者に対し、当該労働者に係る当該超えた時間に関する情報を通知しなければならない。

（面接指導の実施方法等）
第五十二条の三　法第六十六条の八の面接指導は、前条第一項の要件に該当する労働者の申出により行うものとする。

２　前項の申出は、前条第二項の期日後、遅滞なく、行うものとする。
３　事業者は、労働者から第一項の申出があつたときは、遅滞なく、法第六十六条の八の面接指導を行わなければならない。
４　産業医は、前条第一項の要件に該当する労働者に対して、第一項の申出を行うよう勧奨することができる。

（面接指導における確認事項）
第五十二条の四　医師は、法第六十六条の八の面接指導を行うに当たつては、前条第一項の申出を行つた労働者に対し、次に掲げる事項について確認を行うものとする。
一　当該労働者の勤務の状況
二　当該労働者の疲労の蓄積の状況
三　前号に掲げるもののほか、当該労働者の心身の状況

２　略（労働者の面接指導を受ける義務）
３　略（面接指導の結果を記録する義務）
４　略（面接指導の結果に基づき、当該労働者の健康を保持するために事業者が講ずる措置について、医師の意見を聴取する義務）

５　事業者は、前項の規定による医師の意見を勘案し、その必要があると認めるときは、当該労働者の実情を考慮して、就業場所の変更、作業の転換、労働時間の短縮、深夜業の回数の減少等の措置を講ずるほか、当該医師の意見の衛生委員会若しくは安全衛生委員会又は労働時間等設定改善委員会への報告その他の適切な措置を講じなければならない。

第六十六条の八の二　事業者は、その労働時間が労働者の健康の保持を考慮して厚生労働省令（注：労働安全衛生規則五十二条の七の二第一項）で定める時間を超える労働者（労働基準法第三十六条第十一項に規定する業務（注：時間外労働について法律上の上限が課せられない「新たな技術、商品又は役務の研究開発に係る業務」）に従事する者（同法第四十一条各号に掲げる者（注：管理監督者等）及び第六十六条の八の四第一項に規定する者を除く。）に限る。）に対し、厚生労働省令（注：労働安全衛生規則五十二条の七の二第二項）で定めるところにより、医師による面接指導を行わなければならない。

２　前条第二項から第五項までの規定は、前項の事業者及び労働者について準用する。この場合において、同条第五項中「作業の転換」とあるのは、「職務内容の変更、有給休暇（労働基準法第三十九条の規定による有給休暇を除く。）の付与」と読み替えるものとする。

（法第六十六条の八の二第一項の厚生労働省令で定める時間等）

第五十二条の七の二　法第六十六条の八の二第一項の厚生労働省令で定める時間は、休憩時間を除き一週間当たり四十時間を超えて労働させた場合におけるその超えた時間について、一月当たり百時間とする。

２　第五十二条の二第二項、第五十二条の三第一項及び第五十二条の四から前条までの規定は、法第六十六条の八の二第一項に規定する面接指導について準用する。この場合において、第五十二条の二第二項中「前項」とあるのは「第五十二条の七の二第一項」と、第五十二条の三第一項中「前条第一項の要件に該当する労働者の申出により」とあるのは「前条第二項の期日後、遅滞なく」と、第五十二条の四中「前条第一項の申出を行つた労働者」とあるのは「労働者」と読み替えるものとする。

※　読み替え後の準用規定

（面接指導の対象となる労働者の要件等）

第五十二条の二

２　第五十二条の七の二第一項の超えた時間の算定は、毎月一回以上、一定の期日を定めて行わなければならない。

（面接指導の実施方法等）
第五十二条の三（第一項）　法第六十六条の八の二の面接指導は、前条第二項の期日後、遅滞なく行うものとする。
（面接指導における確認事項）
第五十二条の四　医師は、法第六十六条の八の二の面接指導を行うに当たつては、労働者に対し、次に掲げる事項について確認を行うものとする。（以下、略）

第六十六条の八の三　事業者は、第六十六条の八第一項又は前条第一項の規定による面接指導を実施するため、厚生労働省令（注：労働安全衛生規則五十二条の七の三）で定める方法により、労働者（次条第一項に規定する者を除く。）の労働時間の状況を把握しなければならない。

（法第六十六条の八の三の厚生労働省令で定める方法等）
第五十二条の七の三　法第六十六条の八の三の厚生労働省令で定める方法は、タイムカードによる記録、パーソナルコンピュータ等の電子計算機の使用時間の記録等の客観的な方法その他の適切な方法とする。
２　事業者は、前項に規定する方法により把握した労働時間の状況の記録を作成し、三年間保存するための必要な措置を講じなければならない。

第六十六条の八の四　事業者は、労働基準法第四十一条の二第一項の規定により労働する労働者（注：高度プロフェッショナル制度の対象業務に従事する労働者）であつて、その健康管理時間（同項第三号に規定する健康管理時間（注：「対象労働者が事業場内にいた時間（略）と事業場外において労働した時間との合計の時間」）をいう。）が当該労働者の健康の保持を考慮して厚生労働省令（注：労働安全衛生規則五十二条の七の四第一項）で定める時間を超えるものに対し、厚生労働省令（注：労働安全衛生規則五十二条の七の四第二項）で定めるところにより、医師による面接指導を行わなければならない。

2　第六十六条の八第二項から第五項までの規定は、前項の事業者及び労働者について準用する。この場合において、同条第五項中「就業場所の変更、作業の転換、労働時間の短縮、深夜業の回数の減少等」とあるのは、「職務内容の変更、有給休暇（労働基準法第三十九条の規定による有給休暇を除く。）の付与、健康管理時間（第六十六条の八の四第一項に規定する健康管理時間をいう。）が短縮されるための配慮等」と読み替えるものとする。

（法第六十六条の八の四第一項の厚生労働省令で定める時間等）

第五十二条の七の四　法第六十六条の八の四第一項の厚生労働省令で定める時間は、一週間当たりの健康管理時間（労働基準法（昭和二十二年法律第四十九号）第四十一条の二第一項第三号に規定する健康管理時間をいう。）が四十時間を超えて労働させた場合におけるその超えた時間について、一月当たり百時間とする。

２　第五十二条の二第二項、第五十二条の三第一項及び第五十二条の四から第五十二条の七までの規定は、法第六十六条の八の四第一項に規定する面接指導について準用する。この場合において、第五十二条の二第二項中「前項」とあるのは「第五十二条の七の四第一項」と、第五十二条の三第一項中「前条第一項の要件に該当する労働者の申出により」とあるのは「前条第二項の期日後、遅滞なく、」と、第五十二条の四中「前条第一項の申出を行つた労働者」とあるのは「労働者」と読み替えるものとする。

第六十六条の九　事業者は、第六十六条の八第一項、第六十六条の八の二第一項又は前条第一項の規定により面接指導を行う労働者以外の労働者であつて健康への配慮が必要なものについては、厚生労働省令（注：労働安全衛生規則五十二条の八）で定めるところにより、必要な措置を講ずるように努めなければならない。

（法第六十六条の九の必要な措置の実施）
第五十二条の八　法第六十六条の九の必要な措置は、法第六十六条の八の面接指導の実施又は法第六十六条の八の面接指導に準ずる措置とする。
２　略（措置の対象者）

いささか引用が長くなったものの、これら労働安全衛生法の規定（全五条、「の二」等と枝番の付いた規定を含む）は、その全体が、同法六十六条の八の前に置かれた「面接指導等」を共通見出しとする規定ということになる。

ここにいう「面接指導等」の「面接指導」とは、「問診その他の方法により心身の状況を把握し、これに応じて面接により必要な指導を行うことをいう」（労働安全衛生法六十六条の八第一項）。そして、その結果が、面接指導を行った医師からの意見聴取を経て、事業者が講ずる「就業場所の変更、作業の転換、労働時間の短縮、深夜業の回数の減少等の措置」につながる（同条第五項）。そんな仕組みになっている。

新設された労働安全衛生法六十六条の八の三においては、労働時間の状況把握が事業者の義務として規定されているが、当該義務はあくまでもこうした「面接指導を実施するため」事業者に課されたものであることは、条文を丹念に読めばわかる。

労働時間の状況把握とはいっても、一個の独立した義務ではない。このことを、まずは銘記する必要がある。

また、高度プロフェッショナル制度の対象となる業務については、労働安全衛生法六十六条の八の四第一項に規定する医師による面接指導を実施するに当たって、労働時間ではなく健康管理時間が問題とされることもあって、労働時間の状況把握について定める同法六十六条の八の三も、これを適用対象から除外している(健康管理時間の把握については、労働基準法四十一条の二第一項三号に定めがあるが、ここでは問題にしない)。

さらに、週四〇時間超の労働時間が一月に一〇〇時間を超える場合には、労働安全衛生法六十六条の八の二第一項を根拠として、また八〇時間を超え一〇〇時間以内の場合には、同法六十六条の八第一項をその根拠として、医師による面接指導が義務づけられる「新たな技術、商品又は役務の研究開発に係る業務」(研究開発の業務)は、この高度プロフェッショナル制度の対象業務の一つでもある(労働基準法施行規則三十四条の二第三項五号を参照)。

このような事情から、以下では、高度プロフェッショナル制度の対象業務(研究開発の業務を含む)以外の業務に焦点を合わせて、検討を進めることとしたい。

二　医師による面接指導と就業規則の改正

事業者は、その労働者が、次の三つの要件のすべてに該当する場合には、医師による面接指導を実施しなければならない。労働安全衛生法六十六条の八第一項にいては、同項にいう厚生労働省令の定めを含め、その内容をこのように要約することができる。

⑴　休憩時間を除き一週間当たり四〇時間を超えて労働させた場合におけるその超えた時間が一月当たり八〇時間を超えていること（労働安全衛生規則五十二条の二第一項）。

⑵　⑴の要件に加え、当該労働者に疲労の蓄積が認められること（同上）。

⑶　⑴・⑵に該当する労働者から、面接指導の申出があること（労働安全衛生規則五十二条の三第一項）。

しかし、大は小を兼ねるともいう。例えば、⑴の要件（一月当たりの労働時間）については問題とせず、⑵および⑶の要件（労働者に疲労の蓄積が認められ、かつ、当該労働者から申出のあること）さえ満たせば、医師による面接指導を実施するとすればどうか。

このような場合にも、事業者は労働安全衛生法六十六条の八第一項所定の「面接指導」実施義務を履行したことになる。そう理解して、何ら不都合はない。

「医師による面接指導を行わなければならない」。このように規定する労働安全衛生法の定めは、以上にみた同法六十六条の八第一項、六十六条の八の二第一項、および六十六条の八の四第一項以外にも存在する。労働安全衛生法六十六条の十第三項の定めがそれであるが、同条は、以下にみるように「心理的な負担の程度を把握するための検査」、いわゆる「ストレスチェック」について規定したものとして知られる。

（心理的な負担の程度を把握するための検査等）

第六十六条の十　事業者は、労働者に対し、厚生労働省令で定めるところにより、医師、保健師その他の厚生労働省令で定める者（以下この条において「医師等」という。）による心理的な負担の程度を把握するための検査を行わなければならない。

２　事業者は、前項の規定により行う検査を受けた労働者に対し、厚生労働省令で定めるところにより、当該検査を行った医師等から当該検査の結果が通知されるようにしなければならない。この場合において、当該医師等は、あらかじめ当該検査を受けた労働者の同意を得ないで、当該労働者の検査の結果を事業者に提供してはならない。

３　事業者は、前項の規定による通知を受けた労働者であって、心理的な負担の程度が労働者の健康の保持を考慮して厚生労働省令（注：労働安全衛生規則五十二条の十五）で定める要件に該当するものが医師による面接指導を受けることを希望する旨を申し出たときは、当該申出をした労働者に対し、厚生労働省令（注：労働安全衛生規則五十二条の十六）で定めるところにより、医師による面接指導を行わなければならない。

この場合において、事業者は、労働者が当該申出をしたことを理由として、当該労働者に対し、不利益な取扱いをしてはならない。

（面接指導の対象となる労働者の要件）

第五十二条の十五　法第六十六条の十第三項の厚生労働省令で定める要件は、検査の結果、心理的な負担の程度が高い者であって、同項に規定する面接指導（以下この節において「面接指導」という。）を受ける必要があると当該検査を行った医師等が認めたものであることとする。

（面接指導の実施方法等）

第五十二条の十六　法第六十六条の十第三項の規定による申出（以下この条及び次条において「申出」という。）は、前条の要件に該当する労働者が検査の結果の通知を受けた後、遅滞なく行うものとする。

２　事業者は、前条の要件に該当する労働者から申出があったときは、遅滞なく、面接指導を行わなければならない。

３　検査を行った医師等は、前条の要件に該当する労働者に対して、申出を行うよう勧奨することができる。

４　事業者は、厚生労働省令で定めるところにより、前項の規定による面接指導の結果を記録しておかなければならない。

５　事業者は、第三項の規定による面接指導の結果に基づき、当該労働者の健康を保持するために必要な措置について、厚生労働省令で定めるところにより、医師の意見を聴かなければならない。

６　事業者は、前項の規定による医師の意見を勘案し、その必要があると認めるときは、当該労働者の実情を考慮して、就業場所の変更、作業の転換、労働時間の短縮、深夜業の回数の減少等の措置を講ずるほか、当該医師の意見の衛生委員会若しくは安全衛生委員会又は労働時間等設定改善委員会への報告その他の適切な措置を講じなければならない。

７　厚生労働大臣は、前項の規定により事業者が講ずべき措置の適切かつ有効な実施を図るため必要な指針を公表するものとする。

８　厚生労働大臣は、前項の指針を公表した場合において必要があると認めるときは、事業者又はその団体に対し、当該指針に関し必要な指導等を行うことができる。

９　国は、心理的な負担の程度が労働者の健康の保持に及ぼす影響に関する医師等に対する研修を実施するよう努めるとともに、第二項の規定により通知された検査の結果を利用する労働者に対する健康相談の実施その他の当該労働者の健康の保持増進を図ることを促進するための措置を講ずるよう努めるものとする。

これらの規定をもとに、多くの企業では、「ストレスチェック」に関する規定が就業規則に設けられているが、これを「ストレスチェック等」に関する規定に改めることによって、次のような定めを就業規則に置いてはどうか。

（ストレスチェック等）

第○○条　会社は、一年に一回、定期的に、従業員のストレスチェックを行う。従業員は、ストレスチェックを受けるよう努めなければならない。

２　前項のストレスチェックにおいて高ストレスと評価された従業員に対しては、その者の申出により、医師による面接指導を実施する。

３　前項に定めるほか、疲労の蓄積が認められる従業員に対しても、その申出により、医師による面接指導を実施する。

４　従業員は、前二項に定める申出を行ったことを理由として、会社から不利益な取扱いを受けることはない。

医師による面接指導についていえば、労働安全衛生法の目的は、面接指導の着実な実施を図ることにあり、労働時間の状況把握そのものは、同法の目的ではない。だとすれば、上記のような規定を就業規則に置けば、それで十分ではないか。

労働基準監督官が「事業場に立ち入り、関係者に質問し、帳簿、書類その他の物件を検査」することができるのも、労働安全衛生法においては、「この法律を施行するため必要があると認めるとき」に限られる（同法九十一条一項を参照）。そうである以上、監督官による立入検査の際に、就業規則の内容が検査対象となったとしても、上記の規定が問題視されるようなことはない。こういって、差し支えはあるまい。

労働時間の状況を無理なく把握でき、かつ状況把握に意味があるのであれば、そうすればよい。だが、授業や会議の時間を除けば職場にいるとは限らない大学教員にまで、労働時間の状況把握を一律に義務づけることにはそもそも無理がある。労働時間の状況把握は必須ではない（注１）。ときには、そう割り切って、知恵を絞ることも必要といえよう。

注

（１）　研究開発の業務や高度プロフェッショナル制度の対象業務については、労働時間が週四〇時間を超える場合、または健康管理時間が一月に一〇〇時間を超える場合には、それだけで医師による面接指導を義務づける（労働者に疲労の蓄積が認められることや、労働者からの申出を面接指導の要件としない）ものとなっているが、労働時間や健康管理時間の長さを唯一の尺度とする制度設計には問題があるといわざるを得ない。

（平成三十一年三月）

第四章　労働力調査を読み解く――イメージとは異なる実像

一　はじめに――求められる現状の正確な把握

平成十五年から平成三十年までの一五年間に、わが国の生産年齢人口（一五〜六四歳）は九二八万人減少。その一方で、六五歳以上の高齢者は一〇八六万人増加した。総務省統計局の労働力調査（注１）からは、このような事実が明らかになる（注２）。

労働力調査は一五歳以上人口を対象としており、その三分の一近く、三二・〇％（平成三十年）を占める六五歳以上の高齢者も、当然、調査対象に含まれる（以上、**表１**）。

いわゆる非正社員、労働力調査にいう「非正規の職員・従業員」は、平成十五年の一五〇四万人が、平成三十年には二一二〇万人を数えるまでになった。しかし、この間に増加した非正社員六一六万人のうち、二五八万人（四一・九％）を実際には六五歳以上の高齢者が占める。これに六〇代前半層（六〇〜六四歳）を加えると、三七九万人（六一・五％）となる（**表２**）。このように、人口の高齢化が非正社員の増加に大きく寄与していることは疑いを容れない。

他方、非正社員については、そのおよそ七割を女性が占める（一四五一万人、六八・四％／平成三十年）という現実もある（**表3**）。

こうした女性の労働力人口（就業者、雇用者）が、この一五年間に大幅に増えたことも、非正社員が増加したことの一因といえる。ちなみに、生産年齢人口でみると、男性の労働力人口（就業者、雇用者）は、この間に逆に減少している（**表4**）。

このような女性の労働市場への積極的な参入が、非正社員の増加に大きく影響したことも間違いない。

ただ、これだけでは大雑把にすぎる。現状をより正確に把握するためには、ある年齢階級に属する男女が、五年後、一〇年後、一五年後に、それぞれどのような行動をとったのかを知る必要がある。

幸い、労働力調査については、五歳刻みの年齢階級別データが年ベースで以前から公表されており、例えば、平成十五年に二〇〜二四歳であった者が一〇年後にどのような足跡を残したのかは、平成二十五年の三〇〜三四歳のデータをみれば、ある程度わかる。

非正社員は、どのようにして増加したのか。就職氷河期世代は、他の世代とどう違うのか。本章で取り上げるこうした問題も、このような縦断調査に準ずる手法（注3）を用いれば、実像にさらに近づくことが可能になる。筆者は、こう考えるのである。

二　非正社員——若年男性をイメージすると、政策を誤る

非正社員がまた増えた。かつて、月末の定例閣議が開催される火曜日または金曜日の夕刊の紙面には、このように労働力調査（基本集計）の月次の集計結果を伝える記事が決まって掲載され、若年男性が非正社員の「代表」として写真入りで登場するのが、パターン化していた。

現在も、こうしたイメージは、さほど変わっていない。このことが、非正社員の正社員化を追求する政府の政策にも直結している。

しかし、一でみたように、非正社員の主役は女性であり、男性ではない。また、非正社員が増加したとはいっても、その多くは、六〇歳以上の高齢層によって占められている。

確かに、男性についても、非正社員は、この一五年間（平成十五〜平成三十年）に二二六万人増えている。だが、男性の場合、六〇歳以上の高齢層が占める割合は、その四分の三強を占める（一七二万人、七六・一％）（**表5**）。

以前は、男性非正社員の就労形態のトップに付けていたアルバイトも、最近では、僅差とはいえ、契約社員・嘱託にトップの座を譲っている。在学中の者が多い若年層（一五〜二四歳）は、アルバイトに精を出し（注４）、高齢層は、契約社員や嘱託として働く。高年齢者雇用安定法（高年齢者等の雇用の安定等に関する法律）の改正による継続雇用制度の

導入を主な柱とする、高年齢者雇用確保措置の義務化（平成十八年四月）以降、そうした傾向もすっかり定着した（表6）。

卒業を契機にアルバイトに就く者は減り、定年をきっかけとして契約社員や嘱託として勤務する者は一挙に増える。それがどのように減り、増えていくかも、五年後、一〇年後、そして一五年後の足跡をたどることによってわかる（表6）。

他方、女性の場合には、三〇代前半以降、六〇代半ばに至るまで、パートを始めとする非正社員が年齢を重ねるごとに増え続けるか、少なくともその人数が大きく減らない点に、顕著な特徴がある。このこともまた、年齢階級別に、五年後、一〇年後、一五年後の足跡をたどることによって明らかになる（表7）。

このようにして、女性の場合、非正社員が一貫して増加を続けるなかで、雇用者も増加をみた（注5）。それが、この一五年間でみると、正社員の増加を伴うものであった（なお、過去五年間では、男性の正社員も増えている）ことも、併せて付記しておきたい（表8）。

学生アルバイトや定年後の嘱託・契約社員は、正社員化の対象とは考えにくい。非正社員の中心に位置する主婦パート（注6）についても、同じことがいえよう。

このような多数派の非正社員の存在を無視し、若年男性の非正社員（学生アルバイトを除く）をイメージして、その正社員化や同一労働同一賃金の実現を目指しても、おそらくは失敗に終わる。

イメージではなく、エビデンスに基づいて、政策を立案する。そうした地に足の付いた堅実な姿勢が、今、政府には求められている。

三　就職氷河期世代——他の世代と大差のない正社員比率

令和元年六月二十一日に閣議決定された「経済財政運営と改革の基本方針二〇一九」は、政府の推進すべき所得向上策の一環として、「最低賃金の引上げ」とともに、「就職氷河期世代支援プログラム」の実施を掲げた。

その冒頭では、政府の基本認識が次のように述べられている。

「いわゆる就職氷河期世代は、現在、三〇代半ばから四〇代半ばに至っているが、雇用環境が厳しい時期に就職活動を行った世代であり、その中には、希望する就職ができず、新卒一括採用をはじめとした流動性に乏しい雇用慣行が続いてきたこともあり、現在も、不本意ながら不安定な仕事に就いている、無業の状態にあるなど、様々な課題に直面している者がいる」。

確かに、平成五年から平成十七年まで、わが国の有効求人倍率（パートタイムを含む）は、年平均で一倍を下回っていた（**表９**）。

その対象には、新規学卒者は含まれていないとはいうものの、この間に大学を卒業した者を指して、就職氷河期世代と呼ぶことが多い。上述の「三〇代半ばから四〇代半ば」の世代が、文字どおり、この世代に該当する。

大学卒業時の就職率という点でも、特に三〇代後半の世代（三五〜四〇歳、平成三十年現在）は、六割を下回るというきわめて厳しい状況を経験した（**表９**）。

これらの世代が、他の世代に比べ、就活に苦労したことは、否定できない（注７）。だが、就職活動に苦労したとしても、やがて大半の者は定職に就く。役員を除く雇用者に占める正社員の割合（正社員比率）は、一定の年齢までは年齢を重ねるごとに確実に高まる。この点において、就職氷河期世代とそれ以外の世代との間に、それほど大きな違いはない。少なくとも男性については、このようにいえる（注８）（**表10**）。

就職氷河期世代に限って、無業の状態にある者が多いという事実もない。就業率の推移をみれば、このことは直ちにわかる（**表11**）。

就職氷河期世代について「現在も、不本意ながら不安定な仕事に就いている、無業の状態にあるなど、様々な課題に直面している者がいる」ことは確かとしても、他の世代と大きな差があるとは、統計をみる限り、到底いえそうにない。

今後三年間に、就職氷河期「世代の正規雇用者については、三〇万人増やすことを目指す」。上記の「就職氷河期世代支援プログラム」はこうもいうが、他の世代と丹念に比較を行った上で、その必要性が説かれたわけではない（注９）。

就職氷河期世代はかわいそう。だから、救済しなければならない。そのような気持ちも理解できないではないが、率直にいって、印象論・感情論の域を出るものではない。イメージを利用し、感情に訴える。そうした印象操作が、現代社会には蔓延している。就職氷河期世代というキャッチコピーも、その一つといわねばなるまい。

注

（1）以下、平成十五年および平成二十年については、労働力調査（詳細集計）を、平成二十五年および平成三十年については、同（基本集計）の集計結果（いずれも年平均）を活用している。正確には、公表された当時のデータを使用しており、対象項目が限定されることが多いという難点があるため、長期時系列データ（平成二十二年および平成二十七年の国勢調査基準のベンチマーク人口に基づく時系列接続用数値）は使用していない。その結果、平成二十年および平成二十五年の数値については、長期時系列データとの間にわずかな違いが生じるものとなっている。

（2）ただし、年齢階級別にみると、いったん減少した人口がその後また増加する、といった説明に窮する「現象」もみられる（例えば、平成十五年における「一五～一九歳」人口は七三八万人であったが、平成二十年には六六二万人（二〇～二四歳）にまで減少。その後、平成二十五年には六九一万人（二五～二九歳）、平成三十年には六九七万人（三〇～三四歳）へと、また増加に転じている）。なお、同様のことは、総務省統計局の人口推計についてもいえる。

（3）縦断調査とは、同一のサンプルを使用した追跡調査のことをいう。その例としては、厚生労働省の「二十一世紀出生児縦断調査」や「二十一世紀成年者縦断調査」がよく知られている。労働力調査の場合、調査対象となるサンプルには、このような同一性が認められないことから、本来の縦断調査に比べると、やや厳密さに欠ける。「縦断調査に準ずる手法」とした理由は、ここにある。

（4）　労働力調査（基本集計、平成三十年平均）によると、男性の若年層（一五〜二四歳）の場合、二八四万人の就業者のうち、八六万人（三〇・三％）が「通学・家事などのかたわらに仕事」と回答し、その大半を「通学のかたわらに仕事」（八三万人、二九・二％）が占める。なお、対象を二〇〜二四歳の男性に絞ると、二三〇万人の就業者のうち、「通学・家事などのかたわらに仕事」と回答した者は五六万人（二四・三％）、そのなかで「通学のかたわらに仕事」と答えた者は五三万人（二三・〇％）であった。

（5）　女性の場合、家族従業者が、平成十五年の二三七万人から平成三十年の一二〇万人へと、一一七万人も減少したことが、一方では注目される。その結果、就業者に占める家族従業者の割合は四・一％にまで低下した。昭和二十八年には、その割合が五五・七％もあったことを思えば、隔世の感がある。筆者も、かつて、このような家族従業者の減少と臨時雇用者の増加の関係について論じたことがある（拙著『労働法の「常識」は現場の「非常識」——程良い規制を求めて』（中央経済社、平成二十六年）七〇—七四頁を参照）が、規模という点からいっても、家族従業者の減少（一一七万人減、自営業主の減少と合わせると一二四万人減）だけでは非正社員の増加（三九〇万人増）を説明することはできない。このことは、男性の場合における自営業主の減少（九四万人減、家族従業者の減少と合わせると一二〇万人減）と非正社員の増加（二二六万人増）の関係についてもいえる。

（6）ちなみに、労働力調査（基本集計、平成三十年平均）によると、女性パート九一四万人のうち、「世帯主の配偶者」と答えた者は、六四九万人（七一・〇％）いた。

（7）就職をめぐる環境は、リーマン・ショック（二〇〇八年［平成二十年］）以降の数年間（平成二十一～平成二十四年）においても、同様に厳しい状況にあったが、ここでは問題にしない。

（8）女性の場合、男性とは逆に、三〇代後半以降、年齢を重ねるとともに、正社員比率はむしろ低下する傾向にある。しかし、年齢階級ごとにみた正社員比率は、この一五年間、六〇歳以上の高齢層を除き、ほぼ安定しており、就職氷河期世代とそれ以外の世代との間の差異は、男性以上に小さいともいえる。

（9）就職氷河期世代がかかえる固有の課題としては、「希望する就業とのギャップ、実社会での経験不足、年齢の上昇等」を挙げ、「この結果、無業者、不安定就労者が多く、他の世代と比較して転職経験者の比率が高くなっている」と注記するものの、それ以上の説明はない。

（令和元年八月）

表1　15歳以上人口の推移(男女計／年齢別)

（単位：万人）

	総計	15～64歳	65歳以上
平成15年	10,942	8,479	2,463
平成20年	11,028	8,181	2,848
平成25年	11,088	7,920	3,168
平成30年	11,101	7,551	3,549
15年間の変化	159	▲928	1,086

表2　非正社員の推移(男女計／年齢別)

（単位：万人）

	総計	60～64歳	65歳以上	60歳以上
平成15年	1,504	129	100	229
平成20年	1,760	194	153	347
平成25年	1,906	253	203	456
平成30年	2,120	250	358	608
15年間の変化	616	121	258	379

注）非正社員とは、統計上の「非正規の職員・従業員」を指す。

表3　非正社員の推移(男女別構成)

（単位：万人、％）

	人数			構成比		
	男女計	男　性	女　性	男女計	男　性	女　性
平成15年	1,504	443	1,061	100.0	29.5	70.5
平成20年	1,760	559	1,202	100.0	31.8	68.3
平成25年	1,906	610	1,296	100.0	32.0	68.0
平成30年	2,120	669	1,451	100.0	31.6	68.4
15年間の変化	616	226	390	100.0	36.7	63.3

注）非正社員とは、統計上の「非正規の職員・従業員」を指す。

表4　労働力人口等の推移(男女別)

（単位：万人）

		15歳以上人口		
		平成15年	平成30年	15年間の変化
労働力人口	男性	3,922	3,817	▲ 105
	女性	2,732	3,014	282
就業者	男性	3,707	3,717	10
	女性	2,597	2,946	349
雇用者	男性	3,152	3,264	112
	女性	2,191	2,671	480

注）労働力人口とは、就業者に完全失業者の数を加えたものをいい、就業者とは、自営業主、家族従業者および雇用者（役員を含む）を指す。

（単位：万人）

		生産年齢人口(15～64歳)		
		平成15年	平成30年	15年間の変化
労働力人口	男性	3,600	3,294	▲ 306
	女性	2,543	2,661	118
就業者	男性	3,396	3,205	▲ 191
	女性	2,408	2,597	189
雇用者	男性	2,997	2,927	▲ 70
	女性	2,113	2,434	321

注）労働力人口とは、就業者に完全失業者の数を加えたものをいい、就業者とは、自営業主、家族従業者および雇用者（役員を含む）を指す。

参考

（単位：%）

		生産年齢人口(15～64歳)		
		平成15年	平成30年	15年間の変化
労働力率	男性	84.8	86.2	1.4
	女性	60.0	71.3	11.3
就業率	男性	80.0	83.9	3.9
	女性	56.9	69.6	12.7
雇用者比率	男性	88.3	91.3	3.1
	女性	87.7	93.7	6.0

注）労働力率および就業率とは、15歳以上人口に占める労働力人口および就業者の割合をいい、雇用者比率とは、就業者に占める雇用者の割合をいう。

表５　非正社員の推移（男女別／年齢別）

（単位：万人）

男性	総計	60～64歳	65歳以上	60歳以上
平成15年	443	68	61	129
平成20年	559	99	92	191
平成25年	610	126	116	242
平成30年	669	112	189	301
15年間の変化	226	44	128	172

注）　非正社員とは、統計上の「非正規の職員・従業員」を指す。

（単位：万人）

女性	総計	60～64歳	65歳以上	60歳以上
平成15年	1,061	61	38	99
平成20年	1,202	95	61	156
平成25年	1,296	128	86	214
平成30年	1,451	138	169	307
15年間の変化	390	77	131	208

注）　非正社員とは、統計上の「非正規の職員・従業員」を指す。

（単位：％）

男性	総計	60～64歳	65歳以上	60歳以上
平成15年	100.0	15.3	13.8	29.1
平成20年	100.0	17.7	16.5	34.2
平成25年	100.0	20.7	19.0	39.7
平成30年	100.0	16.7	28.3	45.0
15年間の変化	100.0	19.5	56.6	76.1

（単位：％）

女性	総計	60～64歳	65歳以上	60歳以上
平成15年	100.0	5.7	3.6	9.3
平成20年	100.0	7.9	5.1	13.0
平成25年	100.0	9.9	6.6	16.5
平成30年	100.0	9.5	11.6	21.2
15年間の変化	100.0	19.7	33.6	53.3

表６　非正社員の内訳とその推移　男性（年齢別）

（単位：万人、％）

男性		総計		15～19歳	20～24歳	25～29歳	30～34歳	35～39歳	40～44歳	45～49歳	50～54歳	55～59歳	60～64歳	65～69歳	70～74歳	75歳以上
非正社員計	平成15年	443	100.0	37	83	47	31	20	16	18	28	32	68	44	14	3
	平成20年	559	100.0	33	87	58	43	36	25	21	25	41	99	63	24	5
	平成25年	610	100.0	28	79	58	44	37	33	28	27	35	126	76	31	9
	平成30年	669	100.0	36	91	47	36	33	31	32	28	33	112	114	54	21
パート	平成15年	63	14.2	2	6	5	4	3	2	2	4	5	14	12	3	1
	平成20年	82	14.7	2	6	6	4	4	2	2	3	7	20	19	8	1
	平成25年	101	16.6	1	6	7	6	5	5	4	5	7	23	22	9	2
	平成30年	121	18.1	1	5	5	6	5	5	5	5	6	18	34	17	7
アルバイト	平成15年	171	38.6	32	61	21	10	5	4	5	5	5	11	8	3	1
	平成20年	166	29.7	29	55	17	11	6	5	3	3	6	11	13	6	1
	平成25年	200	32.8	25	57	23	13	9	8	7	5	6	17	18	9	2
	平成30年	226	33.8	34	71	18	11	9	7	7	5	6	12	25	16	6
派遣社員	平成15年	13	2.9	0	2	3	2	1	1	1	0	1	1	1	0	-
	平成20年	55	9.8	1	7	10	8	8	4	4	3	4	3	3	1	0
	平成25年	48	7.9	0	4	7	7	6	5	4	3	2	4	3	2	1
	平成30年	51	7.6	0	4	6	5	5	5	5	4	3	3	5	2	1
契約社員・嘱託	平成15年	125	28.2	1	8	13	9	7	6	5	9	13	33	16	4	1
	平成20年	179	32.0	0	12	16	13	11	8	7	10	17	56	21	7	1
	平成25年	219	35.9	1	10	17	15	13	12	11	12	16	75	28	8	3
	平成30年	231	34.5	1	8	14	12	12	11	12	10	15	74	43	15	4
その他	平成15年	71	16.0	1	5	6	7	4	4	6	9	8	8	7	4	1
	平成20年	77	13.8	1	7	10	8	7	6	5	6	7	8	8	3	2
	平成25年	42	6.9	0	2	4	3	3	3	2	3	3	7	5	3	1
	平成30年	40	6.0	0	3	4	3	3	2	2	2	2	6	7	4	3

注）　非正社員とは、統計上の「非正規の職員・従業員」を、派遣社員とは「労働者派遣事業所の派遣社員」を指す。2013 年および 18 年の契約社員・嘱託は、「契約社員」と「嘱託」の合計。

参考

（単位：％）

男性		総計		15～19歳	20～24歳	25～29歳	30～34歳	35～39歳	40～44歳	45～49歳	50～54歳	55～59歳	60～64歳	65～69歳	70～74歳	75歳以上
非正社員の年齢別構成比	平成15年	443	100.0	8.4	18.7	10.6	7.0	4.5	3.6	4.1	6.3	7.2	15.3	9.9	3.2	0.7
	平成20年	559	100.0	5.9	15.6	10.4	7.7	6.4	4.5	3.8	4.5	7.3	17.7	11.3	4.3	0.9
	平成25年	610	100.0	4.6	13.0	9.5	7.2	6.1	5.4	4.6	4.4	5.7	20.7	12.5	5.1	1.5
	平成30年	669	100.0	5.4	13.6	7.0	5.4	4.9	4.6	4.8	4.2	4.9	16.7	17.0	8.1	3.1

表7　非正社員の内訳とその推移　女性(年齢別)

(単位：万人、%)

女性		総計		15～19歳	20～24歳	25～29歳	30～34歳	35～39歳	40～44歳	45～49歳	50～54歳	55～59歳	60～64歳	65～69歳	70～74歳	75歳以上
非正社員計	平成15年	1,061	100.0	43	98	97	107	112	128	130	148	100	61	27	8	3
	平成20年	1,202	100.0	38	92	96	119	136	151	142	132	140	95	42	15	4
	平成25年	1,296	100.0	33	91	94	106	144	176	163	145	129	128	60	20	6
	平成30年	1,451	100.0	48	98	79	103	128	179	197	168	146	138	105	47	17
パート	平成15年	685	64.6	5	24	42	64	79	99	104	118	79	45	19	6	1
	平成20年	739	61.5	3	20	35	63	89	107	106	98	108	69	29	9	2
	平成25年	826	63.7	2	18	40	58	95	127	120	111	101	94	44	15	4
	平成30年	914	63.0	2	13	32	59	85	126	142	124	109	98	76	35	12
アルバイト	平成15年	170	16.0	36	51	22	14	11	9	7	8	6	5	2	1	0
	平成20年	165	13.7	33	45	18	14	12	10	7	7	6	7	4	1	0
	平成25年	192	14.8	30	54	22	15	14	14	11	8	7	9	6	2	1
	平成30年	229	15.8	45	67	18	13	12	14	14	11	8	10	11	5	2
派遣社員	平成15年	37	3.5	0	3	9	10	5	4	2	1	1	0	0	0	0
	平成20年	85	7.1	1	7	15	17	15	11	9	4	3	1	1	1	-
	平成25年	68	5.2	0	5	8	11	12	10	8	5	3	3	2	1	0
	平成30年	85	5.9	0	6	8	10	11	13	14	8	6	3	3	1	1
契約社員・嘱託	平成15年	111	10.5	1	15	19	14	11	10	10	14	8	7	3	1	0
	平成20年	142	11.8	1	14	21	17	15	16	14	14	14	10	4	1	0
	平成25年	169	13.0	1	12	19	19	19	21	20	17	14	18	6	2	1
	平成30年	183	12.6	0	10	18	17	17	22	22	20	19	22	11	3	1
その他	平成15年	58	5.5	1	4	6	5	6	6	7	8	6	5	3	1	1
	平成20年	71	5.9	0	5	6	7	5	8	7	8	8	7	4	3	2
	平成25年	40	3.1	0	3	3	3	3	4	5	5	4	4	2	2	1
	平成30年	40	2.8	0	2	3	3	3	4	4	4	4	5	4	2	2

注)　非正社員とは、統計上の「非正規の職員・従業員」を、派遣社員とは「労働者派遣事業所の派遣社員」を指す。2013 年および 18 年の契約社員・嘱託は、「契約社員」と「嘱託」の合計。

参考

(単位：%)

女性		総計		15～19歳	20～24歳	25～29歳	30～34歳	35～39歳	40～44歳	45～49歳	50～54歳	55～59歳	60～64歳	65～69歳	70～74歳	75歳以上
非正社員の年齢別構成比	平成15年	1,061	100.0	4.1	9.2	9.1	10.1	10.6	12.1	12.3	13.9	9.4	5.7	2.5	0.8	0.3
	平成20年	1,202	100.0	3.2	7.7	8.0	9.9	11.3	12.6	11.8	11.0	11.6	7.9	3.5	1.2	0.3
	平成25年	1,296	100.0	2.5	7.0	7.3	8.2	11.1	13.6	12.6	11.2	10.0	9.9	4.6	1.5	0.5
	平成30年	1,451	100.0	3.3	6.8	5.4	7.1	8.8	12.3	13.6	11.6	10.1	9.5	7.2	3.2	1.2

表8　雇用者の内訳とその推移(男女別)

(単位：万人)

	男性			女性		
	雇用者	正社員	非正社員	雇用者	正社員	非正社員
平成15年	2,853	2,410	443	2,095	1,034	1,061
平成20年	2,917	2,358	559	2,242	1,040	1,202
平成25年	2,886	2,275	610	2,324	1,028	1,296
平成30年	3,016	2,347	669	2,589	1,138	1,451
15年間の変化	163	▲ 63	226	494	104	390

注)　雇用者には、役員を含まない。正社員および非正社員とは、統計上の「正規の職員・従業員」および「非正規の職員・従業員」を指す。

表９　大学卒業者の就職率・有効求人倍率の推移（平成年間）

（単位：%、倍）

年	大卒者の就職率			有効求人倍率	
	計	男性	女性	パートタイムを含む	パートタイムを除く
平成元年	79.6	80.1	78.5	1.25	1.11
平成２年	81.0	81.0	81.0	1.40	1.26
平成３年	81.3	81.1	81.8	1.40	1.28
平成４年	79.9	79.7	80.4	1.08	1.01
平成５年	76.2	76.5	75.6	0.76	0.71
平成６年	70.5	71.8	67.6	0.64	0.59
平成７年	67.1	68.7	63.7	0.63	0.56
平成８年	65.9	67.1	63.5	0.70	0.62
平成９年	66.6	67.5	64.8	0.72	0.62
平成10年	65.6	66.2	64.5	0.53	0.44
平成11年	60.1	60.3	59.8	0.48	0.39
平成12年	55.8	55.0	57.1	0.59	0.46
平成13年	57.3	55.9	59.6	0.59	0.46
平成14年	56.9	54.9	60.0	0.54	0.41
平成15年	55.1	52.6	58.8	0.64	0.51
平成16年	55.8	53.1	59.7	0.83	0.69
平成17年	59.7	56.6	64.1	0.95	0.84
平成18年	63.7	60.5	68.1	1.06	0.94
平成19年	67.6	64.0	72.3	1.04	0.92
平成20年	69.9	66.4	74.6	0.88	0.76
平成21年	68.4	64.6	73.4	0.47	0.38
平成22年	60.8	56.4	66.6	0.52	0.43
平成23年	61.6	57.0	67.6	0.65	0.56
平成24年	63.9	58.9	70.2	0.80	0.69
平成25年	67.3	62.3	73.4	0.93	0.80
平成26年	69.8	64.9	75.8	1.09	0.96
平成27年	72.6	67.8	78.5	1.20	1.05
平成28年	74.7	69.7	80.7	1.36	1.19
平成29年	76.1	71.1	82.1	1.50	1.36
平成30年	77.1	72.3	82.9	1.61	1.50

注）大卒者の就職率は、各年３月卒業者に占める就職者の割合。有効求人倍率（新規学卒者を除く）は、年平均。
出所）文部科学省「学校基本調査」、厚生労働省「職業安定業務統計」

表10　正社員比率の推移（年齢別）

（単位：％）

		総計	15～19歳	20～24歳	25～29歳	30～34歳	35～39歳	40～44歳	45～49歳	50～54歳	55～59歳	60～64歳	65～69歳	70～74歳	75歳以上
男女計	平成15年	69.6	29.7	61.1	78.0	78.9	76.0	73.3	71.3	70.9	70.7	44.4	34.3	37.8	53.8
	平成20年	65.9	30.4	58.9	72.9	75.5	73.3	70.8	69.5	69.5	66.7	41.4	29.5	30.9	47.4
	平成25年	63.4	29.1	56.4	71.7	73.5	72.6	69.6	68.3	67.4	65.3	36.9	27.1	26.8	38.5
	平成30年	62.2	22.9	56.9	75.5	74.5	72.3	70.0	68.2	67.5	65.2	37.7	24.0	21.7	26.4
男性	平成15年	84.5	32.7	64.2	87.4	92.3	94.0	94.9	93.8	91.9	88.1	51.8	37.1	39.1	57.1
	平成20年	80.8	35.3	59.9	81.7	89.1	90.6	92.7	92.8	91.1	86.6	50.0	31.5	29.4	50.0
	平成25年	78.8	34.9	59.3	80.5	86.5	90.2	91.1	91.4	90.5	87.0	45.5	30.9	25.6	35.7
	平成30年	77.8	30.2	59.2	83.3	88.2	89.8	91.8	91.6	91.2	88.0	49.1	29.2	25.0	24.1
女性	平成15年	49.4	24.6	57.9	66.1	57.9	48.6	43.4	43.7	43.5	44.8	33.0	28.9	42.9	50.0
	平成20年	46.4	25.5	57.4	61.9	55.6	47.9	42.1	42.0	43.1	40.4	28.6	27.6	28.6	50.0
	平成25年	44.2	20.9	53.6	61.9	55.6	48.0	42.6	40.9	40.4	38.9	24.7	23.1	27.6	45.5
	平成30年	44.0	15.8	55.1	67.1	57.4	50.6	45.2	42.1	41.5	38.9	22.9	16.7	17.5	29.2

注）正社員とは、統計上の「正規の職員・従業員」をいい、正社員比率とは、役員を除く雇用者に占める正社員の割合を指す。

参考　正社員数の推移（年齢別）

（単位：万人）

		総計	15～19歳	20～24歳	25～29歳	30～34歳	35～39歳	40～44歳	45～49歳	50～54歳	55～59歳	60～64歳	65～69歳	70～74歳	75歳以上
男女計	平成15年	3,444	33	284	514	520	417	395	370	431	318	103	37	14	7
	平成20年	3,399	31	255	415	500	472	426	373	357	361	137	44	17	9
	平成25年	3,302	25	220	385	415	476	479	409	357	309	148	51	19	10
	平成30年	3,485	25	250	388	407	423	492	492	409	336	151	69	28	14
男性	平成15年	2,410	18	149	325	374	311	297	270	318	237	73	26	9	4
	平成20年	2,358	18	130	259	351	347	316	271	257	265	99	29	10	5
	平成25年	2,275	15	115	235	282	342	349	296	258	227	105	34	11	5
	平成30年	2,347	16	132	230	268	292	346	349	290	243	109	47	18	7
女性	平成15年	1,034	14	135	189	147	106	98	101	114	81	30	11	6	3
	平成20年	1,040	13	124	156	149	125	110	103	100	95	38	16	6	4
	平成25年	1,028	9	105	151	133	133	130	113	99	82	42	18	8	5
	平成30年	1,138	9	119	159	139	131	147	143	119	93	41	21	10	7

注）正社員とは、統計上の「正規の職員・従業員」をいう。

表11　就業率の推移(年齢別)

(単位：%)

		総計	15～19歳	20～24歳	25～29歳	30～34歳	35～39歳	40～44歳	45～49歳	50～54歳	55～59歳	60～64歳	65～69歳	70～74歳	75歳以上
男女計	平成15年	57.6	15.6	64.3	77.8	74.8	76.4	81.0	82.1	79.0	72.9	50.9	34.0	21.9	9.3
	平成20年	57.8	15.7	66.8	80.4	77.5	77.8	81.9	83.7	81.2	74.9	58.1	36.3	22.2	8.9
	平成25年	56.9	14.5	64.1	81.0	79.5	80.1	81.6	83.4	82.4	76.8	58.9	38.7	23.3	8.2
	平成30年	60.0	18.9	71.4	85.9	83.9	83.6	86.2	85.9	85.4	81.7	68.8	46.6	30.2	9.8
男性	平成15年	70.1	15.1	64.0	87.9	92.3	93.4	94.3	93.9	92.1	89.6	64.6	45.6	30.2	15.3
	平成20年	69.8	15.3	66.5	88.1	92.9	93.6	94.4	94.2	93.0	89.7	73.7	48.0	30.7	14.5
	平成25年	67.5	14.2	62.4	87.2	91.3	92.9	92.8	92.9	92.2	89.1	72.2	48.8	30.9	13.3
	平成30年	69.3	17.7	70.8	90.3	93.0	93.9	94.2	93.6	93.3	91.3	81.1	57.2	38.1	14.8
女性	平成15年	45.9	16.1	64.6	67.4	57.1	59.5	67.3	70.4	65.7	56.8	37.8	23.6	15.2	5.8
	平成20年	46.6	16.1	67.2	72.2	62.0	61.9	68.9	73.2	69.5	60.5	43.3	25.8	14.8	5.4
	平成25年	47.1	14.9	66.0	74.9	67.2	66.9	70.2	73.7	72.8	64.7	46.0	29.3	16.7	5.1
	平成30年	51.3	20.1	72.5	80.9	74.6	73.0	78.1	77.9	77.5	72.0	56.8	36.6	23.1	6.5

注）就業率とは、15歳以上人口に占める就業者の割合をいう。

参考　就業者数の推移(年齢別)

(単位：万人)

		総計	15～19歳	20～24歳	25～29歳	30～34歳	35～39歳	40～44歳	45～49歳	50～54歳	55～59歳	60～64歳	65～69歳	70～74歳	75歳以上
男女計	平成15年	6,304	115	481	696	734	632	644	646	805	642	411	256	145	98
	平成20年	6,376	104	442	594	720	727	700	639	648	723	508	294	160	117
	平成25年	6,311	88	399	560	609	731	785	696	636	597	575	333	175	128
	平成30年	6,664	112	450	535	585	646	790	826	709	623	525	441	246	175
男性	平成15年	3,707	57	244	398	456	385	380	368	469	387	252	162	90	60
	平成20年	3,720	52	224	334	434	440	407	360	370	425	314	184	103	73
	平成25年	3,610	44	199	307	355	430	451	390	356	344	346	202	108	79
	平成30年	3,717	54	230	289	330	368	437	455	389	348	305	262	146	104
女性	平成15年	2,597	58	237	298	278	247	264	278	335	255	158	94	55	38
	平成20年	2,655	52	219	260	286	287	292	279	278	297	194	110	57	44
	平成25年	2,701	44	200	253	254	301	334	306	281	253	229	131	67	49
	平成30年	2,946	58	221	246	255	278	353	371	320	275	220	179	100	71

注）就業者には、雇用者のほか、自営業主および家族従業者が含まれる。

第五章　毎勤統計を読み解く——つくられたイメージ

一　一年前との比較からわかること——鵜呑みにできない速報値

速報は、各紙が一斉に記事にするものの、確報となると、見向きもしない。厚生労働省の毎月勤労統計調査、世にいう毎勤統計をめぐるマスコミ報道には、そんな特徴がある。

毎勤統計は、「常用労働者」五人以上の事業所を対象として、賃金、労働時間および雇用の変動を調査することを目的としている。ここにいう「常用労働者」とは、①期間を定めずに雇われている者、または②一か月以上の期間を定めて雇われている者、のいずれかに該当する者をいう。ただ、新聞等では煩雑さを避けるため、単に「労働者」と表現されることが少なくない。

例えば、令和元年十月八日に、同年八月の毎勤統計の調査結果（速報）が公表されたときは、（常用）労働者一人当たりの現金給与総額（所定内・所定外の定期給与のほか、一時金等の特別給与を含む）が一年前との比較、すなわち前年同月比で〇・二％減少し、二か月連続で減少したことを主な内容とする記事が多かった。

また、それからさらに一か月を経た十一月八日に公表された九月の調査結果（速報）については、この労働者一人当たりの現金給与総額が前年同月比で〇・八％増加し、三か月ぶりのプラスとなったことが、共通して報じられた。

確かに、「報道関係者　各位」と記された資料には、その旨の記述がある。だが、**表１―１**をみてもわかるように、前年の速報値との間で比較を行った場合、令和元年八月における労働者一人当たりの現金給与総額は〇・〇三％減、九月のそれは一・〇％増となる。

しかし、**表１―２**のように、確報値を用いて比較すると、令和元年九月における労働者一人当たりの現金給与総額こそ、速報値の報道発表資料と同じ〇・八％増となるとはいえ、八月のそれも〇・二％増となり、〇・二％減とした上記の報道発表資料やこれを前提とした報道とは、プラス・マイナスまでが入れ替わってしまう。

平成三十一年一月に三〇人以上規模の事業所の標本の部分入替えを行ったとはいうが、速報値と確報値の違いが、このような事情によって説明できないことはいうまでもない。

速報値と確報値の間に、実際にも相当大きな差異がある理由は何か。――統計の素人には不可能を強いるものとしか思えない――全数調査を云々する前に、こうした素朴な疑問に答える（問い質す）ことも、マスコミの重要な使命といえよう。

とはいうものの、一年前のデータとの比較を行ったにすぎない**表１**（**１―１＆１―２**）からも、次のようなファクトは何とか読み取ることができる。

① 労働者は増加し、労働時間は減少する傾向にある。
② 労働時間が減少すれば、一時間当たりの賃金は増える。
③ 労働者が増加しても、労働時間が減少すれば、労働投入量は増えない。

以下、項を改めて、二〇年間というより長期にわたる時系列データをもとに、このことを確認してみたい。

二　変化に乏しい一般労働者、大きく変わったパートタイム労働者

毎勤統計は、一でみたように、「常用労働者」（①期間を定めずに雇われている者、または②一か月以上の期間を定めて雇われている者、のいずれかに該当する者）をその調査対象としている。さらに、毎勤統計では、この「常用労働者」を「一般労働者」と「パートタイム労働者」に分けて、調査が行われている。

ここにいう「パートタイム労働者」とは、常用労働者のうち、

⑴ 一日の所定労働時間が一般の労働者より短い者
⑵ 一日の所定労働時間が一般の労働者と同じで一週の所定労働日数が一般の労働者より
　　も少ない者

のいずれかに該当する者をいう。

その定義は、パートタイム労働法二条に定める「短時間労働者」の定義（注1）に近い。そして、「一般労働者」とは、「常用労働者」のうち、このような「パートタイム労働者」以外の者をいう。

表2によると、この二〇年間に労働時間は着実に減少。平成三十年度には、ついに常用労働者一人当たりの年間総実労働時間が、一七〇〇時間をわずかにせよ下回る（一六九六・八時間）ものとなった。

この間に、月間出勤日数が二日近く減少したことが、その背景にはある（平成十年度を一〇〇・〇とした場合の平成三十年度の比率は、労働時間（九一・二）、出勤日数（九一・五）ともに、ほぼ同水準にある）。

しかし、**表3**にみるように、一般労働者に対象を限ると、労働時間も出勤日数もあまり変わっていない。一人当たりの年間総実労働時間は、この二〇年間で六時間減少したにすぎず、相変わらず二〇〇〇時間の大台（平成三十年度は二〇〇四・〇時間）をキープしている。月間出勤日数にしても、この間の減少日数は、わずか〇・六日（平成三十年度は二〇・〇日）にとどまっている。

このような一般労働者の動きとは対照的に、**表4**にみるように、パートタイム労働者一人当たりの年間総実労働時間は、過去二〇年間に一二七・二時間も減少し、今や一〇二〇時間を下回る（平成三十年度は一〇一八・八時間）ものとなっている。月間出勤日数も、この間に二日以上減り、一五日を割る（平成三十年度は一四・七日）に至っている。

さらに、この二〇年間に、一般労働者の数はほとんど変化をみなかった（平成三十年度は二四万二〇〇〇人減の三四四七万四〇〇〇人）のに対して、パートタイム労働者の数は倍増（平成三十年度は八四二万二〇〇〇人増の一五五七万八〇〇〇人）。その結果、パートタイム労働者の動向が、常用労働者全体の変化を実質的に左右することとなった。

他方、常用労働者全体でみると、**表2**にあるように、一か月当たりの現金給与総額は、この二〇年間に――労働時間の減少を上回る勢いで――一割以上も減少している。

一時間当たりの給与額も、ようやく底を打ったとはいえ、今日なお、二〇年前の水準を回復するには至っていない。

こう書くと、労働者の賃金が全体として下がっているようにもみえるが、**表3**や**表4**を一瞥してもわかるように、実は一般労働者、パートタイム労働者ともに、一時間当たりの給与額をとっても、一か月当たりの現金給与総額をとっても、その額は減っていない。

なるほど、賃金が増えたといっても、**表3**にみるように、一般労働者の場合、この二〇年間の賃金増加率は、一か月当たりの現金給与総額が一・三％（平成三十年度は四二万三三五五円）、一時間当たりの給与額も一・八％（平成三十年度は二五三五・一円）と、文字どおりの微増にとどまっている。

これに対して、表４にみるように、パートタイム労働者の場合には、この間の増加率が、一か月当たりの現金給与総額で六・〇％（平成三十年度は九万九八一三円）、一時間当たりの給与額では一九・三％（平成三十年度は一一七五・七円）と、一般労働者の増加率を大幅に上回るものとなった。

ただ、このように、パートタイム労働者の場合、一か月当たりの現金給与総額は依然として一〇万円を下回っており、この二〇年間における労働者の増加がもっぱらこのようなパートタイム労働者の増加（その増加規模は八〇〇万人を優に超える）によるものであったため、常用労働者全体としては、一か月当たりの現金給与総額が一割以上の減少をみる結果となった。そこには、こんなカラクリがあったのである。

だとすると、常用労働者全体の数値をもとに、一か月当たりの現金給与総額が増えた、減ったと、一でみたように報道すること自体に意味はないともいえる。このような報道が伝えるのは、つくられたイメージでしかないからである。

三　目の前にある現実――労働投入量が増えなければ、ＧＤＰも増えない

労働者数の増加が労働投入量（マンアワー：「労働者数」×「一人当たりの年間総実労働時間数」）の増加に、ダイレクトに結びつかない。わが国は今、そうした問題のある状況に

直面している。

例えば、この二〇年間に、常用労働者数は二割近く増えている（一九・五％増）ものの、労働投入量は一割も増えていない（八・九％増）。言い換えれば、労働投入量の増加率は、常用労働者数の増加率の半分にも満たないのが現状となっている（表２）。

なかでも一般労働者の場合、「労働者数」そのものが、わずかながら減少した（〇・七％減）ことに加え、「一人当たりの年間総実労働時間数」も減少をみた（〇・三％減）ため、その積で表される労働投入量が一・〇％減少するというより深刻な状況にある（表３）。

他方、パートタイム労働者の場合、その数が二倍以上に増加した（一一七・七％増）にもかかわらず、一方で「一人当たりの年間総実労働時間数」が大幅に減少した（一一・一％減）ために、労働投入量の伸びは、倍増にはいま一歩届かないレベル（九三・五％増）にとどまっている（表４）。

一か月当たりの賃金は、一〇万円以内に抑える。時間給が上がれば、その分、出勤日数を減らす。パートタイム労働者の長期時系列統計（表４）からは、そうしたパートタイム労働者の行動パターンが浮かび上がってくる。

パートタイム労働者、とりわけその中心に位置する主婦パートにとっては、このような行動パターンも、所得税や社会保険料の負担、扶養手当の受給といった諸々の問題を考慮すると、あるいは合理的で賢明な選択といえるかもしれない。

だが、理想論であることを承知の上でいえば、そうした問題を念頭に置かざるを得ない現状にこそ、本来はメスを入れるべきであろう。

令和元年十一月一日に総務省統計局が公表した、同年九月の「労働力調査（基本集計）」の結果においては、確かにそのポイントが次のように記されている。

・就業者数は六七六八万人。前年同月に比べ五三万人の増加。八一か月連続の増加
・雇用者数は六〇一七万人。前年同月に比べ五一万人の増加。八一か月連続の増加

八一か月といえば、第二次安倍晋三内閣の発足（平成二十四年十二月二十六日）直後から、就業者数や雇用者数は連続して増加しているという計算になる（注２）。

しかし、前述したように、雇用者数（労働者数）の増加は、必ずしも労働投入量の増加を意味するものではない。

表１―２でみたように、毎勤統計（確報）によれば、令和元年九月までの一年間に常用労働者数は一・七％増加したにもかかわらず、労働投入量の伸びは一・〇％にとどまっている（なお、毎勤統計における常用労働者数の増加（八四万人）は、労働力調査における雇用者数の増加（五一万人）をなぜか上回っているが、ここでは問題にしない）。

このように、労働投入量が増えなければ、ＧＤＰも増加しない。両者がこうした関係にあることは、常識の範疇に属する。時間単価は上がっても、月収や年収が増えなければ、消費も伸びず、ＧＤＰも増えないという問題も一方にはある（注３）。

名目GDP六〇〇兆円の達成を安倍内閣は目標として掲げているが、このような状況では、その実現も覚束ない。こういえば、言い過ぎであろうか。

注

(1) パートタイム労働法（短時間労働者の雇用管理の改善等に関する法律）二条は、「短時間労働者」を次のように定義している（令和二年四月一日に施行されたパート・有期雇用労働法（短時間労働者及び有期雇用労働者の雇用管理の改善等に関する法律）二条一項に同じ。なお、新法の内容と問題点については、**本書第二部第一章**を参照）。

（定義）

第二条　この法律において「短時間労働者」とは、一週間の所定労働時間が同一の事業所に雇用される通常の労働者（略）の一週間の所定労働時間に比し短い労働者をいう。

(2) 令和元年十一月二十九日に公表された、同年十月の「労働力調査（基本集計）」においては、以下にみるように、就業者数、雇用者数ともに、八二か月連続の増加を記録するものとなった。とはいえ、同月分の毎勤統計（確報）の結果は、十二月下旬にならないと公表されないため、ここでは、同年九月の「労働力調査（基本集計）」の結果に基づいて記述を行っている（なお、就業者数も雇用者数も、令和二年三月まで（八七か月連続）、増加が続いた）。

・就業者数は六七八七万人。前年同月に比べ六二万人の増加。八二か月連続の増加
・雇用者数は六〇四六万人。前年同月に比べ五〇万人の増加。八二か月連続の増加

（3）　この意味で、最低賃金の引上げによって消費が拡大するという論理は、韓国の失敗を俟つまでもなく、あまりにも皮相な考え方といえよう。なお、わが国における最低賃金の額（地域別最低賃金の全国加重平均額）は、過去二〇年余りの間に四割近くも上昇している（平成十年度の六四九円が、平成三十一年度（令和元年度）には、三八・八％増の九〇一円にアップ）。

（令和元年十二月）

表１－１　過去１年間における常用労働者の就労状況の推移（速報）

	A　総実労働時間／月		B　労働者数（千人）		労働投入量（A×B）		現金給与総額／月		1時間当たりの給与額	
平成30年８月	140.1	100.0	50,221	100.0	7,035,962	100.0	276,366	100.0	1972.6	100.0
令和元年８月	136.0	97.1	50,999	101.5	6,935,864	98.6	276,296	99.97	2031.6	103.0
平成30年９月	139.3	100.0	50,231	100.0	6,997,178	100.0	270,256	100.0	1940.1	100.0
令和元年９月	138.3	99.3	51,045	101.6	7,059,524	100.9	272,937	101.0	1973.5	101.7

表１－２　過去１年間における常用労働者の就労状況の推移（確報）

	A　総実労働時間／月		B　労働者数（千人）		労働投入量（A×B）		現金給与総額／月		1時間当たりの給与額	
平成30年８月	140.0	100.0	50,253	100.0	7,035,420	100.0	276,123	100.0	1972.3	100.0
令和元年８月	135.8	97.0	50,980	101.4	6,923,084	98.4	276,699	100.2	2037.5	103.3
平成30年９月	139.1	100.0	50,230	100.0	6,986,993	100.0	269,656	100.0	1938.6	100.0
令和元年９月	138.2	99.4	51,070	101.7	7,057,874	101.0	271,945	100.8	1967.8	101.5

出所）厚生労働省「毎月勤労統計調査」（事業所規模５人以上、産業計）

表2　20年間における常用労働者の就労状況の推移

	総実労働時間／月	A　年間総実労働時間		B　労働者数(千人)		労働投入量(A×B)		月間出勤日数		現金給与総額／月		1時間当たりの給与額	
平成10年度	155.2	1,862.4	100.0	41,871	100.0	77,980,550,400	100.0	20.0	100.0	362,743	100.0	2337.3	100.0
平成11年度	153.8	1,845.6	99.1	43,515	103.9	80,311,284,000	103.0	19.9	99.5	354,169	97.6	2302.8	98.5
平成12年度	153.8	1,845.6	99.1	43,448	103.8	80,187,628,800	102.8	19.9	99.5	355,572	98.0	2311.9	98.9
平成13年度	152.6	1,831.2	98.3	43,340	103.5	79,364,208,000	101.8	19.8	99.0	350,009	96.5	2293.6	98.1
平成14年度	152.2	1,826.4	98.1	43,055	102.8	78,635,652,000	100.8	19.8	99.0	343,120	94.6	2254.4	96.5
平成15年度	152.7	1,832.4	98.4	42,839	102.3	78,498,183,600	100.7	19.8	99.0	339,471	93.6	2223.1	95.1
平成16年度	150.7	1,808.4	97.1	42,881	102.4	77,546,000,400	99.4	19.6	98.0	332,805	91.7	2208.4	94.5
平成17年度	150.6	1,807.2	97.0	43,149	103.1	77,978,872,800	100.0	19.5	97.5	334,991	92.3	2224.4	95.2
平成18年度	150.8	1,809.6	97.2	43,702	104.4	79,083,139,200	101.4	19.5	97.5	334,374	92.2	2217.3	94.9
平成19年度	150.6	1,807.2	97.0	44,484	106.2	80,391,484,800	103.1	19.4	97.0	331,077	91.3	2198.4	94.1
平成20年度	147.9	1,774.8	95.3	44,775	106.9	79,466,670,000	101.9	19.2	96.0	328,990	90.7	2224.4	95.2
平成21年度	144.9	1,738.8	93.4	43,996	105.1	76,500,244,800	98.1	18.9	94.5	315,311	86.9	2176.1	93.1
平成22年度	146.1	1,753.2	94.1	44,230	105.6	77,544,036,000	99.4	19.0	95.0	317,307	87.5	2171.8	92.9
平成23年度	146.3	1,755.6	94.3	44,751	106.9	78,564,855,600	100.7	19.0	95.0	316,319	87.2	2162.1	92.5
平成24年度	145.9	1,750.8	94.0	45,816	109.4	80,214,652,800	102.9	19.0	95.0	313,695	86.5	2150.1	92.0
平成25年度	145.7	1,748.4	93.9	46,265	110.5	80,889,726,000	103.7	18.9	94.5	313,995	86.6	2155.1	92.2
平成26年度	145.2	1,742.4	93.6	47,032	112.3	81,948,556,800	105.1	18.8	94.0	315,984	87.1	2176.2	93.1
平成27年度	144.5	1,734.0	93.1	48,015	114.7	83,258,010,000	106.8	18.7	93.5	314,089	86.6	2173.6	93.0
平成28年度	143.3	1,719.6	92.3	49,044	117.1	84,336,062,400	108.2	18.5	92.5	315,452	87.0	2201.3	94.2
平成29年度	143.0	1,716.0	92.1	50,095	119.6	85,963,020,000	110.2	18.5	92.5	317,844	87.6	2222.7	95.1
平成30年度	141.4	1,696.8	91.1	50,052	119.5	84,928,233,600	108.9	18.3	91.5	322,692	89.0	2282.1	97.6

出所）厚生労働省「毎月勤労統計調査（年度平均、確報）」（事業所規模５人以上、産業計）

表3　20年間における一般労働者の就労状況の推移

	総実労働時間／月	A　年間総実労働時間		B　労働者数(千人)		労働投入量(A×B)		月間出勤日数		現金給与総額／月		1時間当たりの給与額	
平成10年度	167.5	2,010.0	100.0	34,716	100.0	69,779,160,000	100.0	20.6	100.0	417,994	100.0	2495.5	100.0
平成11年度	168.0	2,016.0	100.3	34,955	100.7	70,469,280,000	101.0	20.6	100.0	417,916	100.0	2487.6	99.7
平成12年度	168.4	2,020.8	100.5	34,566	99.6	69,850,972,800	100.1	20.6	100.0	422,389	101.1	2508.2	100.5
平成13年度	167.8	2,013.6	100.2	34,156	98.4	68,776,521,600	98.6	20.6	100.0	418,755	100.2	2495.6	100.0
平成14年度	168.4	2,020.8	100.5	33,543	96.6	67,783,694,400	97.1	20.6	100.0	413,823	99.0	2457.4	98.5
平成15年度	169.7	2,036.4	101.3	32,884	94.7	66,964,977,600	96.0	20.7	100.5	413,573	98.9	2437.1	97.7
平成16年度	169.4	2,032.8	101.1	32,014	92.2	65,078,059,200	93.3	20.5	99.5	413,757	99.0	2442.5	97.9
平成17年度	169.3	2,031.6	101.1	32,202	92.8	65,421,583,200	93.8	20.5	99.5	416,584	99.7	2460.6	98.6
平成18年度	170.1	2,041.2	101.6	32,515	93.7	66,369,618,000	95.1	20.5	99.5	416,625	99.7	2449.3	98.1
平成19年度	170.5	2,046.0	101.8	32,872	94.7	67,256,112,000	96.4	20.5	99.5	414,280	99.1	2429.8	97.4
平成20年度	167.9	2,014.8	100.2	32,962	94.9	66,411,837,600	95.2	20.3	98.5	412,548	98.7	2457.1	98.5
平成21年度	165.5	1,986.0	98.8	31,926	92.0	63,405,036,000	90.9	20.1	97.6	398,652	95.4	2408.8	96.5
平成22年度	167.3	2,007.6	99.9	31,859	91.8	63,960,128,400	91.7	20.2	98.1	403,314	96.5	2410.7	96.6
平成23年度	168.0	2,016.0	100.3	32,093	92.4	64,699,488,000	92.7	20.3	98.5	403,077	96.4	2399.3	96.1
平成24年度	168.1	2,017.2	100.4	32,542	93.7	65,643,722,400	94.1	20.3	98.5	402,105	96.2	2392.1	95.9
平成25年度	168.5	2,022.0	100.6	32,601	93.9	65,919,222,000	94.5	20.3	98.5	404,976	96.9	2403.4	96.3
平成26年度	168.8	2,025.6	100.8	32,921	94.8	66,684,777,600	95.6	20.2	98.1	409,709	98.0	2427.2	97.3
平成27年度	169.1	2,029.2	101.0	33,352	96.1	67,677,878,400	97.0	20.2	98.1	409,063	97.9	2419.1	96.9
平成28年度	168.3	2,019.6	100.5	33,968	97.8	68,601,772,800	98.3	20.1	97.6	412,130	98.6	2448.8	98.1
平成29年度	168.3	2,019.6	100.5	34,677	99.9	70,033,669,200	100.4	20.1	97.6	415,251	99.3	2467.3	98.9
平成30年度	167.0	2,004.0	99.7	34,474	99.3	69,085,896,000	99.0	20.0	97.1	423,355	101.3	2535.1	101.6

出所）厚生労働省「毎月勤労統計調査（年度平均、確報）」（事業所規模５人以上、産業計）

表4　20年間におけるパートタイム労働者の就労状況の推移

	総実労働時間／月	A　年間総実労働時間		B　労働者数(千人)		労働投入量(A×B)		月間出勤日数		現金給与総額／月		1時間当たりの給与額	
平成10年度	95.5	1,146.0	100.0	7,156	100.0	8,200,776,000	100.0	17.0	100.0	94,124	100.0	985.6	100.0
平成11年度	95.4	1144.8	99.9	8,560	119.6	9,799,488,000	119.5	17.1	100.6	93,394	99.2	979.0	99.3
平成12年度	97.3	1,167.6	101.9	8,882	124.1	10,370,623,200	126.5	17.1	100.6	95,071	101.0	977.1	99.1
平成13年度	95.7	1,148.4	100.2	9,184	128.3	10,546,905,600	128.6	16.9	99.4	93,825	99.7	980.4	99.5
平成14年度	95.2	1,142.4	99.7	9,513	132.9	10,867,651,200	132.5	16.9	99.4	93,329	99.2	980.3	99.5
平成15年度	96.3	1,155.6	100.8	9,955	139.1	11,503,998,000	140.3	16.9	99.4	94,387	100.3	980.1	99.4
平成16年度	95.5	1,146.0	100.0	10,868	151.9	12,454,728,000	151.9	16.8	98.8	94,067	99.9	985.0	99.9
平成17年度	95.2	1,142.4	99.7	10,947	153.0	12,505,852,800	152.5	16.6	97.6	94,861	100.8	996.4	101.1
平成18年度	94.5	1,134.0	99.0	11,187	156.3	12,686,058,000	154.7	16.5	97.1	95,167	101.1	1007.1	102.2
平成19年度	93.8	1,125.6	98.2	11,612	162.3	13,070,467,200	159.4	16.4	96.5	95,445	101.4	1017.5	103.2
平成20年度	91.7	1,100.4	96.0	11,812	165.1	12,997,924,800	158.5	16.0	94.1	95,568	101.5	1042.2	105.7
平成21年度	90.3	1,083.6	94.6	12,070	168.7	13,079,052,000	159.5	15.8	92.9	94,832	100.8	1050.2	106.6
平成22年度	91.2	1,094.4	95.5	12,371	172.9	13,538,822,400	165.1	15.9	93.5	95,781	101.8	1050.2	106.6
平成23年度	91.4	1,096.8	95.7	12,658	176.9	13,883,294,400	169.3	15.9	93.5	96,209	102.2	1052.6	106.8
平成24年度	91.6	1,099.2	95.9	13,274	185.5	14,590,780,800	177.9	15.8	92.9	96,824	102.9	1057.0	107.2
平成25年度	91.0	1,092.0	95.3	13,664	190.9	14,921,088,000	181.9	15.6	91.8	96,825	102.9	1064.0	108.0
平成26年度	90.1	1,081.2	94.3	14,111	197.2	15,256,813,200	186.0	15.5	91.2	97,167	103.2	1078.4	109.4
平成27年度	88.7	1,064.4	92.9	14,663	204.9	15,607,297,200	190.3	15.3	90.0	97,933	104.0	1104.1	112.0
平成28年度	86.8	1,041.6	90.9	15,076	210.7	15,703,161,600	191.5	15.0	88.2	97,526	103.6	1123.6	114.0
平成29年度	85.9	1,030.8	89.9	15,418	215.5	15,892,874,400	193.8	14.9	87.6	98,656	104.8	1148.5	116.5
平成30年度	84.9	1,018.8	88.9	15,578	217.7	15,870,866,400	193.5	14.7	86.5	99,813	106.0	1175.7	119.3

出所）厚生労働省「毎月勤労統計調査（年度平均、確報）」（事業所規模５人以上、産業計）

第六章　新型コロナとの闘い：データが示す、頑張るニッポン――国際比較でわかる、意外な現状

感染者や死亡者は、諸外国に比べ、一桁も二桁も少ない。わが国の人口は、世界全体の約一・六％。感染者の割合（〇・四％台）や死亡者の割合（〇・一％台）は、この人口比を大幅に下回っている。世界的には、致死率（感染者に占める死亡者の割合）が上昇しているのに対して、わが国では、むしろ低下傾向にある。

厚生労働省が毎日公表している国・地域別のデータからは、新型コロナとの闘いにおいて、わが国が想像以上に頑張っている様子がよくわかる（以下、末尾の**表等**を併せ参照）。二〇二〇年四月一日以降の推移をグラフにすると、わが国における新型コロナの感染者数や死亡者数は、横軸（X軸）とほぼ重なり、いずれもゼロに限りなく近いようにみえる。

他方、アメリカの現状をみると、感染者数では、四月当初から、他国を大きく上回る、突出した状況にあったが、死亡者数でも、九日にはスペインを、十二日にはイタリアを上回るものとなった。感染者数や死亡者数の多いヨーロッパ諸国と比べても、グラフでみる右肩上がりの勾配は、飛び抜けて急なものとなっている。

しかし、アメリカの場合、致死率までが他の国より高いというわけでは必ずしもない。増加傾向にあるとはいえ、アメリカの致死率（四月十七日現在、四・九三％）は、世界の平均（六・七六％）を下回っており、四月二日までは、わが国のほうが高かった。

この間、とりわけ大きく致死率が増加をみたのは、フランスとイギリスであり、これにイタリアとスペインを加えた四か国の致死率が、現在、ヨーロッパにおける人口四〇〇〇万人以上の国のなかでは二桁台を記録するものとなっている。ただ、このような現状も、グラフにしないと、なかなかわからない。

こうした世界の動きとは対照的に、わが国の致死率は、四月一日以降、十三日までの間に半分近くにまで減少。その後、増加に転じたとはいえ、いまでも二％を下回るレベルにある（四月十七日現在、一・六一％）。

四月十六日、新型コロナの感染者数は、世界全体で二〇〇万人を超え、政府の対策本部も、緊急事態宣言の対象区域を全都道府県に拡大した。感染者数の増加を考えると、確かに油断は禁物であるが、過度に現状を悲観する必要はない。

――最低七割、極力八割程度の接触機会の低減を目指す――。この政府の方針をしっかり守って、もう少し我慢を続ければ、必ず道は拓ける（その後の状況については、**第一部第三七話**を参照）。負けるなニッポン！

（令和二年四月）

新型コロナウイルス感染症の現状（2020年4月1日〜17日）

感染者数	1日	2日	3日	4日	5日	6日	7日	8日	9日	10日	11日	12日	13日	14日	15日	16日	17日
世界 計	849,876	928,730	1,007,631	1,093,276	1,172,383	1,246,192	1,315,344	1,391,913	1,478,467	1,554,816	1,646,714	1,734,448	1,805,585	1,872,067	1,943,114	2,029,567	2,110,425
アメリカ	186,265	213,372	242,182	275,586	308,533	335,524	364,723	396,223	430,376	456,828	491,358	527,111	554,226	577,842	602,989	637,359	667,225
イタリア	105,792	110,574	115,242	119,827	124,632	128,948	132,547	135,586	139,422	143,626	147,577	152,271	156,363	159,516	162,488	165,155	168,941
スペイン	94,417	102,136	110,238	117,710	124,736	130,759	135,032	140,510	146,690	152,446	157,022	161,852	166,019	169,496	172,541	177,633	182,816
ドイツ	71,690	77,872	84,788	91,159	95,614	100,024	102,453	107,663	113,296	116,801	120,157	125,452	127,574	129,207	131,359	134,753	137,698
フランス	52,128	56,989	59,105	64,338	68,605	70,478	74,390	78,167	82,048	86,334	90,676	93,790	95,403	98,076	103,573	106,206	108,847
イギリス	25,150	29,474	33,718	38,168	41,093	47,806	51,608	55,242	60,773	65,077	73,758	78,991	84,279	88,621	93,873	98,476	103,093
日 本	2,178	2,381	2,617	2,935	3,271	3,654	3,906	4,257	4,768	5,347	6,005	6,748	7,255	7,645	8,100	8,582	9,167

死亡者数	1日	2日	3日	4日	5日	6日	7日	8日	9日	10日	11日	12日	13日	14日	15日	16日	17日
世界 計	41,506	46,112	51,356	58,133	63,878	68,634	73,648	81,154	87,648	94,395	101,620	107,639	113,124	118,195	124,967	135,876	142,770
イタリア	12,428	13,155	13,915	14,681	15,362	15,887	16,523	17,127	17,669	18,279	18,849	19,468	19,899	20,465	21,067	21,645	22,170
スペイン	8,189	9,053	10,003	10,935	11,744	12,418	13,055	13,798	14,555	15,238	15,843	16,353	16,972	17,489	18,056	18,579	19,130
アメリカ	3,857	4,757	5,911	7,087	8,291	9,562	10,781	12,844	14,768	16,478	18,586	20,506	22,020	23,232	25,575	30,826	32,868
フランス	3,523	4,032	4,503	6,507	7,560	8,078	8,911	10,328	10,869	12,210	13,197	13,832	14,393	14,967	15,729	17,167	17,920
イギリス	1,789	2,352	2,921	3,605	4,313	4,934	5,373	6,159	7,097	7,978	8,958	9,875	10,621	11,329	12,107	12,868	13,729
ドイツ	775	920	1,107	1,275	1,427	1,576	1,735	2,016	2,349	2,451	2,688	2,736	2,996	3,118	3,294	3,804	4,052
日 本	57	60	63	69	70	73	80	81	85	88	94	98	102	109	119	136	148

致死率（死亡者数／感染者数，%）	1日	2日	3日	4日	5日	6日	7日	8日	9日	10日	11日	12日	13日	14日	15日	16日	17日
イタリア	11.75	11.90	12.07	12.25	12.33	12.32	12.47	12.63	12.67	12.73	12.77	12.79	12.73	12.83	12.97	13.11	13.12
スペイン	8.67	8.86	9.07	9.29	9.42	9.50	9.67	9.82	9.92	10.00	10.09	10.10	10.22	10.32	10.46	10.46	10.46
イギリス	7.11	7.98	8.66	9.45	10.50	10.32	10.41	11.15	11.68	12.26	12.15	12.50	12.60	12.78	12.90	13.07	13.32
フランス	6.76	7.08	7.62	10.11	11.02	11.46	11.98	13.21	13.25	14.14	14.55	14.75	15.09	15.26	15.19	16.16	16.46
世界平均	4.88	4.97	5.10	5.32	5.45	5.51	5.60	5.83	5.93	6.07	6.17	6.21	6.27	6.31	6.43	6.69	6.76
日 本	2.62	2.52	2.41	2.35	2.14	2.00	2.05	1.90	1.78	1.65	1.57	1.45	1.41	1.43	1.47	1.58	1.61
アメリカ	2.07	2.23	2.44	2.57	2.69	2.85	2.96	3.24	3.43	3.61	3.78	3.89	3.97	4.02	4.24	4.84	4.93
ドイツ	1.08	1.18	1.31	1.40	1.49	1.58	1.69	1.87	2.07	2.10	2.24	2.18	2.35	2.41	2.51	2.82	2.94

出所）厚生労働省「新型コロナウイルス感染症の現在の状況と厚生労働省の対応について」（以下、同じ）

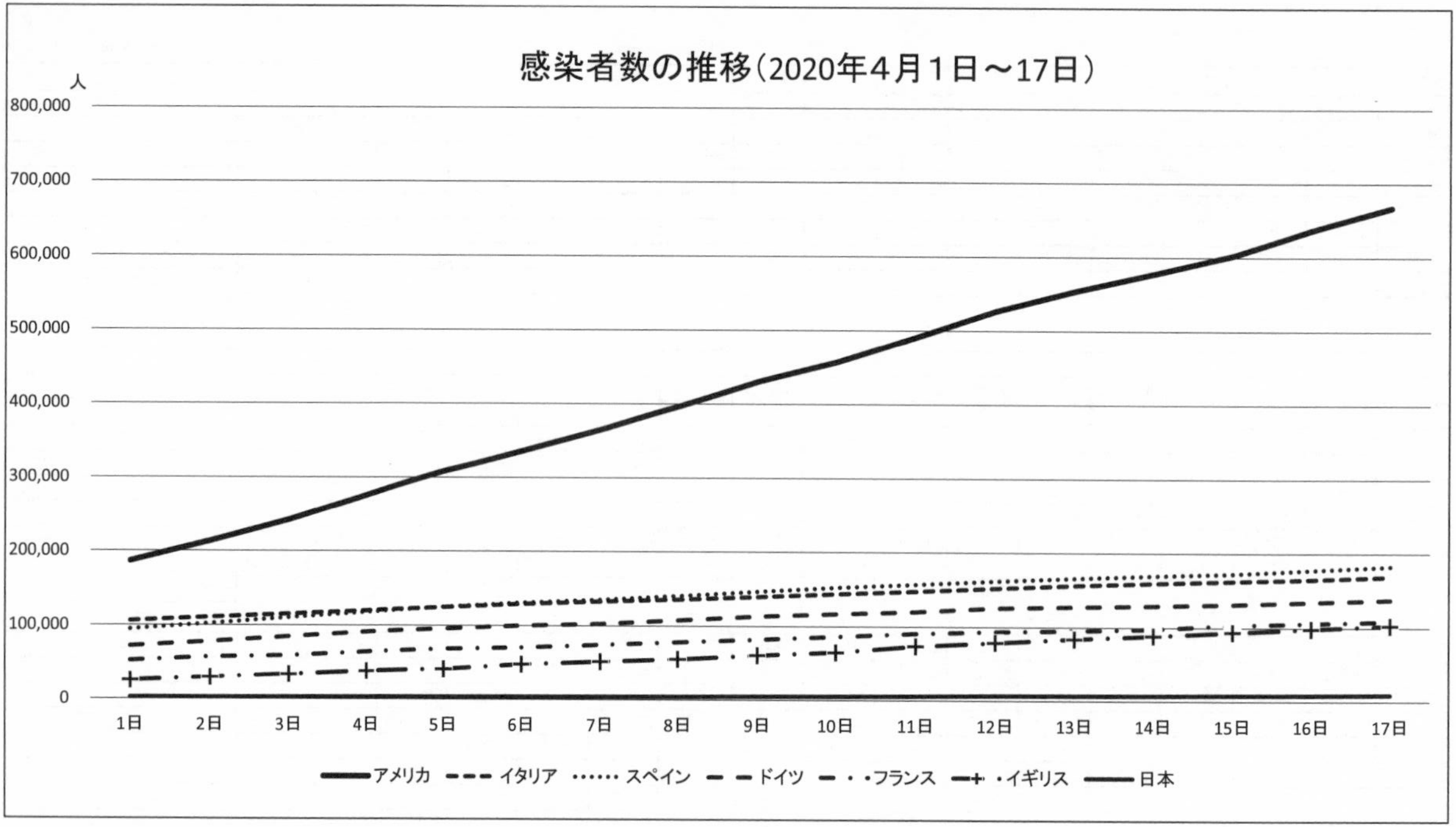
感染者数の推移（2020年4月1日～17日）
人
800,000
700,000
600,000
500,000
400,000
300,000
200,000
100,000
0
1日
2日
3日
4日
5日
6日
7日
8日
9日
10日
11日
12日
13日
14日
15日
16日
17日
アメリカ
イタリア
スペイン
ドイツ
フランス
イギリス
日本

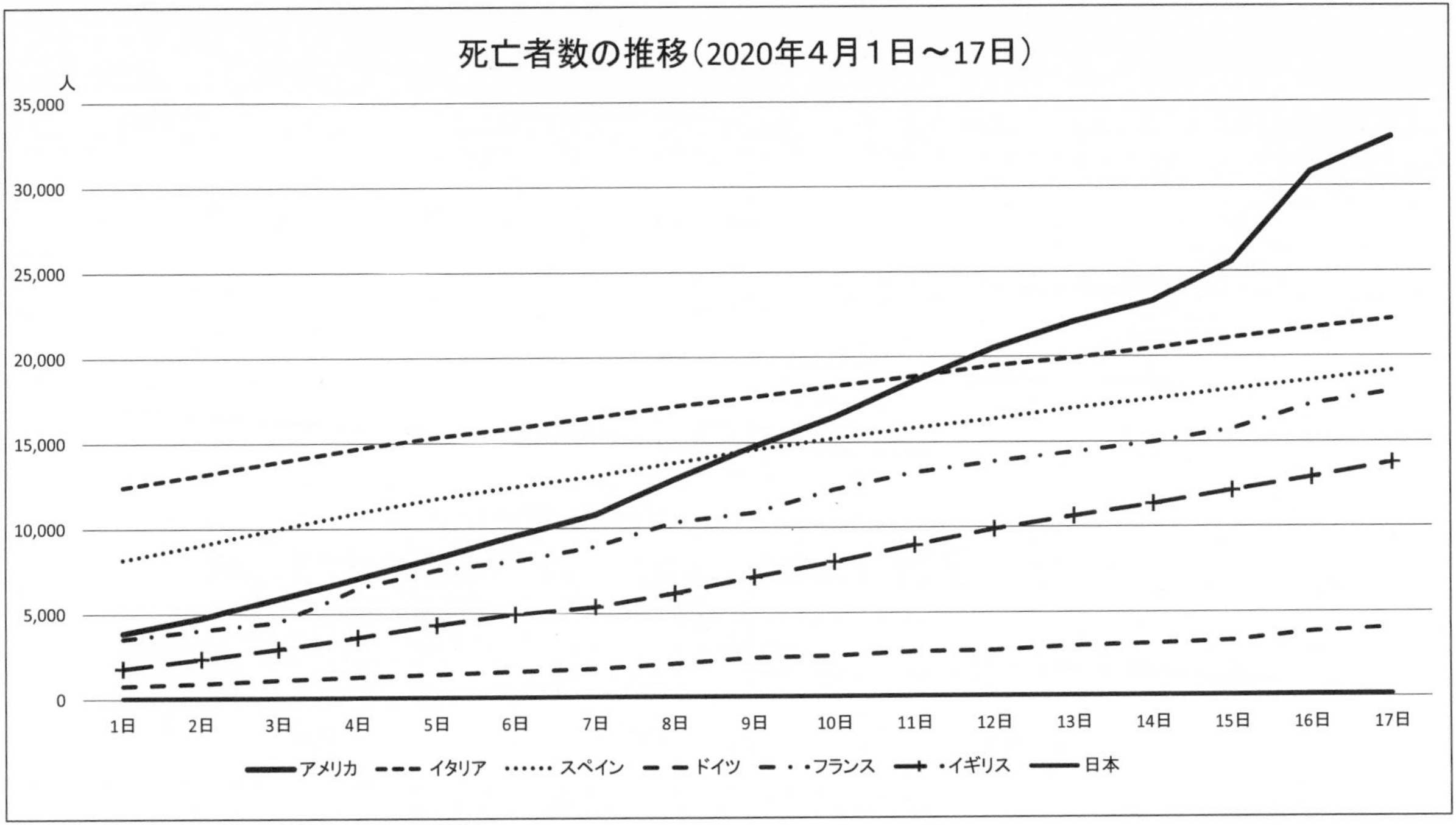
死亡者数の推移（2020年4月1日～17日）
人
35,000
30,000
25,000
20,000
15,000
10,000
5,000
0
1日
2日
3日
4日
5日
6日
7日
8日
9日
10日
11日
12日
13日
14日
15日
16日
17日
アメリカ
イタリア
スペイン
ドイツ
フランス
イギリス
日本

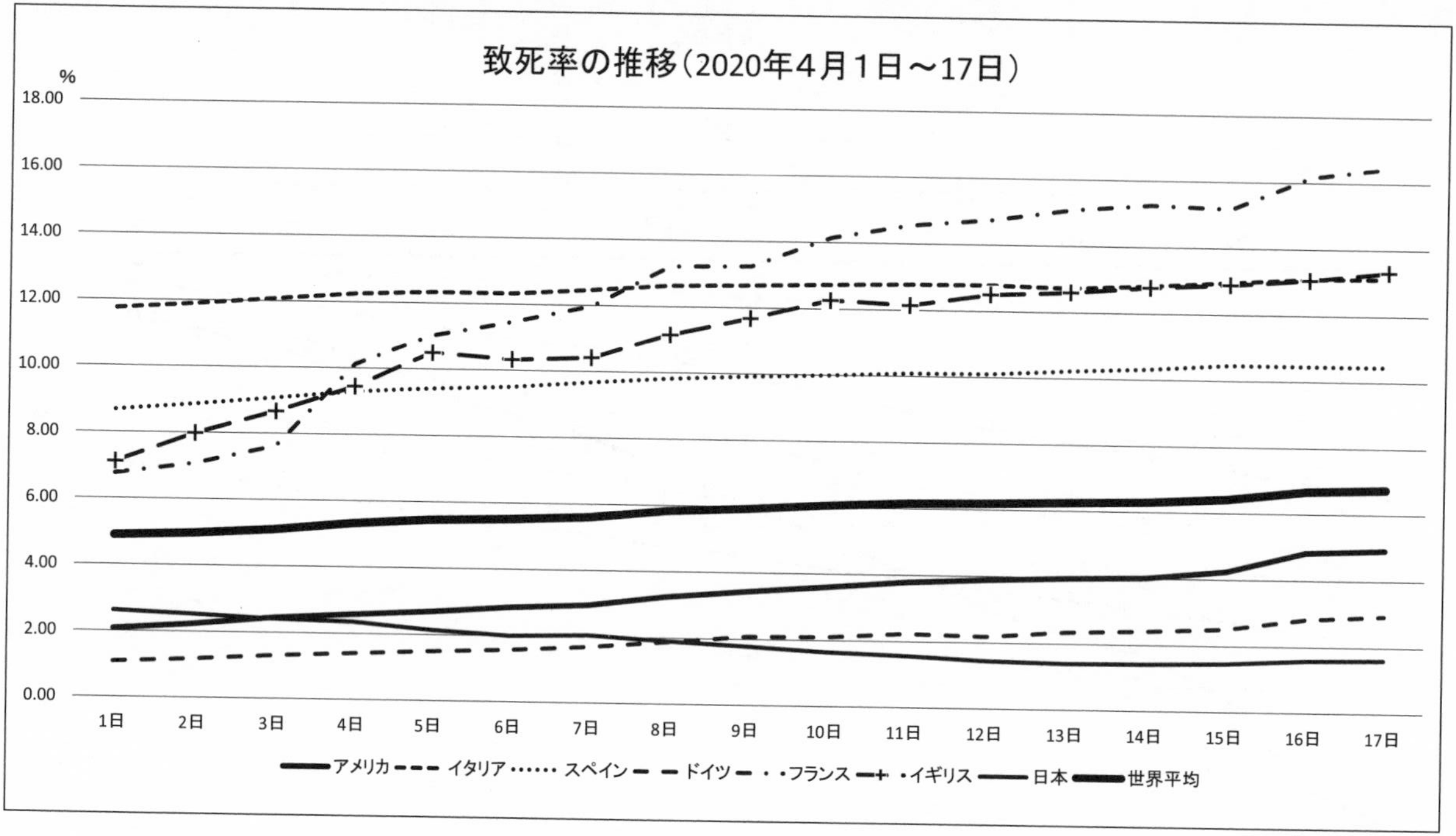

致死率の推移（2020年4月1日～17日）
%
18.00
16.00
14.00
12.00
10.00
8.00
6.00
4.00
2.00
0.00
1日
2日
3日
4日
5日
6日
7日
8日
9日
10日
11日
12日
13日
14日
15日
16日
17日
アメリカ
イタリア
スペイン
ドイツ
フランス
イギリス
日本
世界平均

告示・通達索引

1 大臣告示

2 行政通達

判　例　索　引

1　最高裁判例

2　下級審判例

ラ行

ナ行

ハ行

マ行

タ行

サ行

法 令 索 引

ア行

カ行

初　出　一　覧

第１部　講話編 ―― 40 Stories

「現場からみた労働法」第 41 回〜第 80 回
『文部科学教育通信』449 号（平成 30 年 12 月 10 日号）
〜488 号（令和２年７月 27 日号）所収

第２部　思索編 ―― 6 Articles

第１章　パート・有期雇用労働法とその問題点
『関西外国語大学　研究論集』109 号（平成 31 年３月）
所収

第２章　労働法と法形式――最近の法改正にみる３つの問題ケース
『アドバンスニュース』（平成 31 年１月）掲載

第３章　労働時間の状況把握は必須か
『アドバンスニュース』（平成 31 年３月）掲載

第４章　労働力調査を読み解く――イメージとは異なる実像
『アドバンスニュース』（令和元年８月）掲載

第５章　毎勤統計を読み解く――つくられたイメージ
『アドバンスニュース』（令和元年 12 月）掲載

第６章　新型コロナとの闘い：　データが示す、頑張るニッポン――国際比較でわかる、意外な現状
『アドバンスニュース』（令和２年４月）掲載

著者紹介　小嶌典明（こじま・のりあき）

昭和 27 年大阪市生まれ。関西外国語大学外国語学部教授。大阪大学名誉教授。同博士（法学）。労働法専攻。小渕内閣から第一次安倍内閣まで、規制改革委員会の参与等として雇用・労働法制の改革に従事するかたわら、国立大学の法人化（平成 16 年）の前後を通じて計 8 年間、就業規則の作成・変更等、人事労務の現場で実務に携わる。

最近の主な著作に、『職場の法律は小説より奇なり』（講談社）のほか、『労働市場改革のミッション』（東洋経済新報社）、『国立大学法人と労働法』（ジアース教育新社）、『労働法の「常識」は現場の「非常識」――程良い規制を求めて』（中央経済社）、『労働法改革は現場に学べ！――これからの雇用・労働法制』（労働新聞社）、『法人職員・公務員のための労働法 72 話』（ジアース教育新社）、『法人職員・公務員のための労働法　判例編』（同前）、『公務員法と労働法の交錯』（豊本治氏との共編著、同前）、『労働法とその周辺――神は細部に宿り給ふ』（アドバンスニュース出版）、『メモワール労働者派遣法――歴史を知れば、今がわかる』（同前）がある。本書は、『現場からみた労働法――働き方改革をどう考えるか』（ジアース教育新社）の続編に当たる。

月 2 回刊の『文部科学教育通信』に「現場からみた労働法」を連載中。

現場からみた労働法 2
――雇用社会の現状をどう読み解くか――

令和２年11月12日　第１版第１刷発行

著　者　小嶌　典明
発行人　加藤　勝博
発行所　株式会社ジアース教育新社
〒101-0054
東京都千代田区神田錦町１-23
宗保第２ビル５階
TEL 03-5282-7183　FAX 03-5282-7892

ISBN978-4-86371-560-8
○定価はカバーに表示してあります。
Printed in Japan